Colombo e o Mistério dos Templários na América

William F. Mann

Colombo e o Mistério dos Templários na América

A Cartografia Secreta do Novo Mundo

Tradução
EUCLIDES LUIZ CALLONI
CLEUSA MARGÔ WOSGRAU

EDITORA PENSAMENTO
São Paulo

Título original: *The Templar Meridians.*

Copyright © 2006 William F. Mann.

Publicado originalmente nos USA por Destiny Books, uma divisão da Inner Traditions International, Rochester, Vermont, USA.

Publicado mediante acordo com a Inner Traditions International.

Todos os direitos reservados. Nenhuma parte deste livro pode ser reproduzida ou usada de qualquer forma ou por qualquer meio, eletrônico ou mecânico, inclusive fotocópias, gravações ou sistema de armazenamento em banco de dados, sem permissão por escrito, exceto nos casos de trechos curtos citados em resenhas críticas ou artigos de revistas.

A Editora Pensamento-Cultrix Ltda. não se responsabiliza por eventuais mudanças ocorridas nos endereços convencionais ou eletrônicos citados neste livro.

Dados Internacionais de Catalogação na Publicação (CIP)
(Câmara Brasileira do Livro, SP, Brasil)

Mann, William F.
    Colombo e o mistério dos Templários na América : a cartografia secreta do Novo Mundo / William F. Mann ; tradução Euclides Luiz Calloni, Cleusa Margô Wosgrau. — São Paulo : Pensamento, 2008.

    Título original: The Templar meridians : the secret mapping of the New World.
    Bibliografia.
    ISBN 978-85-315-1510-1

    1. Acádia – Descobrimento e exploração 2. América – Descobrimento e exploração – Período pré-colombiano 3. Graal 4. Maçons – América 5. Meridianos (Geodésia) – América 6. Sinclair, Henry, Sir, 1345 – ca. 1400 7. Templários I. Título.

07-8049   CDD-970.01

Índices para catálogo sistemático:
1. Templários na América : Período pré-colombiano : História 970.01

O primeiro número à esquerda indica a edição, ou reedição, desta obra. A primeira dezena
à direita indica o ano em que esta edição, ou reedição, foi publicada.

Edição	Ano
1-2-3-4-5-6-7-8-9-10-11	08-09-10-11-12-13-14

Direitos de tradução para o Brasil
adquiridos com exclusividade pela
EDITORA PENSAMENTO-CULTRIX LTDA.
Rua Dr. Mário Vicente, 368 — 04270-000 — São Paulo, SP
Fone: 6166-9000 — Fax: 6166-9008
E-mail: pensamento@cultrix.com.br
http://www.pensamento-cultrix.com.br
que se reserva a propriedade literária desta tradução.

Sumário

Agradecimentos 9

Introdução: Os Guardiães do Graal 13

1. Segredos Preciosos 19
2. As Colônias Templárias Perdidas 66
3. Inícios Registrados 105
4. Fundamentos do Novo Mundo 142
5. História Oculta de uma Nova Nação 187
6. Uma Nova Jerusalém 223
7. Elementos Perenes 248

Epílogo: Tudo o que se Perdeu 280

Notas 285

Bibliografia 290

Encontram-se na planície de Tormore, na ilha de Arran, os remanescentes de quatro círculos cuja condição de isolamento parece indicar que ali fora solo sagrado. Os círculos foram construídos para fins religiosos: Boécio narra que Mainus, filho de Fergus I, reformador e cultor da religião, seguindo o modelo egípcio (como ele o denomina), instituiu inúmeras cerimônias novas e solenes, e mandou dispor grandes pedras em círculo: a maior delas situava-se no sul, servindo de altar para os sacrifícios aos deuses imortais. Boécio está correto em parte do seu relato: o objeto de adoração era o Sol, fato confirmado pela posição do altar, voltado para essa luminária em sua glória meridiana.

Thomas Pennant, *Voyage to the Hebrides*

Onde foste iniciado como maçom?
No seio de uma Loja, justa, perfeita e regular.
Quando?
Quando o Sol estava no seu Meridiano.
Como as lojas neste país geralmente se reúnem à noite, como explicas isto, que à primeira vista parece um paradoxo?
Sendo o Sol o Centro do nosso sistema, e a Terra girando constantemente em torno do seu eixo, e estando a Maçonaria espalhada por toda a sua superfície habitável, segue-se necessariamente que o Sol deve estar sempre em seu Meridiano com relação à Maçonaria.

> Diálogo entre o Venerável Mestre e
> um maçom recém-iniciado. Extraído do
> Rito de York, primeiro grau.

Agradecimentos

Inicio humildemente reconhecendo as contribuições de autores que, desde um passado distante, instigaram-me ao longo de uma vida inteira de leituras. De Platão a Bacon, de Shakespeare a Tolkien, de C. S. Lewis a Joseph Campbell, algumas das minhas lembranças mais diletas remetem aos momentos maravilhosos que passei devaneando sobre personagens e cenários, desde antigos marinheiros, os sete mares, dragões e cavaleiros, até castelos e ilhas misteriosas. Inspirado pelas viagens de Jasão e seus Argonautas, pelos feitos do rei Artur, pelos mistérios da Terra Média e pela busca do Santo Graal, desenvolvi a capacidade de explorar toda a potencialidade da minha mente e criatividade e aprendi a relacionar e entretecer o que à primeira vista poderiam parecer fatos e eventos desconexos. Isso me revelou todo um mundo de estupefação e aventura. Por isso sou sinceramente agradecido, e espero ter passado esse amor pelos livros e pela leitura aos meus dois filhos, pois não consigo imaginar presente melhor.

Eu seria displicente se não reconhecesse a obra de autores contemporâneos que contribuíram com suas exaustivas pesquisas e conclusões relacionadas com *Colombo e o Mistério dos Templários na América*. Somente com a ajuda do trabalho árduo e das inquirições independentes desses autores foi que consegui chegar às minhas próprias conclusões. Ao escrever sobre assuntos tão variados como mitologia, geometria, religião e história, sou sempre devedor à influência de autores tão diferentes como Margaret Starbird, Geoffrey Ashe, Henry Lincoln, Michael Bradley e Dan Brown, para citar apenas alguns. As revelações pessoais em *Colombo e o Mistério dos Templários na América* podem ser mais produto de conclusões coletivas alcançadas por outros do que de algum raio de luz milagroso que me atingisse pessoalmente.

Agradeço aos meus tios-avôs, Frederic George Mann e Frank Ederic Mann, dois dos homens mais bondosos e afáveis que alguém poderia ter como mentores e guias, o senso de assombro e curiosidade que instilaram em mim desde pequeno. Esses dois homens, veteranos das trincheiras da I Guerra Mundial, viram o desespero e o mal em seu paroxismo, e no entanto em meio a tudo preservaram um profundo sentimento de perdão e de espiritualidade. Dedico este livro à memória deles.

Expresso minha profunda gratidão à minha esposa, Marie, por seu apoio incondicional e por seu estímulo e compreensão inabaláveis. Ela apresentou muitas críticas objetivas nas inúmeras revisões dos primeiros rascunhos de *Colombo e o Mistério dos Templários na América*. Sou também agradecido a William e Thomas, meus dois filhos, por deixarem que seu pai às vezes se retirasse do convívio deles. Merlim, nosso retriever dourado, também tem direito a uma justa medida de crédito, pois as caminhadas pela mata, que ele pedia com tanta insistência, me deram o tempo e a desculpa para reunir e organizar os meus pensamentos.

Muitos amigos também foram um manancial inesgotável de conhecimento e inspiração, especificamente Niven Sinclair, Elizabeth Lane, John Ross Matheson, Bill Beuhler, George Karski, John Coleman e Aleta e Hamilton Boudreaux. Sem bons amigos, a vida e este livro não seriam completos. Também agradeço a E. David Warren, George Fairburn e Gary Humes de Oakville Lodge Nº 400 e White Oak Chapter Nº. 104, e Godfrey de Bouillon, Preceptory Nº 3, pela ajuda fraterna e pela sinceridade. Agradecimentos especiais a F. Douglas Draker, Supremo Grão-Mestre dos Cavaleiros Templários do Canadá, 2005-2006, por seu generoso estímulo e orientações.

Obrigado às seguintes entidades: Champlain Society, Museu do Louvre, em Paris, Trustees of the Chatsworth Settlement, Trustees of the Dulwich Picture Gallery, National Museum of Scotland, Ashmolean Museum da Oxford University, Cluny Museum, Metropolitan Museum of Art, Cloisters Museum, University of Toronto Press, Staatliche Museum em Berlim, the U.S. Library of Congress e à Conservation Halton pela permissão amável e generosa de usar materiais protegidos por direitos autorais.

Sou imensamente grato ainda às muitas pessoas que dedicaram seu tempo à revisão do meu primeiro livro, *The Knights Templar in the New World*. Estou deveras impressionado com os comentários divergentes relacionados com as informações e conclusões nele contidas. Enquanto algumas pessoas parecem tê-lo interpretado como um ataque pessoal às suas crenças religiosas e princípios educativos e, por isso, se sentem impelidas a atacar minha integridade pessoal, muitas outras o consideraram profundamente instigante e prazeroso. Para os que se sentiram de algum modo ofendidos pelas ilações apresentadas, devo dizer que a minha sincera intenção foi provocar o leitor a abrir-se para novas idéias e a pensar sobre alguns princípios existentes aceitos hoje e sobre a verdadeira origem desses princípios. Espero que *Colombo e o Mistério dos Templários na América* continue o debate e amplie a provocação a novas áreas da história.

Finalmente, agradeço à equipe da Inner Traditions • Bear and Company, que incessantemente supera as minhas expectativas de todas as formas: editor Ehud Sperling, editor de aquisições Jon Graham, diretor de marketing Rob Meadows, editora-gerente Jeanie Levitan, editora Elaine Cissi, diretor de arte Peri Champine e Patricia Rydle, relações com o autor, estendo os meus agradecimentos aos muitos outros integrantes da equipe responsáveis por transformar este livro em realidade.

Nota: Todas as posições de latitude e longitude indicadas neste livro foram verificadas pela Natural Resources Canada, Earth Sciences Sector, ou pela Microsoft's TerraServer USA, que é patrocinada pela U.S. Geological Survey.

Introdução
OS GUARDIÃES DO GRAAL

O príncipe escocês Henry Sinclair, em 1398, quase cem anos antes da chegada de Colombo ao Novo Mundo, aportou onde hoje é a Nova Escócia. Com aproximadamente quinhentos cavaleiros de sua confiança, ele fundou em Green Oaks, Nova Escócia, uma colônia do "Graal" secreta para os templários que fugiam das perseguições movidas pela Igreja Católica Romana e pela monarquia francesa.

Meu falecido tio-avô foi supremo grão-mestre dos Cavaleiros Templários do Canadá na década de 1950, e foi dele que recebi, ainda menino, a chave "secreta" que me permitiria redescobrir a localização da colônia dos templários fundada por Sinclair e seus seguidores no que na época eles julgavam ser a nova Arcádia.

Foi na Arcádia (depois conhecida como Acádia) que o príncipe Henry Sinclair e seus Cavaleiros Templários procuraram um refúgio para os descendentes de Jesus e Maria Madalena (também conhecidos como a Linhagem Sagrada), que, por meio de casamentos convenientemente planejados, estabeleceram uma vinculação direta entre a Casa de Davi e a dinastia francesa dos merovíngios. Os objetivos de Sinclair foram alcançados com notável simplicidade e sigilo até o momento em que os acadianos foram deportados pelos ingleses em 1755. A história de Henry Sinclair encontra sustentação num documento histórico chamado *Narrativa de Zeno*, escrito em 1555 por Antonio Zeno, sobrinho-neto dos almirantes venezianos Nicolò e Antonio, que acompanharam Sinclair em sua viagem ao Novo Mundo.

Curiosamente, à época da viagem, Henry Sinclair era grão-mestre hereditário dos Cavaleiros Templários escoceses. Ele era também descendente direto da Linhagem do Graal através de casamentos estratégicos entre famílias fran-

14 COLOMBO E O MISTÉRIO DOS TEMPLÁRIOS NA AMÉRICA

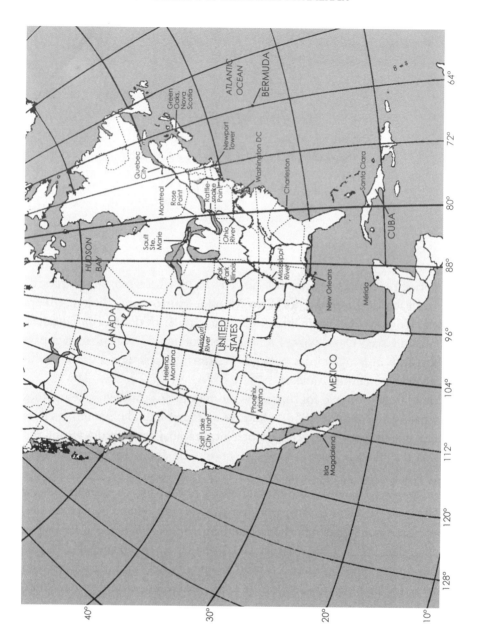

Fig. 1.1. Este mapa mostra a latitude e a longitude aproximadas de muitos lugares relevantes mencionados neste livro. É uma representação útil para ver como esses lugares se relacionam uns com os outros em termos de suas localizações em meridianos importantes ou próximo deles.

cesas e escocesas proeminentes, fato que o guindava à condição de verdadeiro guardião do tesouro templário.

Mas qual é exatamente a verdadeira natureza desse tesouro do Graal tão protegido pelos Pobres Cavaleiros do Templo de Salomão, como eram formalmente chamados os Templários? Em um nível, ele será sempre identificado com os próprios descendentes da Linhagem Sagrada; em outro, porém, ele pode ser algo tão abrangente como o conhecimento dos antigos, que incluía como um de seus aspectos o conhecimento dos meridianos longitudinais que possibilitaram a Sinclair e aos que viajaram antes dele navegar pelas águas traiçoeiras do Atlântico Norte e instalar colônias do "Graal" no Novo Mundo. Há, no entanto, uma possibilidade mais simples que oferece inúmeras alternativas para a interpretação da história do Novo Mundo e do surgimento e desenvolvimento dos Estados Unidos e do Canadá. Ela envolve um antigo conhecimento de como e onde a prática da fundição e da produção do aço pôde ser realizada em segredo.

Muitos pesquisadores e escritores que acreditam num tesouro templário mais "concreto" indagam sobre a possibilidade de que ele seja um registro genealógico da família do Graal, um relato de primeira mão escrito por Jesus ou pela própria Madalena, ou relíquias dessa família — talvez, inclusive, os ossos de Jesus — que poderiam ser comparadas com o DNA de membros conhecidos da Linhagem Sagrada. Muitos desses estudiosos acreditam ainda que o tesouro templário possa estar enterrado na enigmática Oak Island, localizada na costa sul da Nova Escócia (ver Capítulo 4, página 181). Mas a decifração do antigo código templário de geometria sagrada revelou que Oak Island não é o último refúgio desse tesouro. De fato, tesouros físicos consideráveis ainda podem estar escondidos ao longo de antigos meridianos que atravessam as Américas, começando sob as ruínas recentemente descobertas em Green Oaks, a imagem espelhada geográfica de Oak Island.

A instigante história e o permanente mistério do tesouro templário, somados aos acontecimentos atuais no mundo, que refletem ou repercutem circunstâncias históricas das primeiras cruzadas, continuam a alimentar a imaginação do público e, em parte, despertam nas pessoas um desejo insaciável de algo relacionado ao Graal ou à Linhagem Sagrada. Com a recente publicação do romance de Dan Brown, *O Código Da Vinci*, esse desejo chegou ao auge. Associa-se a isto o entendimento cada vez mais comum da idéia de que a fundação dos Estados Unidos assentou-se sobre princípios maçônicos/templários que incluem um Graal e o culto à deusa.

É essencial lembrar, porém, que a teoria básica sobre a qual se apóia o livro de Brown, de que Jesus e Maria Madalena eram casados, não é nova. Na verdade, com seu livro *Holy Blood, Holy Grail* [*O Santo Graal e a Linhagem Sagrada*, Henry Lincoln, Michael Baigent e Richard Leigh provavelmente foram os primeiros a levantar num contexto moderno a antiga crença dos cátaros de que Maria Madalena e Jesus eram casados e tiveram filhos. Com o advento da Internet e a chegada do terceiro milênio, porém, parece que os tempos estão maduros para uma aceitação geral dessa história alternativa.

O Santo Graal e a Linhagem Sagrada levanta a hipótese de que depois da crucificação de Jesus, Madalena, esposa de Jesus, grávida ou com pelo menos um filho, foi enviada clandestinamente para um refúgio além-mar por seu tio, José de Arimatéia. Avançando com a teoria, isso significa que existia uma progênie hereditária que descendia diretamente de Jesus por intermédio dos merovíngios e que essa "linhagem sagrada" pode realmente existir neste exato momento.

Naturalmente, nem todos estão preparados para uma mudança tão radical em sua orientação religiosa. O Vaticano se mantém fiel à história básica narrada nos evangelhos e interpretada pelos primeiros Padres da Igreja, e nos Estados Unidos a direita religiosa fortalece suas crenças "tradicionais" por meio de uma influência sempre maior sobre a política predominante. Na Europa, no contexto de uma União Européia, as casas reais remanescentes parecem estar competindo pela posição "divina" derradeira. Curiosamente, a princesa Diana, uma das pessoas mais amadas da família real ligadas à Casa de Windsor, também foi relacionada diretamente à estirpe merovíngia, fato que apenas aumentou a admiração e mesmo a veneração que lhe são atribuídas depois de sua morte.

Recebi centenas de e-mails, cartas e muitas informações de pessoas de todo o mundo dizendo que elas também possuem uma pequena peça do enorme quebra-cabeça que é o tesouro templário. Inevitavelmente, acredito que todas essas peças levaram à única pergunta que estou constantemente instigado a responder: O que foi que os Pobres Cavaleiros do Templo de Salomão realmente descobriram? O que pode ter levado a Igreja a perseguir e tentar erradicar um grupo e suas crenças dois séculos depois de sancionar tudo o que esse grupo representava? Tratava-se de um tesouro no sentido tradicional ou de alguma coisa muito mais profunda e perene?

Com o estímulo de Bernardo de Claraval (Clairvaux), inicialmente a Igreja dos séculos XII e XIII favoreceu muito os templários, possibilitando-lhes usufruir um crescimento e prosperidade sem precedentes. Mas ela recuou no início do século XIV, a ponto de decretar a prisão, a tortura e a condenação à morte de centenas de membros da Ordem. O tesouro dos Cavaleiros terá algo a ver com essa mudança de posição? Talvez a resposta ao mistério da descoberta dos templários esteja além da Linhagem Sagrada e de seus descendentes. Ao longo deste livro, veremos mais detalhes relacionados com a possibilidade de os Cavaleiros terem descoberto provas de um antigo conhecimento desenvolvido antes do Dilúvio — um conhecimento ainda hoje preservado nos rituais maçônicos/templários. Entre essas muitas informações, o conhecimento que eles podem ter obtido sobre a fixação de posições latitudinais e longitudinais precisas antes que isso se tornasse prática comum no século XVIII teria exercido enorme impacto sobre a vida dos refugiados templários no Novo Mundo, do mesmo modo que um conhecimento cartográfico semelhante teria ajudado os antigos vikings, celtas, fenícios, egípcios e outros navegadores do passado que — talvez com a ajuda de sociedades secretas de outros tempos — puderam viajar pelo mundo orientados pela observação contínua do sol, da lua, das estrelas e das posições relativas desses astros assinaladas por círculos de pedra e outros monumentos.

Ao longo da pré-história e da história registrada, esse conhecimento proporcionou aos que "conheciam o segredo" a capacidade de abastecer-se do suprimento ilimitado de metais preciosos do Novo Mundo, inclusive de cobre e de ouro, avidamente procurados, e de suas aparentemente infindas quantidades de minerais raros como o titânio. É bem possível, de fato, que o acesso a esses materiais ajude a explicar como os templários conseguiram desenvolver armamento superior e, assim, força militar devastadora durante a Primeira e a Segunda Cruzadas. É provável, então, que tenham sido o poder e a superioridade conseguidos pelos templários em decorrência desse acesso às riquezas do Novo Mundo — não sua suposta posição como guardiães da Linhagem Sagrada — a causa de sua ruína definitiva no seio da Igreja, pois o acesso ao Novo Mundo representava não somente riqueza material ilimitada, mas também oportunidade para exercer um papel importante na instituição de uma nova ordem mundial livre do controle opressivo tanto da Igreja como do Estado.

Em última análise, podemos inferir que a redescoberta desse conhecimento cartográfico possibilitou ao príncipe Henry Sinclair e aos seus Cavaleiros Templários localizar os antigos meridianos, ou linhas rosa (*roselines*), e assim fundar colônias do Graal secretas no Novo Mundo e ao mesmo tempo ocultar com segurança "tesouros" mais concretos — artefatos, manuscritos e relíquias — que poderiam facilmente ser descobertos séculos mais tarde por futuros iniciados em seu conhecimento sagrado, inclusive por homens como Verrazano, Jacques Cartier, Samuel de Champlain e Lewis e Clark.

O contexto de *Colombo e o Mistério dos Templários na América* é esse conhecimento — informações sobre explorações pré-cristãs, a vinda de muitos europeus ao Novo Mundo depois do século XIII, a criação de colônias e de uma Nova Jerusalém ou Arcádia, e a posterior e pitoresca história da colonização e do desenvolvimento desta parte da América do Norte que resultaria nos Estados Unidos e no Canadá. Dando-nos conta desse conhecimento dos meridianos e de como ele foi usado em nossa história, veremos que visionários como Pierre Charles l'Enfant e Thomas Jefferson podem muito bem ter utilizado essa rede de energia oculta através de seus respectivos projetos de Washington, D.C. e de Monticello. Esse conhecimento também pode ter oferecido uma razão oculta para que Jefferson patrocinasse a expedição de Lewis e Clark: talvez um dos objetivos ocultos dessa expedição fosse a descoberta da sepultura do grande iniciado que "reativou" esses meridianos através da América do Norte — o príncipe Henry Sinclair.

Entendendo melhor esse conhecimento dos meridianos templários, podemos ver como aspectos de sociedades secretas como a franco-maçonaria, tanto na Europa como no Novo Mundo, obras como as dos artistas Nicolas Poussin e David Tenier, o Jovem, e histórias como a da igreja de Rennes-le-Château na França e de seu famoso pároco, Berenger Saunière, fazem parte do quebra-cabeça, revelando vestígios dessas antigas informações.

Como veremos nas próximas páginas, é esse conhecimento dos meridianos que pode interligar os acontecimentos históricos do Novo Mundo e oferecer um fio que nos conduza ao maior tesouro templário: o profundo e completo conhecimento dos antigos e a fundação de uma Arcádia, uma Nova Jerusalém, neste lado do Oceano Atlântico.

1

SEGREDOS PRECIOSOS

Ao iniciar o ensino médio, o ex-presidente dos Estados Unidos Bill Clinton ingressou na Ordem de DeMolay, uma organização da maçonaria voltada à juventude.[1] O propósito expresso da Ordem era promover as virtudes pessoais e cívicas e a amizade entre os seus integrantes. Apenas recentemente o público tomou conhecimento de que a Ordem recebeu esse nome em homenagem ao último grão-mestre dos Cavaleiros Templários medievais, Jacques de Molay, que supostamente levou para o túmulo o segredo do tesouro templário ao ser queimado na fogueira em março de 1314.[2] (Ver fig. 1.1.)

Durante quase dois séculos na Idade Média, os templários ocuparam uma posição privilegiada entre a Igreja organizada e o Estado francês. Segundo a maioria dos livros que tratam do assunto, a Ordem dos Pobres Cavaleiros de Cristo e do Templo de Salomão foi fundada em 1118, dezenove anos depois da conquista de Jerusalém durante a Primeira Cruzada. O objetivo explícito dos nove cavaleiros originais da Ordem era manter as estradas e rotas seguras para os peregrinos. Existem muito poucas evidências de que tenham cumprido essa finalidade, porém, e o verdadeiro objetivo dos primeiros templários talvez jamais seja conhecido. Muitos historiadores, no entanto, sugerem que esses primeiros templários descobriram alguma coisa oculta sob as ruínas do Templo de Salomão que confirmava, entre outras coisas, a própria existência de Jesus Cristo.

De acordo com as tradições consolidadas de inúmeras sociedades secretas, com toda probabilidade parte do "espólio" descoberto pelos nove cavaleiros originais era constituída dos mapas conhecidos como portulanos, os quais apresentavam uma base matemática então desconhecida do mundo medieval.

20 COLOMBO E O MISTÉRIO DOS TEMPLÁRIOS NA AMÉRICA

Fig. 1.1. Esta gravura, A Queima de Jacques de Molay, de Émile Antoine Baward, ca. 1885, representa o último grão-mestre templário, Jacques de Molay, sendo queimado na fogueira na ilha de Paris.

Em 1127, depois de nove anos na Terra Santa, a maioria dos cavaleiros fundadores da Ordem retornou à Europa, e em janeiro de 1128, num concílio da Igreja em Troyes, os templários foram oficialmente aceitos como uma ordem de caráter religioso e militar — um reconhecimento devido principalmente ao seu patrono, Bernardo de Claraval, originalmente membro da Ordem Católica Romana dos Cartuxos, mas mais tarde influência decisiva na fundação da Ordem Cisterciense. Esse rápido desenvolvimento de fato sugere que os cavaleiros descobriram algo de profundo significado religioso e histórico.

Os templários faziam votos de pobreza, castidade e obediência. Eles gozavam de autonomia praticamente plena, resultado de uma bula papal de Inocêncio II promulgada em 1139 definindo que deviam lealdade exclusivamente ao papa. Em conseqüência dessa prescrição, durante as duas décadas seguintes, em toda a Europa, filhos mais jovens de famílias nobres aderiram em massa às fileiras da ordem. E como, ao ser admitido, o candidato entregava todas as suas posses, inclusive as terras, os bens dos templários se multiplicaram.[3]

Apenas vinte e quatro anos depois do Concílio de Troyes, os templários eram donos de grandes propriedades em grande parte da Europa, na Terra Santa e em regiões ao leste. Até meados do século XIII, os templários haviam se tornado suficientemente poderosos para influenciar ativamente os altos escalões diplomáticos da nobreza e da monarquia em todo o mundo ocidental e na Terra Santa. As atividades políticas da Ordem, porém, não se limitavam ao mundo cristão. Ela criou fortes vínculos com governantes muçulmanos e exigiu dos líderes sarracenos um respeito que excedia em muito aquele acordado com os europeus.

Ao mesmo tempo, os templários criaram e consolidaram a instituição do moderno sistema bancário e, de fato, tornaram-se banqueiros de todas as casas reais da Europa e de vários potentados muçulmanos. Mas eles não lidavam apenas com dinheiro. Devido às permanentes relações com as culturas islâmica e judaica, eles conheceram e passaram a aceitar novas áreas de conhecimento, inclusive as ciências. Como resultado, os templários detinham um verdadeiro monopólio da melhor e mais avançada tecnologia da época e contribuíram para o desenvolvimento da topografia, da cartografia, da construção de estradas e da navegação.

A Ordem possuía seus próprios portos marítimos, estaleiros e frotas, militares e comerciais, com sua força naval principal baseada em La Rochelle, França (ver figura 1.2). Ela era também proprietária da melhor mapoteca da época, cujo acervo incluía inúmeros mapas portulanos raros de origem desconhecida — provavelmente aqueles encontrados debaixo do Templo de Salomão. A Ordem também mantinha hospitais próprios, com médicos e cirurgiões que evidentemente conheciam, entre muitos outros, os conceitos e as propriedades dos antibióticos. Infelizmente, em 1185, num período de grande progresso, o rei Balduíno IV de Jerusalém morreu. Uma conseqüência imediata dessa ocorrência foi que em julho de 1187, Gérard de Ridefort, grão-mestre do Templo, em boa parte devido à vaidade pessoal, perdeu Jerusalém e quase toda a Terra Santa para os sarracenos.

Depois dessa derrota, os templários se retiraram para o sul da França, especificamente para o Languedoc, a região dos hereges cátaros. Como muitos proprietários de terras abastados, cátaros eles próprios ou simpatizantes das crenças cátaras, haviam doado grandes áreas de terra para a Ordem, os templários imaginaram que talvez o Languedoc pudesse se tornar a sua Nova Jerusalém. A região promoveu a tolerância religiosa, e por causa disso, o grego, o árabe, o hebraico e a antiga tradição esotérica da Cabala foram estudados com grande entusiasmo. À semelhança do Império Romano, porém, a com-

Fig. 1.2. *A Frota Marítima Templária*, xilogravura do início do século XV, autor desconhecido. Observe que a frota templária navegava independentemente sob a cruz templária, exposta com destaque em suas velas, não sob a bandeira da Igreja ou do Estado.

placência e a decadência se instalaram entre os líderes dos cátaros, e pelo ano de 1208 a Igreja se sentia cada vez mais ameaçada pela heresia cátara.

Por ordem direta do papa Inocêncio III, uma santa cruzada — hoje conhecida como Cruzada Albigense — foi enviada contra os cátaros, com total apoio e cooperação do trono francês. Em 1209, um exército do norte comandado por Simon de Montfort invadiu o Languedoc, e durante os quarenta anos seguintes, aproximadamente trinta mil cátaros foram exterminados. Embora iniciado pelo papa, esse episódio de genocídio (a única forma genuína de descrevê-lo) é mais lembrado pelo fanatismo de um monge espanhol chamado Domingos de Gusmão (depois São Domingos), que criou os métodos de tortura da Santa Inquisição.

Até 1243, a Cruzada Albigense havia arrasado todas as principais cidades e fortalezas cátaras na região, com exceção de algumas cidadelas isoladas. Destacava-se entre estas a fortaleza de Montségur, situada numa montanha distante. Em março de 1244, depois de lutar durante alguns meses em condições de inferioridade, a fortaleza finalmente se rendeu, e o catarismo deixou de existir, pelo menos oficialmente, no sul da França. Como os cátaros eram considerados abastados, espalharam-se rumores de um tesouro fantástico escondido em Montségur, mas nada de importante jamais foi encontrado nas ruínas da fortaleza.

Nos sessenta e três anos seguintes, os templários, que anteriormente haviam sido de certo modo aliados dos cátaros "hereges", continuaram a viver em paz, mas ao amanhecer de uma sexta-feira, dia 13 de outubro de 1307, o rei Filipe IV da França decretou a prisão de todos os membros da Ordem e o confisco de todas as suas posses na França.[3] O grão-mestre Jacques de Molay foi preso e as propriedades templárias em toda a França foram tomadas. Posteriormente, inúmeros priorados e outros bens dos templários foram doados a uma ordem conhecida como os Cavaleiros de São João — os Hospitalários — subordinada ao papa. Curiosamente, de acordo com o pesquisador John J. Robinson, a Revolta dos Camponeses Ingleses de 7 de junho de 1381, liderada por Wat Tyler, foi de fato organizada e executada pelos franco-maçons ingleses em represália aos hospitalários. Mas quem eram esses pretensos rivais dos templários, formalmente conhecidos como os Cavaleiros da Ordem do Hospital de São João de Jerusalém? Segundo a história, em 1099 muitos cruzados aderiram à Fraternidade de São João, que mais tarde se transformou na ordem religiosa dos Cavaleiros da Ordem de São João de Jerusalém. Essa ordem participou de todas as Cruzadas empreendidas durante os duzentos anos seguintes, quando então seus membros foram obrigados a refugiar-se primeiro em Chipre e mais tarde na ilha de Rodes. Em 1523, os hospitalários foram forçados a sair de cena pela terceira vez, abrigando-se agora na ilha de Cândia, a moderna Creta, onde permaneceram por sete anos. A seguir, em 1530, o imperador Carlos V da Espanha concedeu a ilha de Malta à ordem. Desse modo, os hospitalários ficaram conhecidos como os Cavaleiros de Malta durante os duzentos e cinqüenta anos posteriores, até que, em 1798, Napoleão tomou Malta e a ordem foi dispersada.

Depois do confisco e da redistribuição dos bens dos templários em 1307, a imensa riqueza "oculta" da Ordem, o principal interesse de Filipe, nunca foi encontrada, e ao mistério do tesouro cátaro somou-se a localização do fabuloso tesouro templário.

Muitos afirmam que com seu último suspiro, depois de sete anos de cárcere e torturas, Jacques de Molay renegou sua confissão e intimou seus perseguidores, o papa Clemente e o rei Filipe, a se juntarem a ele diante do tribunal de Deus, no prazo de um ano, para justificar seus próprios pecados.[4] Até o fim daquele ano, Clemente e Filipe estavam mortos, e a mística e o conhecimento arcano em torno dos templários haviam assumido proporções épicas, do mesmo modo que a lenda do seu tesouro oculto, que teria desaparecido do porto de La Rochelle sob o manto da escuridão na hoje famosa sexta-feira, 13 de outubro de 1307, junto com dezoito galeras repletas de cavaleiros.

Seria possível que o tesouro cátaro, tão procurado pela Igreja e pelo Estado depois da extinção dessa seita, fizesse parte do mesmo tesouro que desapareceu com a frota templária do porto de La Rochelle? Historiadores da Ordem Templária concordam hoje que pelo menos algumas daquelas dezoito galeras dirigiram-se para a Escócia, Portugal ou Escandinávia. Também é possível que algumas tenham cruzado o Atlântico em direção a colônias já formadas no Novo Mundo. Como sua história anterior demonstrou, os templários eram suficientemente inteligentes para prevenir que nem todos os ovos fossem depositados em um único cesto.

Sob a Rosa

Um dos símbolos mais antigos do mundo, remetendo ao que é confidencial e secreto, é a rosa (*rosa* em latim, *rhodon* em grego). Surpreendentemente, as rosas são nativas apenas do hemisfério norte, mas floresceram desde tempos imemoriais, ainda antes do aparecimento do homem. Escavações na Europa revelaram flores e brotações fossilizadas de rosas de trinta e cinco milhões de anos, e coroas petrificadas de rosas foram encontradas em túmulos egípcios antigos.[5]

Na mitologia grega, a rosa foi criada por Afrodite (a Vênus romana), deusa do amor.[6] Em Roma ela se tornou o símbolo do amor e da beleza. Cupido acrescentou à flor o simbolismo do sigilo quando ofereceu uma rosa a Harpócrates, deus do silêncio, com o objetivo de encobrir as escapadelas amorosas de Vênus.[7] O teto da sala de jantar romana era decorado com rosas, lembrando às visitas que deviam guardar segredo das conversas mantidas durante a refeição, e levando ao termo *sub rosa*, "sob a rosa", que conota discrição e confidencialidade.

À semelhança dos significados da cruz, os da rosa também podem ser paradoxais. Ela é ao mesmo tempo símbolo de pureza e paixão, perfeição celeste e emoção terrestre, virgindade e fertilidade, vida e morte.[8] A rosa representa também o sangue de Adônis e de Cristo. Os primeiros cristãos viam as cinco chagas de Cristo nas cinco pétalas da *rosa sancta*. Na interpretação cristã, ela se tornou símbolo da transmutação — a colheita do alimento da terra e sua transformação numa bela, cheirosa e "divina" flor — e, através da idéia do jardim de rosas, ela representa o Paraíso. Durante a Renascença, o emblema do jardim de rosas passou a representar o amor humano e os amantes, mas ao mesmo tempo o simbolismo religioso mariano da rosa foi popularizado pela devoção ao rosário.[9]

Numerologicamente, a rosa representa o número cinco, porque a roseira-brava tem cinco pétalas e as pétalas em todas as rosas se reproduzem em múltiplos de cinco. Geometricamente, a rosa corresponde aos símbolos arcanos do pentágono e do pentagrama, símbolo da escola da fraternidade pitagórica.[10] Por estar associada ao número cinco, a rosa se relaciona também com os cinco sentidos e, num sentido absoluto, com a consciência do ser em expansão através do desenvolvimento dos sentidos.[11]

Durante a Idade Média, o tema do jardim de rosas desenvolveu-se a partir da literatura do amor cortês, em que a rosa freqüentemente aparece como símbolo da dama amada. Mais tarde, por influência do *Cântico dos Cânticos*, a rosa passou a simbolizar a união mística entre Cristo e sua Igreja ou entre Deus e cada um dos seus filhos.[12] Com a veneração da Virgem Maria como modelo da união com Deus, a rosa se tornou um símbolo privilegiado da união entre Cristo e Maria. A imagem de Maria segurando uma rosa em vez de um cetro aparece em muitos dos maiores exemplos da arte do século XIII. A imagem de Maria num jardim ou debaixo de uma roseira ou diante de um tapete com rosas também aparece na obra de muitos artistas da Idade Média.[13] (Ver fig. 1.3.)

A rosa, a rainha das flores, era evidentemente um símbolo privilegiado da Virgem Maria, rainha do céu e da terra. Esse simbolismo mariano está bem evidente na descrição do paraíso feita por Dante. No Canto 23, versos 71-75 do *Paraíso*, a guia de Dante, Beatriz, o convida a contemplar entre os habitantes do céu a beleza de Maria, a Mãe de Deus: "Por que tanto te encantas com meu rosto e não diriges o olhar para o formoso jardim em que as flores se abrem sob o esplendor de Cristo? Ali está a rosa em que o Verbo Divino se fez carne; ali estão os lírios cuja fragrância te conduzem pelo caminho reto." Exemplos extraordinários desse simbolismo encontram-se também em todas as catedrais góticas e especialmente em suas rosáceas, as janelas circulares, de vidro colorido, que embelezam as três entradas dessas igrejas. Coincidentemente, os Cavaleiros Templários eram os agentes financeiros que custeavam a construção de catedrais góticas e rosáceas em toda a França, inclusive da Catedral de Chartres e de sua famosa rosácea.[14] O "texto" por trás dessas imensas e complexas obras de vidro colorido seria a revelação, através da Bíblia Hebraica e das escrituras cristãs, do mundo de salvação oferecido por Deus à raça humana perdida. Na maioria das vezes, Cristo está no centro dessas rosáceas, onde em geral é representado sentado em julgamento ou no mistério de sua Encarnação.

Apesar do simbolismo tradicional da rosa associado à Virgem Maria, porém, muitos livros recentes tratam hoje da importância da outra Maria — Maria Madalena, que pode ter cativado o coração de Jesus — para conferir

Fig.1.3. O Jardim de Maria, século XIII, autor desconhecido. O primeiro jardim de Maria de que se tem notícia foi criado por São Fiacre, santo irlandês, no século VII. Reproduzido por cortesia do Staatliche Museum, Berlim.

um simbolismo secreto à imagem da rosa. Segundo os autores de *O Santo Graal e a Linhagem Sagrada*, o nome de Notre Dame de Lumière é na verdade uma referência direta a Maria Madalena. Eles sugerem que mesmo as primeiras igrejas Notre Dame (Nossa Senhora) na França são dedicadas a Madalena, não à Virgem Maria. Os autores parecem também identificar Maria Madalena com o Meridiano, a antiga linha longitudinal definida como ponto de partida de uma rede que cobre a terra, e afirmam que num contexto moderno, ela pode ter sido a progenitora de uma linhagem do seu "esposo" Jesus, afirmação essa que se tornou a hipótese central do livro desses autores.

O conceito de uma série de meridianos longitudinais distribuídos ao redor do globo não é novo, como se começou a sugerir na introdução deste livro, mas associá-lo a Maria Madalena implica uma relação ao mesmo tempo antiga e secreta. Essa relação enuncia que através da união de Jesus e Maria, a linhagem de antigos reis, inclusive da Casa de Davi e da Tribo de Benjamim, continua até os dias de hoje, mas diz também que se perpetuou um antigo conhecimento que, entre outras coisas, possibilitou aos iniciados de níveis mais elevados fixar sua posição relativa na superfície da terra. Numa época em que a

Igreja defendia o conceito de que a terra era plana, essa informação representava puro poder em termos de comércio e recursos naturais. Desnecessário dizer, os detentores desse conhecimento rapidamente perceberiam a necessidade de envolvê-lo em camadas de elementos esotéricos e simbolismos religiosos que externamente correspondessem à sanção da Igreja.

Um exemplo perfeito desse duplo significado oculto é a veneração prestada a Santa Roseline de Villeneuve des Arcs, freira cartuxa que morreu em 17 de janeiro de 1329 e continua a ser associada a um "milagre da rosa": ela seria tão santa que seu corpo se conservou incorruptível depois da morte. Consta que o rei Luís procurou comprovar se ela continuava viva perfurando-lhe o olho com uma agulha, o que lembra as circunstâncias da morte prematura de Dagoberto II, o último rei merovíngio (que teve seu olho trespassado por uma lança num "acidente" de caça). Em vida, Roseline (Rosalina) era uma pessoa de linhagem nobre que aparentemente tinha visões freqüentes. Quando alguém lhe perguntou qual seria o melhor caminho para o céu, ela respondeu: "Conhecer a si mesmo."[15]

O dia festivo de Sta. Rosalina é 17 de janeiro, uma data importante também para os merovíngios porque lembra o dia em que o filho de Dagoberto, Sigberto IV, escapou de uma tentativa de assassinato, possibilitando assim a continuação da estirpe dos reis merovíngios. Algumas autoridades sugerem que o próprio nome da santa — Roseline — simboliza a linhagem merovíngia. Como qualquer leitor de *O Código Da Vinci* pode confirmar, a Roseline (Linha Rosa) é uma referência direta ao antigo meridiano que está assinalado no interior da Capela de São Sulpício em Paris por uma linha dourada nortesul. Curiosamente, dia 17 de janeiro é também o dia festivo de São Sulpício, ou Sulpicius Severus (Sulpício Severo), biógrafo de São Martinho de Tours e freqüentemente associado a lugares de significado toponímico sagrado e também a cultos pagãos à árvore. O Sulpicius Severus romano, um aristocrata da região aquitana da França, foi preparado para uma carreira administrativa e educado nos moldes clássicos. Depois da morte prematura de sua mulher, ele renunciou à profissão e dedicou-se a uma vida monástica. Sulpício escreveu uma história do mundo, *Chronicorum Libri Duo*, ou *Historia Sacra*, que abrange desde a criação do mundo até o ano 400 d.C. É surpreendente, porém, que embora São Sulpício seja pelo menos externamente um ícone cristão, Sulpicius Severus tenha omitido os eventos históricos registrados no Novo Testamento.

Nas três últimas décadas, a Ordem de São Sulpício vem sendo relacionada à localização de um grande tesouro ou segredo. Além disso, depois de conversas com os autores de *O Santo Graal e a Linhagem Sagrada*, Pierre Plantard de St. Clair, ex-grão-mestre do moderno Priorado de Sião, fez várias referências a linhas de longitude ou meridianos que levariam ao local do imenso tesouro, talvez ao local onde os restos terrenos de Jesus estariam escondidos.[16]

A Capela de Roseline

Este tema central do antigo meridiano ou linha rosa leva diretamente à Capela de Rosslyn, a residência ancestral dos St. Clairs, ou Sinclairs, escoceses, situada a vinte e cinco quilômetros ao sul de Edimburgo. No passado, essa área chamava-se Roslin, um nome formado pelas palavras celtas *ros*, que significa "saliência" ou "promontório", e *lin*, "queda d'água".[17] Há, contudo, uma explicação mais profunda para a origem do nome Roslin: ele procede diretamente de Roseline, que simboliza uma linhagem de imenso significado, que perpetuou um conhecimento antigo transmitido aos nove cavaleiros originais, ou por eles redescoberto, que escavaram sob o Templo de Salomão em Jerusalém depois da Primeira Cruzada. Assim, há também quem sugira que os Sinclairs eram descendentes da linhagem (Roseline) de Jesus — "a vinha verdadeira".

Alternativamente, especulações apenas em fase inicial sugerem que a capela está construída sobre uma antiga linha de energia — uma linha rosa — dentro de um padrão de grade geométrico que envolve o mundo. As linhas de energia (*ley lines*), também conhecidas como linhas do dragão, são linhas retas que passam sobre a paisagem ou através dela. Em toda a Europa, as linhas de energia parecem conter e transmitir energia da terra ou uma força eletromagnética e são assinaladas por marcos que podem ser pedras dispostas verticalmente, megálitos, e obras de terra como túmulos, outeiros e poços sagrados. A assinatura do fundador da capela, Sir William Sinclair, "St. Clair of Roselin", num documento importante sugere exatamente essa teoria. Esse fato confirma que desde os primórdios, Rosslyn era considerada um ponto de energia e um centro espiritual.

A construção da capela foi iniciada em 1446, 134 anos depois da dissolução da Ordem dos Templários em 1312. Ela exigiu um enorme esforço e foi administrada pessoalmente por Sir William St. Clair, o terceiro e último St. Clair, conde de Orkney (Órcades). Foram necessários quarenta anos para a conclusão das obras, e muitos dizem que ela representa parte do que seria uma edificação bem maior. Ela se constitui num "arcano em pedra" sem igual, com simbolismo em cada entalhe. Com gravuras representando desde cenas pagãs até episódios bíblicos, a capela reflete uma profusão de temas celtas e da natureza, inclusive o predominante Homem Verde, uma imagem também encontrada em muitos templos do antigo Oriente.

Um dos aspectos mais fascinantes da Capela de Rosslyn é a janela com a cruz denteada que caracteriza a entrada ocidental (ver fig. 1.4). A cruz denteada, emblema encontrado no brasão da família Sinclair, consiste em quatro braços que remetem aos quatro rios do Éden ou, com suas bordas recortadas, às escamas do dragão da sabedoria.[18] O dragão ou serpente marinha — o shamir — desenhado no brasão do príncipe Henry Sinclair sempre representou o símbolo de soberania absoluto dos celtas. Curiosamente, no século XIX, o quarto conde de Rosslyn circundou a capela com grades encimadas pela cruz denteada heráldica de St. Clair, cujos braços, em seu ponto de interseção, eram sobrepostos por uma rosa. Essa imagem simboliza assim a Rosa Crucificada — isto é, Jesus na cruz.

Entre as imagens celtas talhadas na pedra da capela há também várias representações relacionadas à maçonaria, destacando-se as que se encontram na célebre Coluna do Aprendiz (ver fig. 1.5, página 31). Quanto à posição da capela, sua localização se deve precisamente ao ambiente natural que a cerca e à antiga associação do local a rituais pagãos. No estreito vale do rio Esk, por exemplo, existem cavernas onde foram encontrados artefatos da Idade do Bronze e com muitos entalhes pictos. Nas diversas escavações realizadas no entorno da capela ao longo dos anos, achados como cacos de cerâmica sugerem o culto a Mitra, o deus persa da luz e da verdade, mais tarde deus romano do sol.

O padre Richard Augustine Hay (nascido em 1661) escreveu em 1700 uma das fontes mais conhecidas sobre a Capela de Rosslyn e a família St. Clair. Nesse documento, ele descreve como o fundador, Sir William, examinou pessoalmente o projeto de cada gravura antes de autorizar a execução dos trabalhos. Consta que os pedreiros contratados eram oriundos de associações de artesãos de "outras regiões" e de "reinos estrangeiros", dando assim credibilidade ao empreendimento de Rosslyn como grande centro espiritual. O fato de Sir William ter aprovado pessoalmente o esboço de cada entalhe demonstra que ele provavelmente pretendia que a capela fosse preservada como um registro permanente não apenas do antigo ritual maçônico, mas também da viagem secreta que fora feita em 1398 por seu avô, o príncipe Henry Sinclair.

Os Sinclairs da Escócia também estiveram inextricavelmente ligados aos Cavaleiros Templários fugitivos — alguns daqueles que estavam a bordo das dezoito galeras que zarparam de La Rochelle — que aportaram nas costas da Escócia ocidental depois de fugir da França em 1307 e que supostamente

Fig. 1.4. Entrada ocidental da Capela de Rosslyn. Observe a cruz denteada (com suas bordas escamadas ou recortadas) embutida na rosácea acima da porta. Fotografia de William F. Mann.

SEGREDOS PRECIOSOS 31

Fig 1.5. A Coluna do Aprendiz na Capela de Rosslyn. Diz a lenda que o escultor, um maçom aprendiz, foi assassinado por seu mestre, que ficou tomado de furor ao voltar de uma peregrinação à Terra Santa e contemplar a beleza da obra realizada. Fotografia de William F. Mann.

ajudaram Roberto I Bruce a alcançar a vitória na Batalha de Bannockburn em 1314. Os Sinclairs também foram os grão-mestres hereditários da Ordem Maçônica na Escócia até 1736, quando Sir William Sinclair, numa manobra astuciosa, renunciou à sua posição hereditária e foi imediatamente eleito o primeiro grão-mestre na Grande Loja Escocesa dos Maçons Especulativos. Em parte, o fato transpirou porque a família Sinclair havia sido guardiã hereditária das relíquias sagradas da Escócia — o que também confere maior credibilidade à idéia de que o tesouro templário foi levado secretamente para Rosslyn, pelo menos temporariamente, até que pudesse ser levado às escondidas para o Novo Mundo.

Tema de muitos documentários e livros, acredita-se que a Capela de Rosslyn ainda conserva muitos segredos. Há anos muitos vêm especulando sobre o que poderia estar ali escondido: Da lista de sugestões constam a Arca da Aliança, a cabeça mumificada de Cristo, o Santo Graal, uma Madonna Negra, o Santo Sudário (a imagem do rosto de Jesus estampada no véu de Verônica), os pergaminhos perdidos do Templo de Jerusalém, e, naturalmente, o tesouro dos templários. O que muitos deixaram de perceber, porém, é que a capela em si é um testemunho de fé em pedra, um monumento a uma viagem transatlântica que permaneceu envolta em mistério por mais de seiscentos anos.

É certamente possível que sob os cuidados extremos de Henry Sinclair, conde da Noruega e príncipe da Escócia, escoltado por um círculo interno confiável de Cavaleiros Templários, o supremo tesouro do Templo tenha sido levado sigilosamente para um lugar que naquele tempo era considerado um refúgio secreto — uma colônia da "rosa" — na Nova Scotia, ou Nova Escócia. O objetivo fundamental dessa aventura arriscada e dramática era não somente a necessidade de encontrar um refúgio para membros da Linhagem Sagrada e para os seus guardiães, os Cavaleiros Templários, mas também reativar uma série de antigos meridianos longitudinais, ou linhas rosas, por meio do movimento da Linhagem Sagrada para o interior e em direção a posições estratégicas da "rosa" distribuídas pelo Novo Mundo.

Príncipe Henry Sinclair

Para compreender o príncipe Henry Sinclair, "um homem digno de imortal lembrança", como o descreve a *Narrativa de Zeno*, precisamos antes entender os acontecimentos históricos que confluem de modo imediato para sua vida e época. Nos primeiros anos do século XIV, a Escócia era constantemente atacada por Eduardo I, rei da Inglaterra. A começar com a Batalha de Rosslyn em 1303, os escoceses, em maior número, derrotaram decisivamente os ingleses em três confrontos isolados. Em 1314, Eduardo, decidido a vingar-se, marchou para o norte com um exército muito bem treinado para enfrentar os escoceses em Bannockburn. Os escoceses venceram a batalha, em grande parte devido à intervenção dos Cavaleiros Templários seguidores do rei Roberto Bruce, apoiado por Sir William Sinclair e seus dois filhos, William e Henry. Como reconhecimento pela ajuda dos templários nessa batalha e com o objetivo de encobrir a presença dos templários em seu território, Roberto Bruce criou a Ordem Real da Escócia. Seu sucessor, o rei Davi II da Escócia, também nomeou William Sinclair grão-mestre das Corporações de Ofícios e Guildas da Escócia, um cargo que se tornou hereditário.[19]

O jovem Henry Sinclair, que nasceu em 1345 e recebeu o nome de um ancestral, Henry de Saint-Clair, um Cavaleiro Templário original que serviu com Godofredo de Bouillon na defesa de Jerusalém durante a Primeira Cruzada, tinha apenas treze anos quando seu pai morreu no campo de batalha e ele se tornou o jovem Henry Sinclair, lorde de Rosslyn. Ele recebeu educação esmerada, foi treinado nas artes militares e falava francês e latim. Sua primeira esposa, neta do rei da Suécia e da Noruega, morreu ainda muito jovem. Henry então se casou com Janet Halyburton, de Dirleton, e teve com ela treze filhos num período de vinte anos. Ele era conhecido como Henry, o Santo, por defender as virtudes cristãs.[20] Na linha de sucessão, o príncipe Henry Sinclair se tornou o grão-mestre das Corporações de Ofícios e Guildas da Escócia, além de Cavaleiro Templário. Subseqüentemente, o rei Davi II o recompensou com o título de Lorde Sinclair e com o cargo de presidente do Supremo Tribunal de Justiça da Escócia depois de uma incursão bem-sucedida contra a Inglaterra. Com apenas vinte e quatro anos de idade, Sinclair foi empossado como duque de Orkney (Ilhas Órcades) e lorde de Shetland, que incluía a administração das ilhas Faroé, Órcades e Shetland. Na verdade, ele assumiu esse posto no reinado de Hakon VI da Noruega, pois a Noruega governava as ilhas desde o século IX. Como penhor de sua obrigação para com o rei norueguês de manter o controle de todas as ilhas, Henry construiu o Castelo de Kirkwall, sua base de operações nas Órcades.[21] Ao mesmo tempo, ele supervisionou a construção de uma frota de navios para estimular o comércio no mar da Noruega e patrulhar suas águas. Essas medidas se revelaram de enorme importância estratégica, pois a Noruega tinha dificuldades enormes para se defender dos piratas do Báltico sem a ajuda de Sinclair. Surpreendentemente, ele realizou tudo isso antes de completar trinta e cinco anos de idade.

Nos vinte anos seguintes, Henry foi obrigado a exercer o controle do comércio entre as ilhas por causa da intransigente independência dos seus habitantes e dos permanentes aborrecimentos causados pela Liga Hanseática, composta principalmente por um grupo de cidades marítimas alemãs. Ao dividir seu tempo entre sua residência ancestral, Rosslyn, e as Órcades, Henry era constantemente desafiado a manter a soberania do rei sobre seu povo. Além disso, como a comunidade templária estava se tornando uma entidade tão próspera que suas atividades comerciais começavam a ultrapassar as fronteiras escocesas, ele se via continuamente pressionado a encobrir as atividades dos templários escoceses que viviam sob sua jurisdição. Paralelamente, ele também se preparava para um evento que lhe exigiria a aplicação de todas as habilidades e experiência que havia adquirido ao longo de toda uma vida de serviço a Deus segundo o lema dos Sinclairs — "Põe todas as tuas ações nas mãos de Deus" — que em breve seria posto em prática por toda a eternidade.

A Viagem Secreta

De acordo com o documento histórico conhecido como *Narrativa de Zeno*, publicado anonimamente em Veneza em 1555, o príncipe Henry Sinclair cruzou o Atlântico Norte em 1398 para o que era então conhecido como Estotiland.[22] O autor da narrativa, Antonio Zeno, era, como descobrimos, descendente direto tanto do almirante Nicolò como do almirante Antonio Zeno, que, parece, receberam ordens de viajar de Veneza para a Escócia com o objetivo de transmitir ao príncipe Henry os conhecimentos e aptidões de navegação especializados que seriam necessários para uma viagem como essa. Os registros históricos informam que, infelizmente, Nicolò faleceu antes da viagem. Assim, conta a história que com a ajuda do seu amigo de confiança e lugar-tenente Sir James Gunn e do almirante veneziano Antonio Zeno, no dia 1º de abril de 1398, Sinclair zarpou da Escócia no comando de uma frota de treze galeras em direção ao que é atualmente Guysborough Harbor, Nova Escócia, onde aportou em 2 de junho de 1398.[23] A *Narrativa de Zeno* inclui o que veio a ser conhecido como o Mapa de Zeno (ver fig. 1.6), que mostra dois castelos, ou povoados, situados nas duas margens de um grande rio no canto inferior esquerdo, no território identificado como ESTOTILAND.

O historiador Frederick J. Pohl foi um dos primeiros a associar a *Narrativa de Zeno* às lendas orais dos micmacs nativos da Nova Escócia, relacionando a viagem secreta do príncipe Henry e os Cavaleiros Templários que o acompanhavam a Glooscap, entidade sagrada desses ameríndios. Por exemplo, Pohl concluiu que existem dezessete semelhanças marcantes entre Glooscap, o deus-homem, e o príncipe Henry — o que não quer dizer que a identidade do príncipe Henry tenha sido integrada a essa entidade micmac, mas sim que Henry pode ter assumido a persona de Glooscap com objetivos pessoais, pois ele e seus companheiros teriam compreendido logo ao chegar no Novo Mundo que para manter uma colônia ou deslocar-se para o interior do continente precisavam contar com os conhecimentos dos nativos sobre a região — especialmente os que se referiam a rios e trilhas, pois essas eram as vias de acesso ao interior do Novo Mundo — e também com sua boa vontade e cooperação.

Segundo as lendas dos micmacs, o acampamento de inverno do príncipe Henry localizava-se nas proximidades do cabo d'Or e do cabo Blomidon, ambos na baía de Fundy. Deduz-se daí que é evidente que Sinclair teria escolhido cuidadosamente esses dois locais por uma razão muito específica: suas posições de observação estratégicas. Cada posto é estruturado de modo a oferecer uma vista livre e aberta de toda a baía de Fundy e de Minas Basin. Numa altura de 150 metros acima do nível do mar no caso do promontório do cabo d'Or e de 230 metros no caso do cabo Blomidon, num dia claro é possível observar desses pontos tanto a entrada da baía de Fundy na ilha Grand Manan quanto o estreito de Northumberland no outro lado do istmo de Chignecto.

Curiosamente, a *Narrativa de Zeno* informa que o príncipe Henry enviou Antonio e sua frota de volta às Órcades pouco depois de aportar em Guysborough Harbor, ele mesmo ficando com apenas alguns barcos a remo menores, de fundo plano. Isso sugere que o príncipe Henry sabia exatamente para onde dirigir-se a partir desse ponto — como se uma vez em terra, ele conhecesse os sinais que o guiariam a uma colônia fundada anteriormente, talvez pelos vikings ou pelos celtas.

Quaisquer que fossem suas razões para reduzir seu pessoal nesse ponto, o rio de maré Shubenacadie, um dos mais extensos da Nova Escócia (parecendo dividir o território em dois) e atualmente muito procurado para a prática da canoagem, era para o habilidoso estrategista militar príncipe Henry, e sem dúvida para os que o precederam, uma defesa aparentemente inexpugnável. Uma colônia situada ao longo do rio Shubenacadie só poderia ser alcançada por quem soubesse "pegar a onda" (ver fig. 1.7).

Como observamos acima, um elemento estranho na Capela de Rosslyn são as representações de milho, aloé, *Sassafras albidum* (sassafrás), *Trillium grandiflorum* (lírio-do-mato) e *Quercus nigra* (carvalho-preto), todas plantas nativas da América (as últimas três endêmicas da Carolinian Forest Region) e conseqüentemente desconhecidas na Europa na época da construção da cape-

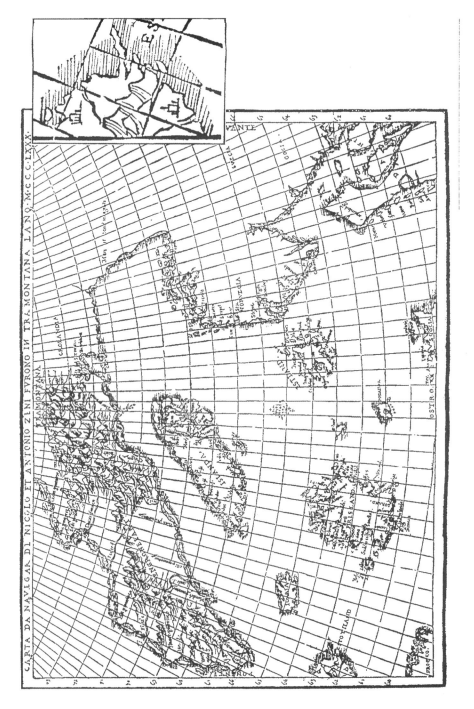

Fig. 1.6. Mapa de Zeno do século XVI, da *Narrativa de Zeno*. O destaque mostra dois castelos que identificam povoados. Observe que a distância entre os castelos é de um grau.

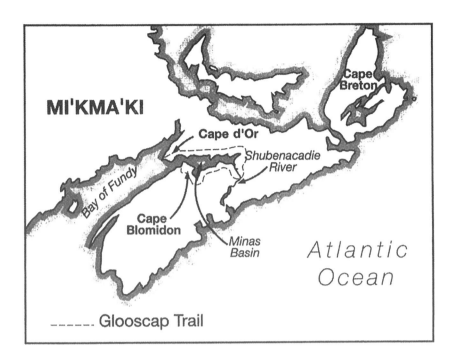

Fig. 1.7. Mapa geral da Nova Escócia, destacando áreas atribuídas à lenda micmac de Glooscap. A Glooscap Trail (Trilha de Glooscap) tem como centro o rio Shubenacadie.

la. Especula-se por isso que essas representações tiveram por base desenhos ou amostras reais de plantas norte-americanas que Antonio e outros levaram para a Europa depois de deixar o príncipe Henry e seu grupo. Além disso, as numerosas gravuras estranhas em forma de cubo projetando-se do teto da capela e cobertas com símbolos templários podem representar os baús que foram inicialmente distribuídos entre as treze galeras da frota do príncipe Henry, tanto para servir de lastro como para conter o tesouro dos templários durante seu transporte para o Novo Mundo (ver fig. 1.8, página 39).

Green Oaks, Nova Escócia

Um "segredo" me foi revelado por meu tio-avô Frederic George Mann, exgrão-mestre supremo dos Cavaleiros Templários do Canadá, que possibilitou-me relacionar os dois princípios mais importantes da maçonaria — a geometria sagrada e a alegoria moral — à paisagem da Nova Escócia, resultando na descoberta daquela que talvez seja uma das mais importantes colônias templárias perdidas. No mapa de Caspar Vopell de 1545 que mostra a costa da Nova Escócia, essa comunidade é representada pelo desenho do busto de um cavaleiro templário e pela legenda *Agricolae pro Seu. C. d. labrador*, que poderia ser interpretada literalmente como "Fazendas (ou fazendeiros) para o Senhor do Cabo dos Trabalhadores".* (Ver fig. 1.9.)

Na moderna comunidade de Green Oaks, Nova Escócia, localizada diretamente a leste do rio Shubenacadie e ao sul de um promontório conhecido localmente como Anthony's Nose, descobri evidências arqueológicas confirmando a existência ali de uma colônia agrícola celta anterior à época do príncipe Henry. Como conseqüência, levantei a hipótese de que ao chegar no Novo Mundo, o príncipe Henry Sinclair ou sabia exatamente para onde se dirigia, devido ao seu conhecimento da posição coordenada (latitude e longitude) da colônia abandonada ou devido aos seus mapas misteriosamente precisos mostrando-lhe exatamente onde a colônia se localizava, ou ele teve de realizar uma série de iniciações que refletissem o ritual maçônico, uma série de graus, que começou na costa sul da Nova Escócia na enigmática Oak Island. Uma das muitas "instruções" ou pistas para que o iniciado maçom possa terminar essa viagem consiste em seguir o nariz de um dos santos padroeiros dos templários medievais, Sto. Antônio. Como descobri durante a minha viagem, o cabo ou promontório conhecido como Anthony's Nose, posicionado na faixa de terra de Minas Basin, é o nariz que pertence à cabeça de um Homem Verde simbólico posicionado no mesmo local.

Como poderiam ter existido colônias estrangeiras nessa região muito antes da época do príncipe Henry? A área próxima a Green Oaks é rica em minerais metálicos como cobre, ouro e titânio. Enquanto a maioria dos historiadores atribui as imensas quantidades de ouro e cobre dos Cavaleiros Templários medievais às suas atividades na Europa e particularmente no Oriente Médio, na realidade as atividades dos templários — especificamente seus projetos de construções, que incluíam catedrais, preceptórios e fazendas — teriam exigido mais ouro e cobre do que a quantidade disponível na Europa.

---

* Michael Anderson Bradley, *Holy Grail Across the Atlantic* (Toronto: Hounslow Press, 1998), 213. De igual importância para Bradley é o mapa de Gastaldi, que apareceu pela primeira vez no Venice Ptolemy em 1548, três anos depois do mapa de Vopell, mas que pode ter sido desenhado já em 1539. Nesse mapa estão os nomes de lugares "p=refúgio", "Larcadia", "Angouleme", "Flora", e "Le Paradis". Bradley logicamente reuniu esses nomes de modo a formar a mensagem: "A Flor de Angouleme encontrou um refúgio no Paraíso da Arcádia." De destaque especial é a referência do mapa a Norumbega, que denomina a região da Nova Escócia de "Terra de Norumbega". A terra de Norumbega teve papel importante não só na descoberta da Nova Jerusalém, mas também ao ilustrar que o príncipe Henry Sinclair seguiu as pegadas dos seus ancestrais normandos. Ver capítulo 2, página 68, para mais informações sobre Norumbega.

SEGREDOS PRECIOSOS 39

Fig. 1.8. Um cubo de Rosslyn, exemplo de uma das muitas gravuras em forma de cubo que formam o teto da Capela de Rosslyn. Fotografia de William F. Mann.

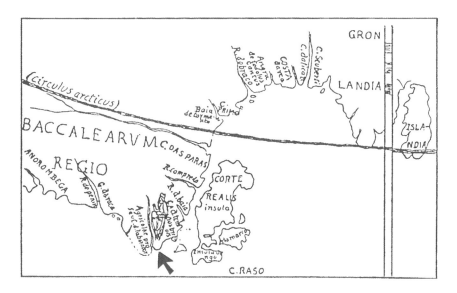

Fig. 1.9. Mapa de Caspar Vopell de 1545. Observe a representação do cavaleiro templário da cintura para cima, a leste do que parece ser um grande rio, numa localização correspondente à moderna Green Oaks, Nova Escócia.

Além disso, foi comprovado que durante a construção do Templo de Salomão original, os navios dos reis Hiram e Salomão estiveram no mar durante quarenta e dois dias antes de chegar às suas minas de ouro secretas. Assim, a América do Norte, como qualquer outro lugar, torna-se uma possível candidata para a localização das minas do rei Salomão e da terra de Ofir e para a fonte secreta de ouro e cobre dos templários.[24]

Em seu livro *America B.C.*, Barry Fell afirma que há mais de três mil anos, um grupo de navegadores celtas errantes cruzou o Atlântico Norte para descobrir e posteriormente colonizar a América do Norte. Fell fundamentou sua teoria nas centenas de inscrições descobertas entre ruínas de pedras durante uma pesquisa arqueológica em New Hampshire, Vermont, e em outros estados litorâneos na costa leste. Baseado nessas inscrições ele reconstitui sistematicamente os vestígios de uma civilização celta norte-americana no Novo Mundo, além de evidências de hieróglifos egípcios e escrita ibero-púnica. Na maioria dos casos, as evidências de exploração e habitação pré-cristãs nas Américas correspondem aos padrões geológicos que constituem a base das cadeias de montanhas Apalaches e Alegani, que vão da Nova Escócia até a Louisiana.[25]

Como observam os autores Tim Wallace-Murphy e Marilyn Hopkins em seu recentemente publicado *Templars in America: From the Crusades to the New World*, arqueólogos americanos estimam que mais de meio milhão de toneladas de cobre foram extraídas das jazidas hoje abandonadas espalhadas ao longo da margem norte do Lago Superior, mas apenas uma porção muito pequena desse material foi encontrada em túmulos e em outros sítios arqueológicos na América continental.[26] Os diários de Samuel de Champlain mencionam sua procura de "antigas minas de cobre" perto de Minas Basin durante suas explorações da região realizadas em 1604 e 1608. Os diários também falam da descoberta de uma antiga cruz cristã de madeira cravada no alto de um dos muitos promontórios adjacentes a Minas Basin.[27]

Parece portanto provável que se os templários haviam retomado atividades de mineração na região de Green Oaks — e mesmo em toda a costa nordeste — eles seguramente teriam disfarçado essas operações em rituais esotéricos que só iniciados reconheceriam. Em outras palavras, a verdadeira razão por trás das lendas e mitos misteriosos do Novo Mundo só seria compreendida por quem realmente conhecesse o ritual maçônico. O que torna a teoria da atividade mineradora templária no Novo Mundo ainda mais plausível é a descoberta recente de um grande depósito de titânio e de outros metais raros ao longo da margem do rio Shubenacadie. Um fato importante a considerar com relação a essa descoberta é que durante a Primeira e a Segunda Cruzadas, os conhecimentos de siderurgia dos templários eram os mais avançados do mundo. Repetidamente os historiadores identificaram essa arte avançada como a razão tecnológica provavelmente mais importante para a superioridade dos templários sobre os sarracenos, até que estes conseguiram contra-atacar com o desenvolvimento do aço de Damasco, mais refinado e resiliente.

A combinação do titânio com elementos como o ferro e o manganês cria o que se conhece como aço azul-claro, um aço que é mais leve, porém mais forte que qualquer outro. Se os templários realmente possuíam um depósito inesgotável desses metais e também a técnica para forjar esse tipo de aço, o fato ajudaria muito a explicar por que Green Oaks era tão importante. Uma qualidade peculiar do titânio é que se a combinação com outros metais não for correta, ele tende a se tornar muito quebradiço, um assunto a que voltaremos mais adiante neste capítulo.

Além de suas riquezas materiais evidentes na forma de metais, testes recentes no sítio de Green Oaks confirmam a presença de uma falha geológica no local, sugerindo que se trata de uma área de energia subterrânea potencial, a qual poderia ser detectada por templários mais especializados. Muito à semelhança do sítio da Capela de Rosslyn, o de Green Oaks é respeitado há milhares de anos por nativos da região devido à sua energia natural. A ponta de terra diametralmente oposta ao sítio de Green Oaks na margem ocidental do rio Shubenacadie ainda é chamada de Rose Point, fato que sugere que o local era o ponto norte de uma rosa-dos-ventos que constituiria algum tipo de bússola, oferecendo orientação e proteção aos que passavam pelo Arco Real.

A geometria e o próprio teorema de Pitágoras poderiam ser aplicados em todo o território da Nova Escócia na forma do Selo de Salomão/Jóia do Arco Real (ver fig. 1.10) e como Green Oaks, com seus sinalizadores de carvalho-branco europeu, podia ser considerada a imagem especular de Oak Island, com seus sinalizadores de carvalho-vermelho.[28] Além disso, descobrimos que o selo pessoal do príncipe Henry Sinclair, agora nas mãos do seu descendente direto Niven Sinclair, de fato expõe dois carvalhos ladeando uma cruz denteada. Essa evidência coincidente sugere que antes mesmo que John Harrison inventasse o cronômetro em 1773, havia formas de determinar posições longitudinais específicas na terra: o selo de Sinclair incluía o conceito de que havia um meridiano entre os dois povoados da rosa situados na Nova Escócia quando os primeiros colonizadores franceses chegaram com Champlain no início dos anos 1600. (Um carvalho representa Oak Island e o outro Green Oaks, com a linha denteada ou recortada entre eles simbolizando um antigo meridiano ou linha de energia. Mais: é possível que os templários tenham redescoberto esse conhecimento dos meridianos — ou que ele tenha sido transmitido no curso dos séculos em certos círculos interiores ou sociedades secretas.

Se Green Oaks foi um forte celta natural muito antes da chegada dos templários e, posteriormente, dos colonizadores franceses/acadianos, é muito provável que houvesse um nível de conhecimento e entendimento praticado entre os celtas nesse local, relacionado com o movimento do sol, da lua e das estrelas. Segundo se acredita, eram os druidas que constituíam a casta sacerdotal ou a classe letrada entre os gauleses ou celtas, e que se dedicavam ao estudo da poesia, filosofia natural, astronomia e ciência dos deuses. Os registros druídicos mais antigos que conhecemos datam do século III a.C., embora Júlio César seja a principal fonte de informações a respeito deles. Dominados pelos romanos, os celtas sobreviveram na Irlanda pré-cristã como poetas, historiadores e juízes. Há inclusive quem diga que o druida celta era remanescente lateral de um antigo sacerdócio indo-europeu.

Significativamente, considerando a prevalência da palavra *oak* (carvalho) em nosso estudo (Green Oaks, Oak Island, a presença de sinalizadores de carvalho branco e vermelho nesses sítios templários), podemos encontrar uma referência a antigos meridianos na história da etimologia celta dessa palavra. A palavra celta *duir* significa literalmente "carvalho", mas implica também "porta", "uso predominante da mão direita" e mesmo "divindade". A raiz da palavra *oak* (*ochs*), então, passou a representar alguma coisa que está direita, à direita ou no lado direito de uma figura ou de um elemento de um antigo mistério.

Não devemos ficar surpresos ao saber que vestígios de quatro círculos de pedra foram descobertos em Green Oaks. Porém, ainda é preciso provar que os movimentos reais do sol e da lua estão representados na estrutura desses círculos, não obstante o sítio de Green Oaks se ajustar misteriosamente à descrição de Thomas Pennnant em *Voyage to the Hebrides* (ver epígrafe na página 6).[29] Pennant informa nessa passagem que na planície de Tormore, na ilha de Arran, estão os remanescentes de quatro círculos e que por sua situação de isolamento, esse teria sido solo sagrado. Aparentemente, esses círculos foram construídos para fins religiosos, com o maior deles, situado no sul, servindo de altar para sacrifícios aos deuses imortais.

Antes do século XVIII, o único método conhecido para definir a longitude consistia em calcular o tempo da ocorrência de um eclipse do sol ou da lua, um método que tinha suas complicações. Em primeiro lugar, era preciso prever quando haveria um eclipse; em segundo, eram necessárias duas pessoas posicionadas na direção leste-oeste para registrar simultaneamente o

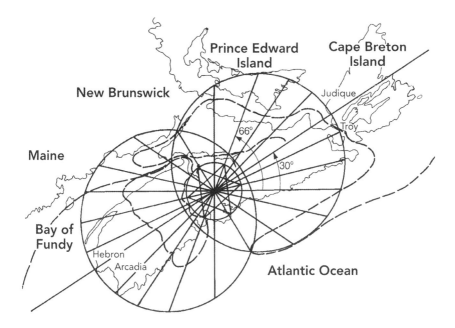

Fig. 1.10. Aplicação da Jóia do Arco Real ao território da Nova Escócia. Veja como essa aplicação da geometria sagrada na Nova Escócia revela fortes relações geográficas entre áreas que sugerem um elo pré-cristão.

momento do eclipse na hora local. Em seguida, as duas comparavam a hora do eclipse observado de suas respectivas posições e multiplicavam por 15 para transformar o tempo num arco entre a "estação principal" e a outra posição (1 hora de tempo = 15 graus de longitude). O resultado era a longitude oeste da estação principal.

Se a estação principal ou base estivesse situada em Brodgar, nas ilhas Órcades, numa longitude moderna de 3°17' oeste e a segunda estação estivesse numa longitude atual de 63°17' oeste, e um eclipse do sol ou da lua fosse registrado localmente às 8 horas em Brodgar e ao meio-dia em Green Oaks, a longitude oeste da estação-base seria de 60 graus oeste.

O cálculo da diferença de longitude, portanto, exige a capacidade de prever um eclipse e de registrar precisamente a hora local, o que levaria à possibilidade de existirem calendários de terra de alguma espécie posicionados em todo o mundo — isto é, os misteriosos anéis megalíticos, círculos e outros monumentos e ruínas pré-históricos encontrados em todo o mundo conhecido, inclusive nas Américas do Norte e do Sul. Cada vez mais, indivíduos ou grupos como a New England Antiquities Research Association (NEARA)(Associação de Pesquisas Antigas da Nova Inglaterra) estão descobrindo na Nova Inglaterra círculos de pedra, dólmens, complexos subterrâneos, poços de mineração, muros de pedra, petróglifos e outras evidências de civilizações antigas que parecem ter realizado avanços em metalurgia, mapeamento astronômico e habitação bem além do que consideramos inicialmente possível. Em seu livro *Uriel's Machine*, Christopher Knight e Robert Lomas oferecem fortes evidências de que o propósito dos grandes sítios megalíticos na Europa ocidental, muito anteriores às pirâmides egípcias, era construir uma rede internacional de observatórios astronômicos sofisticados que fornecessem calendários precisos e pudessem medir o diâmetro do planeta e prever eclipses do sol e da lua com anos de antecedência.[30]

Stonehenge é certamente o mais famoso de todos os círculos de pedra, mas só nas ilhas Britânicas existem mais de novecentos anéis de pedra ainda conservados. Esses monumentos podem indicar a misteriosa motivação do homem do Neolítico, da Idade do Bronze e, dizem alguns, dos celtas que os construíram em toda a Europa setentrional e ocidental no decorrer de muitos séculos desde 4000 a.C. até 1500 a.C. Foi o engenheiro escocês aposentado, professor Alexander Thom, quem primeiro pesquisou muitos círculos e anéis de pedra e propôs que eles eram usados para assinalar os dias exatos de vários solstícios e prever eclipses solares e lunares. Thom concluiu que Temple Wood, em Argyll, Escócia, era usado para fazer observações precisas do ocaso da lua ao norte e ao sul em sua declinação de variação máxima (uma espécie de "não-movimento" da lua que ocorre aproximadamente a cada 19,5 anos).[31]

Essa explicação, na verdade bem simples, para os milhares de sítios megalíticos situados em todo o mundo certamente levanta uma idéia fascinante: Uma sociedade ou sociedades específicas foram capazes de estabelecer suas posições relativas ao redor do globo em termos tanto de latitude como de longitude e, portanto, através da geometria mais simples, foram capazes de mapear essas posições. Da perspectiva do comércio mundial, essa capacidade teria representado poder absoluto.

Mapas Antigos

Como diz em seu *Maps of the Ancient Sea Kings*, Charles Hapgood dedicou muitos anos à analise dos primeiros mapas portulanos (mapas usados principalmente por navegadores, contendo rosas-dos-ventos características que fornecem direções de bússola e instruções de navegação) em busca de sinais de informação sobre a terra independentemente do que se presumia como conhecido na época em que os mapas foram feitos. Alguns desses mapas foram copiados e recopiados ao longo dos séculos de originais desaparecidos, que no passado foram conservados na antiga biblioteca de Alexandria. Tudo indica que esses originais encerravam conhecimentos surpreendentemente precisos sobre terras ainda não descobertas (segundo a história conhecida) quando o original e mesmo as cópias foram feitos — inclusive as Américas do Norte e do Sul e a Antártica.*

Um desses mapas portulanos que revelam uma exatidão espantosa e inexplicável é o assim chamado mapa de Piri Reis (ver fig. 1.11). Pintado em pergaminho e datado de 919 A.H. (ano da Hégira, no calendário islâmico), que corresponde a 1513 d.C.,[32] ele é assinado por um almirante da marinha turca chamado Piri Ibn Haji Memmed, considerado seu autor. Acredita-se que o mapa tenha sido uma composição a partir de um conjunto de vinte mapas desenhados na época de Alexandre, o Grande, em torno de 322 a.C. Baseado numa projeção azimutal eqüidistante maior, ele mostra os continentes americanos com maior exatidão do que qualquer mapa elaborado duzentos anos depois. O mapa de Piri Reis sobressai-se principalmente pelas anotações detalhadas do autor sobre a fonte de suas informações. O mapa completo inclui os continentes da África e da Ásia e, de acordo com o próprio Piri Reis, pretendia ser um mapa "dos sete mares".[33] O outro aspecto impressionante desse mapa é o nível extraordinário de detalhes no litoral e no interior da América do Sul. Embora a escala seja um tanto inexata, ele mostra uma cadeia de montanhas extensa e elevada como origem dos rios que correm para a costa oriental da América do Sul. Foi demonstrado que essas montanhas constituem a Guiana e as regiões serranas do Brasil.

Alguns outros mapas misteriosos desenhados no século XV e antes também mostram o estreito de Bering unindo a Ásia e a América e detalhes como deltas de rios que parecem muito mais curtos do que são hoje, ilhas no mar Egeu que não ultrapassaram a superfície das águas desde o aumento do nível do mar no fim da última idade do gelo e enormes geleiras cobrindo a Bretanha e a Escandinávia. Rejeitados há muito tempo como tentativas de cartógrafos de preencher espaços vazios, alguns detalhes em mapas antigos se revelaram realmente impressionantes quando se descobriu que eles têm correlação com

---

* Bradley, *Holy Grail Across the Atlantic*, 95. Grande parte das informações gerais de Bradley sobre os mapas portulanos se baseia em *Maps of the Ancient Sea Kings: Evidence of Advanced Civilization in the Ice Age*, de Charles H. Hapgood, que chegou a essas conclusões depois de uma exaustiva pesquisa em centenas de mapas antigos e da replotagem de exemplares importantes numa projeção moderna. Segundo Hapgood, esses mapas constituem a primeira prova irrefutável de que existiram povos avançados antes de todos os grupos tradicionalmente conhecidos.

Fig. 1.11. Mapa de Piri Reis, século XVI. Reproduzido de *Maps of the Ancient Sea Kings*, de Charles H. Hapgood, com permissão da Adventures Unlimited Press.

conhecimentos modernos das mudanças na geografia e na topografia da terra desde as últimas idades do gelo.

Sinais de um antigo conhecimento encontrado nesses mapas foram primeiro identificados em 1929 pelo capitão Arlington H. Mallery, um oficial aposentado da Marinha dos Estados Unidos, que sugeriu que o mapa de Piri Reis se baseava em mapas muito mais antigos que, entre outras regiões, mostravam uma parte da Antártica.* Foi Mallery que primeiro percebeu que o litoral da Antártica deve ter sido desenhado antes que a atual capa de gelo cobrisse a costa da Terra da Rainha Maud. Isso, naturalmente, o desconcertou, pois a Antártica só foi descoberta no século XIX e ficou em grande parte inexplorada até a metade do século XX.

Aprofundando-se na descoberta de Mallery, Hapgood tomou a decisão de provar que os mapas portulanos se baseavam em informações muito antigas. A conclusão a que chegou foi que uma civilização com conhecimentos de navegação e cartografia sofisticados explorou a terra inteira num passado remoto, deixando para a humanidade um tesouro inestimável de mapas que foram copiados à mão ao longo de muitas gerações.

Hapgood provou que o mapa de Piri Reis foi desenhado segundo os princípios da geometria plana contendo latitudes e longitudes em ângulos retos num padrão de grade tradicional (ver fig. 1.12) — mas evidentemente foi copiado de um mapa mais antigo que foi projetado com trigonometria esférica.[34] Parece que os antigos cartógrafos não só sabiam que a terra era redonda, mas também conheciam sua verdadeira circunferência até a extensão de cinqüenta milhas náuticas (em torno de 90 km). Hapgood também demonstrou que por ser a terra redonda e o desenho portulano aparentemente basear-se numa projeção plana, meridianos paralelos no mapa se desviariam progressivamente do norte verdadeiro à medida que se afastassem do centro do mapa. O desenho portulano, porém, compensou engenhosamente esse aspecto adotando nortes diferentes para cada seção do mapa, o que sugere fortemente que esse mapa foi desenvolvido no decurso de um longo período de tempo.

Muito simplesmente, para elaborar um mapa portulano, o cartógrafo de antigamente escolhia um ponto central e desenhava um círculo em torno dele. Em seguida dividia o círculo quatro vezes, traçando dezesseis linhas do centro para o perímetro em ângulos de 22,5 graus.[35] Com isso, ele podia formar um

---

* Ibid., 72-77. As evidências de Hapgood indicam que alguns povos antigos exploraram as costas da Antártica quando elas estavam descongeladas. É claro que esses grupos possuíam um instrumento de navegação muito superior a qualquer coisa usada por povos posteriores.

Fig. 1.12. A composição em grade do mapa de Piri Reis. Para uma lista completa dos noventa e cinco locais que correspondem às suas posições latitudinais/longitudinais corretas, consulte *Maps of the Ancient Sea Kings*, de Hapgood. Reproduzido com permissão da Adventures Unlimited Press.

quadrado ligando o ponto onde cada quinto raio encontrava o perímetro do círculo — em outras palavras, ele criava um quadrado dentro do círculo, o mesmo método geométrico empregado por William Sinclair em seu desenho para a Capela de Rosslyn e por Thomas Jefferson no seu projeto para Monticello. Esse quadrado dentro do círculo resultava no primeiro de muitos quadrantes numa superfície plana, o que possibilitava que uma seção de distâncias e direções anteriormente estabelecidas no mar pelo intrépido marinheiro fosse transcrita para os quadrantes pertinentes.[36]

Essas direções aparecem em muitos mapas portulanos como raios numa roda, reproduzindo o padrão da bússola do navegador. Muitos deles são representados como uma "rosa"-dos-ventos, com os "raios" espaçados para produzir dezesseis ou trinta e duas partes iguais. Os trinta e dois pontos representavam ventos que podiam impelir um navio para um determinado destino. Quando as bússolas convencionais foram introduzidas, o número de pontos foi mantido, mas agora para representar direções.

Hapgood também determinou que o mapa de Piri Reis foi desenhado sobre uma projeção polar eqüidistante, semelhante aos mapas de projeção azimutal eqüidistante feitos pela Força Aérea Americana durante a II Guerra Mundial (ver fig. 1.13).

Um dos mais conhecidos desses mapas tinha como centro o Cairo, no Egito, porque lá estava estacionada uma base aérea americana na época.[37] O que Hapgood concluiu dessa descoberta foi que o cartógrafo portulano original, diante de uma projeção esférica que não compreendia, teve de traduzir seus dados geográficos em termos de superfície plana. O mapa acabado baseou-se assim no princípio de que duas porções de terra eqüidistantes de um ponto central pertenceriam ao mesmo anel concêntrico.

Adotando esse princípio geométrico subjacente básico, o mesmo mapa azimutal eqüidistante foi sobreposto a uma série de anéis relacionados com os meridianos templários, cada um separado por oito graus (ver fig. 1.14). O resultado é realmente impressionante: Oak Island, na Nova Escócia, corresponde ao porto do Recife, Brasil, localizado no hemisfério sul; Oak Park, Chicago, corresponde a Charleston, Carolina do Sul; e a Cidade do México corresponde a Lima, Peru. Significativamente, um eixo ou raio traçado do Cairo à Nova Escócia, e daí a Nova York, Filadélfia, Washington e Nova Orleans produz uma linha reta entre o porto de La Rochelle, França, e a costa sul da Nova Escócia. Se a frota templária que desapareceu na sexta-feira, 13 de outubro de 1307, possuía realmente mapas portulanos dessa natureza, seus comandantes saberiam que cruzando o Oceano Atlântico em linha reta poderiam chegar a um refúgio no Novo Mundo. Segundo tradições estabelecidas de diversas sociedades secretas, com toda probabilidade parte dos despojos descobertos pelos nove Cavaleiros Templários originais debaixo do Templo

AZIMUTHAL EQUIDISTANT PROJECTION
CENTERED NEAR
CAIRO

Fig. 1.13. Mapa-múndi de projeção azimutal eqüidistante com base no Cairo, Egito (Força Aérea Americana). Reproduzido de *Maps of the Ancient Sea Kings*, de Charles H. Hapgood, com permissão da Adventures Unlimited Press.

de Salomão era constituída de diagramas como esses mapas portulanos, que exibiam uma base matemática desconhecida do mundo medieval.

Mas como mapas tão precisos puderam ser elaborados nos tempos antigos? Como vimos, existia um conhecimento antigo que poderia ter levado a essas representações precisas. Em *The Golden Thread of Time*, o autor e inventor Crichton E. M. Miller demonstrou convincentemente como um dispositivo simples, semelhante a uma antiga cruz celta, pode ser usado para medir o ângulo do sol e, com a aplicação de matemática simples, levar a qualquer posição na superfície da terra até o limite de trinta milhas náuticas ou, 5º.[38] De fato, o instrumento de Miller alcançou um sucesso tão grande na determinação da latitude e da longitude que foi patenteado no Reino Unido sob o número 2344887 em novembro de 2000.

Sem dúvida, os antigos celtas podiam muito bem dispor de meios que permitissem ao antigo navegador determinar sua posição longitudinal no mar e na terra. Essa possibilidade, por sua vez, sugere que o príncipe Henry Sinclair, um entre muitos "visitantes" ao Novo Mundo perto de Green Oaks, sabia exatamente aonde estava indo quando aportou com seu grupo de templários.

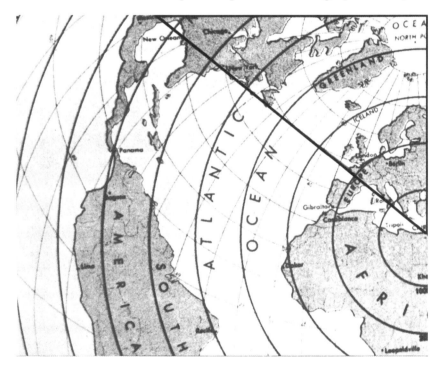

Fig. 1.14. Seção de um mapa-múndi baseado numa projeção azimutal eqüidistante, incluído para fins de comparação com o mapa de Piri Reis de 1513.

O Cavaleiro de Westford

Baseado em sua interpretação das lendas micmacs, Frederick Pohl levantou a hipótese de que Sinclair zarpou da Nova Escócia na primavera de 1399, dirigindo-se para o lugar que hoje conhecemos como Nova Inglaterra, onde explorou a costa. Ninguém sabe, porém, se essa visita à Nova Inglaterra foi uma breve escala antes de voltar às Órcades ou a Green Oaks, ou se o desvio para o sul representa alguma coisa mais nas viagens de Sinclair ao Novo Mundo. Talvez essa viagem fosse um reconhecimento da região para o momento em que os habitantes de Green Oaks se deslocassem para o interior do continente; talvez o príncipe Henry Sinclair nunca tenha voltado para a Escócia, mas tenha se mudado para o interior com partes do tesouro templário, sabendo que várias linhas rosas antigas situavam-se a oeste. Independentemente de suas intenções, Sinclair parece ter vivido um acontecimento importante durante essa permanência aqui: a viagem foi fatal para um dos membros do grupo, pois a efígie de um cavaleiro do século XIV encontrada na saliência de uma rocha em Westford, Massachusetts, inclui uma espada quebrada, um símbolo de morte.[39]

Depois da descoberta dessa efígie em 1954, Frank Glynn, então presidente da Sociedade Arqueológica de Connecticut, e mais tarde Frederick Pohl visitaram Westford e desenharam a figura em todos os seus detalhes (ver fig. 1.15). Os dois conseguiram identificar os elementos no brasão do escudo do cavaleiro: uma lua crescente, uma estrela de cinco pontas e uma fivela acima de uma embarcação a vela. Embora ambos desconhecessem o significado desse brasão, descobririam que ele representava o clã Gunn, ao qual pertencia Sir James Gunn, o cavaleiro de maior confiança de Sinclair.[40]

O desenho de Glynn revela claramente um cavaleiro medieval e mostra que a figura reuniu marcas feitas pelo homem e também marcas naturais. Onde traços coloridos, manchas e riscos glaciais paralelos na dura rocha serviam a seus objetivos, o criador da figura os manteve, e embora muitos pesquisadores não concordem a respeito de uma semelhança definitiva do cavaleiro, todos admitem que vários índios micmacs que guiaram o príncipe Henry Sinclair em sua viagem para o sul foram testemunhas da morte dessa pessoa importante. As seguintes passagens de *Legends of the Micmacs*, reunidas por Silas Rand, sugerem que o nome do cavaleiro era realmente Gunn, ou *kuhkw*, como se pronuncia em micmac:

> Ele veio do leste e seguiu para o oeste. Lá ele continua em sua tenda; e dois personagens importantes estão perto dele, Kuhkw e Coolpujot...
>
> *Kuhkw* significa "terremoto"; esse personagem poderoso pode deslocar-se debaixo da terra... Um dos sete visitantes estava encantado com a beleza da região e manifestou o desejo de lá permanecer e de viver muito; ao que, a um sinal de Glooscap, Terremoto o pegou e o levantou, e ele se transformou num

cedro. Sementes que dão origem a todos os bosques de cedro que existem em Nova Brunswick, Nova Escócia, e em outros lugares...

Os outros homens puseram-se a caminho e chegaram em casa em pouco tempo...

No dia seguinte, eles prepararam uma festa, e os quatro são homenageados e entretidos suntuosamente. Eles então são levados ao topo de uma colina muito alta e de difícil acesso. O solo é pedregoso, rachado e totalmente impróprio para cultivo. No alto dessa colina, onde o sol brilha da manhã à noite, eles se detêm; e Glooscap toma o homem que havia desejado viver muito tempo, prende-o pelos lombos, levanta-o do chão e o solta novamente, passando as mãos entrelaçadas sobre a cabeça do homem e dando-lhe um giro ou dois enquanto movimenta as mãos para cima, para transformá-lo num velho cedro retorcido, com membros estendendo-se ásperos e feios desde a raiz. "Não sei dizer exatamente", diz ele ao cedro, "quanto tempo viverás — só o Grande Espírito pode dizer isso. Mas creio que não serás perturbado por um bom tempo, pois ninguém conseguirá nada derrubando-te... Creio que ficarás aí por muito tempo..."[41]

O mais intrigante com relação a todo esse episódio é que os pesquisadores esqueceram de perguntar o óbvio: Há alguma pista que se possa descobrir no

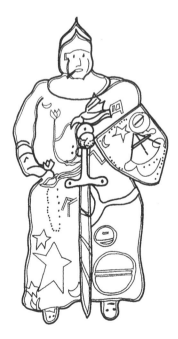

Fig. 1.15. O Cavaleiro de Westford, desenhado por Frank Glynn

desenho do Cavaleiro de Westford, como ele é chamado? Sim, a partir de algumas marcas na figura concluiu-se que seu modelo era membro do clã Gunn, mas o que dizer de todos os outros sinais estranhos nela observados? O que podemos deduzir do fato identificado na lenda micmac de que esse homem provavelmente era o braço direito de Sinclair em questões referentes a explorações subterrâneas e mineração (ver página 34)? Talvez possamos concluir, a partir do sol, da lua e de símbolos de eclipses desenhados na efígie, que Sir James era um iniciado nos antigos conhecimentos de astronomia e da fixação de meridianos longitudinais. Talvez o Cavaleiro de Westford, representado numa rocha a 72º oeste do meridiano de Greenwich, esteja posicionado numa linha rosa dessas. Que conseqüências a morte do Cavaleiro de Westford acarretou para o povoado de Green Oaks e para Sinclair? E com referência direta à lenda, quem exatamente "Terremoto" (Gunn) enterrou debaixo de um cedro, e onde essa árvore se localizava?

Podemos imaginar por um momento que os estriamentos naturais na pedra da efígie foram aproveitados para representar um mapa sotoposto que identificava a latitude e a longitude de povoados da rosa no interior do continente. Essa possibilidade pode parecer descabida à primeira vista, mas, talvez não, depois de levar em conta o simbolismo presente na própria efígie. Na fig. 1.16, podemos distinguir o padrão de linhas rosas norte-sul realmente representado pela espada do cavaleiro e pela perfuração do seu olho e pé (em si mesma um detalhe interessante considerando que Sir James supostamente morreu de uma picada de cobra). Também presentes no diagrama estão as características geográficas relativas e os graus longitudinais/latitudinais de separação encontrados na grade. Considerando que a colônia Green Oaks, em torno de 64º de longitude oeste em termos modernos, estava posicionada em relação a uma das primeiras linhas rosas estabelecidas no Novo Mundo, um antigo padrão de "8º de separação" poderia ser determinado a partir desse ponto de partida. O número 8 não foi insignificante ao longo do tempo: 8 x 8 = 64, o número de casas no tabuleiro de xadrez; 8 x 9 = 72, o número de ângulos retos no Selo de Salomão; 8 x 10 = 80, com o 8 sugerindo infinitude e além. Acrescentando a esse arranjo norte-sul significativo o padrão de posicionamento latitudinal delineado pelo ângulo do escudo do cavaleiro, podemos começar a perceber que o cavaleiro é definitivamente um mapa esculpido em pedra. Observe os 43 graus de latitude norte estabelecidos através do terceiro e quarto quadrantes do escudo sobre a efígie. Que melhor sinal poderia haver para os que seguiam as pegadas do príncipe Henry e tinham "olhos" para ler o que permanecia insondável para o não-iniciado?

Fig. 1.16. O padrão de linhas rosas norte-sul delineado no Cavaleiro de Westford. Essas linhas se revelam através de vários alinhamentos definidos pelos elementos do cavaleiro. Desenho original de William F. Mann.

Se comparamos as características destacadas na efígie na fig. 1.16 com as características relativas da América do Norte oriental presentes num atlas moderno, vemos que um padrão impressionante começa a se esboçar. Especulando um pouco mais, podemos perceber que a mão direita do cavaleiro segura um rosário e uma rosa e que no lado direito do seu peito também há uma rosa. Especulando ainda mais, poderiam essas posições relativas ser os sítios onde colônias da rosa do interior esperavam o príncipe Henry e seu séquito de confiança e onde baús ou cofres de certo significado seriam guardados secretamente para ser recuperados no futuro? Poderiam o rosário e a rosa sugerir um culto à Virgem Maria e a Maria Madalena? Ao comparar o "mapa" ou grade esboçado sobre a efígie com um mapa de referência de grade geográfica real da América do Norte oriental, podemos também perceber que um povoado importante (Montreal) localiza-se no botão do punho da espada, representado na efígie pelo desenho de uma pomba da paz. Aprofundaremos a análise desses povoados específicos em capítulos futuros, mas naturalmente, se o objetivo era serivrem de "templos" de alguma espécie em homenagem à Linhagem Sagrada e a Deus, seria necessário que o tesouro ou relíquia de caráter sagrado fosse enterrado para consagrar esses "templos".

Vimos acima como o príncipe Henry sem dúvida estimulou e procurou criar vínculos entre os micmacs e ele e seus seguidores. Alguns acreditam que com ele vieram para o Novo Mundo três de suas filhas, e que para consolidar a união entre os nativos e os templários, vários casamentos realizaram-se entre os dois grupos, inclusive dessas três filhas com três chefes micmacs. Baseados numa lenda micmac local, poderíamos ainda especular sobre o desaparecimento de uma tribo micmac, que no passado vivia às margens do rio Shubenacadie: Caso incluísse uma mistura de sangue europeu e micmac (agora conhecidos como métis), poderia essa tribo ter se deslocado para o interior com o príncipe Henry, ajudando-o em suas viagens através de rios e de trilhas nativas antigas? Essa possibilidade se torna mais razoável quando consideramos que os micmacs eram uma das cinqüenta e seis nações que constituíam a grande nação algonquina, que se estendia desde a costa oriental até aproximadamente a linha rosa definida pela mão direita do Cavaleiro de Westford. A Confederação Algonquina ou Wabanaki, que incluía os povos malisett, passamaquoddy e abenaki, além da poderosa Nação Huron, estendia-se até o sul do cabo Hatteras na costa da Carolina do Norte e ao norte até o rio Ottawa onde hoje é a província de Ontário — a área aproximadamente representada na efígie esculpida do Cavaleiro de Westford.

Apesar dessas especulações, porém, o véu do segredo manteve-se sobre o Novo Mundo e seus visitantes estrangeiros nos séculos XIV e XV. Parece significativo o fato de não encontrarmos outros rumores ou pistas nos mitos e lendas da Nação Algonquina ou na descoberta de esconderijos ou ruínas relacionados com supostas ou possíveis colônias interioranas do príncipe Henry. A verdade é que os templários estavam sempre em fuga simplesmente porque possuíam algo de valor infinito. Por causa disso, eles viviam em constante alerta e provavelmente encobriam suas pegadas com todas as formas ardilosas que tivessem à disposição. Sem dúvida, um dos métodos de disfarce mais eficientes é confundir-se com a população nativa no modo de ser e de agir. No entanto, como tinham uma aparência militar e religiosa tipicamente européia, eles não confiariam totalmente em seus amigos nativos, e alguns de seus modos e trajes seriam difíceis de disfarçar. Finalmente, os que chegaram nos séculos posteriores apagaram todos os vestígios desses primeiros colonizadores, assumindo como ações pessoais a própria fundação das primeiras colônias templárias e desenvolvendo-as à sua maneira. Como veremos, é isso exatamente o que aconteceu durante a fundação da grande cidade de Montreal.

Naturalmente, hoje parece que grande parte da atividade dos templários no Novo Mundo também ocorreu clandestinamente, longe dos olhares curiosos dos que os rodeavam. Os templários provavelmente se aproveitaram dos rios existentes e de antigas trilhas que levavam do litoral para o interior para melhor encobrir suas atividades. Além disso, eles tinham a vantagem de saber comunicar-se em línguas que soariam estrangeiras e ininteligíveis para os nativos que encontravam — outro meio de "disfarce". Mas uma das melhores formas de sigilo era que os nativos transmitiam suas histórias oralmente, confiando-as à memória de uma geração para outra. Para ajudar o processo de memorização e comunicação, os nativos usavam um sofisticado sistema de símbolos. Com efeito, os micmacs desenvolveram uma forma hieroglífica de linguagem cuja origem levanta questões sobre contatos anteriores com a Europa e a África do Norte, que ninguém ainda consegue explicar satisfatoriamente.[42] É possível que esse sistema pictográfico altamente complexo não somente permitisse a comunicação entre duas culturas muito diferentes e ajudasse a memorização de uma história oral, mas também contivesse simbolismo oculto ou temas subjacentes relacionados com os Cavaleiros Templários, com a dinastia merovíngia e com a guarda de um conhecimento antigo — informações que permaneceriam vedadas e secretas para "forasteiros", mas que seriam óbvias para o iniciado que sabia que o tempo não comportava fronteiras.

Os Livros das Horas

O final do século XIV e inícios do XV foi um período turbulento, de muita agitação e conflitos na França. No entanto, viveu nessa época um dos maiores patronos da história da arte, João, duque de Berry, cuja prodigalidade e apoio criativo possibilitaram a ilustração de dois dos mais primorosos manuscritos iluminados da Idade Média hoje conhecidos: o *Très Belles Heures* e o *Très Riches Heures*.[43] Esses manuscritos são excepcionais por dois motivos: a imagética é notável por sua precisão e detalhe histórico e suas iluminuras contêm algumas informações importantes — e disfarçadas — com relação às linhas rosas.

Os Livros das Horas, em geral destinados para uso particular, eram os livros devocionais mais populares na Idade Média tardia. Eram coleções de textos para cada hora litúrgica do dia — daí o seu nome. Precedendo esses textos, normalmente há um calendário seguido pelas Horas da Cruz, do Espírito Santo e da Paixão. Essas eram inseridas entre extratos dos evangelhos, várias orações e devoções diárias, salmos penitenciais, ladainha dos santos e missas para certos dias santos.

João de Berry não estava totalmente satisfeito com nenhum dos Livros das Horas então em uso e por isso encarregou os artistas contemporâneos mais famosos — André Beauneveu, Jacquemart de Hesdin e Paul de Limbourg e seus dois irmãos — de ilustrar novas edições desses livros devocionais. Embora o *Très Riches Heures* seja considerado o mais belo de todos os Livros das Horas do duque, ele possuía outros que haviam sido compostos especificamente para membros de sua família: o *Heures de Jeanne d'Evreux* foi iluminado por Jean Pucelle e o assim chamado *Heures de Savoie* foi iniciado na oficina de Pucelle e terminado durante o reinado de Carlos V.

Uma miniatura importante encontrada em *Très Belles Heures* introduz o Salmo 44, conhecido como "Casamento Místico de Cristo com a Igreja" (ver fig. 1.17): "Ouve, filha, vê e inclina teu ouvido: esquece o teu povo e a casa do teu pai. De tua beleza se encantará o rei... Toda formosa, entra a filha do rei, com vestes bordadas de ouro." O mais fascinante na iluminura que acompanha esse texto é que ela representa Cristo segurando um livro vermelho e inclinando-se de modo bastante íntimo para uma mulher que está grávida. Externamente, essa mulher representa a Virgem Maria e, através dela, a Igreja. Mas Cristo é representado aqui como um homem adulto — como Maria ainda pode estar grávida? Algumas figuras piedosas, halos brilhando sobre um fundo delicadamente quadriculado, participam do casamento espiritual, mas ao mesmo tempo parecem estar participando de algum tipo de mexerico, como que sussurrando segredos sobre o que está para acontecer.

O *Très Belles Heures* representa essencialmente os doze meses do ano e as atividades externas relacionadas com cada um deles. Uma das iluminuras simbólicas mais interessantes faz parte do mês de maio (ver fig. 1.18). Tradicionalmente, o dia 1º de Maio, uma festa pagã que celebrava e estimulava a fertilidade e assinalava o início da estação do crescimento, oferecia o cenário para esse mês. Esse quadro específico mostra os aspectos mais cortesãos da festa, representando três mulheres da realeza diferentes, mas relacionadas, cavalgando seus cavalos. Montadas em seus cavalos robustos elas aparecem como o simbolismo da virgindade e da procriação na corte real, cada uma adornada de verde, a cor da fertilidade, e com coroas de louro e outras folhagens. Sendo essa imagem criada na mesma época da viagem de Sinclair, poderiam as três damas simbolizar as irmãs da Linhagem Sagrada que viajaram para o Novo Mundo com o príncipe Henry Sinclair?

A cor verde remete à Ordem de São Lázaro, ordem de cavaleiros criada durante as Cruzadas. Enquanto estavam na Palestina e durante os dois primeiros séculos depois de voltarem para a Europa, os membros da ordem se identificaram com uma cruz simples de tecido verde costurada na frente da roupa ou túnica e no lado esquerdo da capa. Muito provavelmente, foi no começo do século XII que os Hospitaleiros de São Lázaro adotaram essa insígnia para se

Fig. 1.17. *O Casamento Místico de Cristo com a Igreja*, Salmo 44, no *Três Belles Heures*, iluminura encomendada por João de Berry e realizada pelos irmãos Limbourg. Observe que a Virgem Maria é representada grávida num tempo em que Cristo aparece como adulto. Reproduzido por cortesia do Musée Condé, Chantilly, França.

Fig. 1.18. Representação do mês de maio em Très Belles Heures, encomendado por João de Berry e pintado pelos irmãos Limbourg. O simbolismo das três irmãs, com vestes de cor verde e montando cavalos majestosos, tem relação direta com a fertilidade e com os ritos da primavera. Reproduzido por cortesia do Musée Condé, Chantilly, França.

diferenciar dos monges-guerreiros da Ordem dos Cavaleiros do Templo, que usavam uma cruz vermelha sobre uma capa branca, e dos Hospitalários de São João, que usavam uma cruz branca sobre uma capa preta, que mais tarde se tornou a familiar figura de oito pontas conhecida como cruz de Malta.[44]

Uma bula papal promulgada por Inocêncio VIII em 1489 unificou as Ordens de São Lázaro e de São João de Jerusalém. Depois de mais de meio século de resistência passiva, em 1557 a Ordem de São Lázaro concordou em ser dirigida por grão-mestres pertencentes à Ordem de São João. Em 1608, o rei Henrique IV decidiu unir a Ordem de Nossa Senhora do Monte Carmelo — os carmelitas — à Ordem de São Lázaro. Naturalmente, a ressurreição de Lázaro, como descrita no Evangelho de João, fala dos poderes de cura ou mistérios de Cristo. Aparentemente a sede de São Lázaro no século XIII estava perto de Orléans, sugerindo que João de Berry sabia muito bem o que havia no jardim de rosas secreto do amor cortesão, que foi introduzido no Novo Mundo pelo príncipe Henry Sinclair.

O Bom Rei René

Foi René de Anjou, sobrinho-neto do duque de Berry, que quase certamente contribuiu com a maior quantidade de material para as atividades do príncipe Henry Sinclair no Novo Mundo. Nascido em 1408, René de Anjou foi não somente quem mais colaborou com a formação das academias da Renascença, mas também um dos primeiros paladinos da idéia da Arcádia, o prístino e idílico lugar de paz, generosidade e beleza.

Duque, rei titular, artista e poeta, René (conhecido como Bom Rei René) era inteligente, atraente, sensível, tolerante e fatalista, e via a si mesmo como um cavaleiro fidalgo na tradição do Graal e dos romances arturianos. Seu pai era Luís II, duque de Anjou e da Provença, e sua mãe, Iolanda de Aragão. Sua primeira esposa, Isabel, era a filha de dez anos de idade de Carlos II da Lorena e de Margarida da Bavária. Na época do casamento de René, Carlos, o delfim da França, estava casado com a irmã de René, Maria, e estivera residindo na corte de Angevin durante cinco anos. Com a idade de vinte anos, em 1429, René e Isabel tinham quatro filhos: Luís, Iolanda, João e Margarida, que se tornou rainha da Inglaterra depois de casar-se com Henrique VI em decorrência das negociações de trégua depois da Guerra dos Cem Anos (Guerras das Rosas).[45]

Em 1419, seu tio-avô, cardeal Luís, duque de Bar, nomeou-o herdeiro do ducado de Bar, que ele assumiu depois da morte de Luís em 1430. Em novembro de 1434, o duque Luís III de Anjou, irmão mais velho de René, morreu durante uma campanha em apoio a Giovanna II de Nápoles. Como resultado, René herdou Anjou e Provença e reivindicou os reinos de Nápoles, Sicília e Jerusalém, todos confirmados por Giovanna pouco antes de morrer em 1435. Apesar de ostentar o título de rei de Jerusalém, no entanto, René nunca exerceu esse poder.[46]

Em 1449, René encenou uma série de "peças" conhecidas como *pas d'armes*. Uma das mais famosas, *O Pas d'Armes da Pastora*, apresenta uma pastora árcade presidindo um torneio de cavaleiros cujas identidades representam valores e idéias conflitantes. Para sua segunda esposa, Jeanne de Laval, com quem casou depois da morte de Isabel em 1453, ele escreveu *Regnault et Jeanneton*, uma ode pastoral de dez mil versos que desenvolve um debate sobre o amor entre um pastor e uma pastora, com um peregrino servindo de árbitro. René também escreveu *Le Cavalier Coeur d'Amour*, uma sátira com ilustrações muito belas sobre o amor cortesão.[47]

Na obra de René, o tema de um riacho árcade subterrâneo, muitas vezes simbolizado por uma fonte ou uma lápide, parece relacionar-se com a tradição esotérica "subterrânea" de orientação pitagórica, gnóstica, cabalista e hermética. Mas a imagética poderia também se referir a informações factuais muito específicas — talvez a um "segredo", como uma linhagem não reconhecida, e por isso "subterrânea," ou, mais concretamente, a um labirinto de colônias que existiam no Novo Mundo/Arcádia nos séculos XV e XVI.

Esse conceito de uma linhagem "subterrânea" que René inseriu em sua obra sugere que certos membros da nobreza estavam predestinados a contrair matrimônio com outras linhagens identificadas tanto para objetivos políticos quanto para manter a "cepa" forte e saudável. A própria linhagem de René, que incluía a Casa de Lorena, é um exemplo perfeito de uma mistura controlada de pureza heráldica e genealógica.[48] O mesmo se pode dizer com relação ao ramos da família Sinclair que descendia diretamente de um dos nove cavaleiros originais, Henri de Saint-Clair.

Provavelmente a mais famosa das obras literárias de René seja o conto alegórico *Le Coeur d'amours espris* (O Coração Apaixonado). Seguindo o modelo do *Roman de la Rose*, o conto representa uma volta à poesia cavalheiresca do passado envolvendo o tema de uma procura do Santo Graal em que um cavaleiro "verde" e seu assistente/aprendiz procuram libertar uma donzela em dificuldades com diversos feitos galantes. Uma das ilustrações mais famosas dessa obra é *La Fontaine de fortune*, que representa o cavaleiro em posição de reflexão perto de uma fonte mágica enquanto seu assistente descansa perto dos cavalos.

Dizem alguns que essa é uma ilustração do conceito da corrente subterrânea do pensamento esotérico, incluindo o tema de Arcádia. Os pesquisadores Richard Andrews e Paul Schellenberger, em *The Tomb of God — The Body of Jesus and the Solution to a 2000-Year-Old Mystery*, afirmam que essa obra de René de Anjou é uma das primeiras — talvez a primeira — a tentar preservar o mais secreto dos segredos (conhecimento da Linhagem Sagrada e que essa linhagem possuía conhecimento antigo) por meio da arte oculta.[49] Mas, embora Andrews e Schellenberger tenham apreendido o significado desse quadro em termos de sua composição geométrica subjacente, eles não conseguiram captar o simbolismo da rosa que o permeia.

Podemos ver na figura 1.19 que o tronco da árvore, a lança do cavaleiro e a pata dianteira direita do cavalo estão posicionados de modo a quase formar um tripé, um antigo símbolo do deus olímpico Apolo e das sociedades secretas em geral. Mas o tripé é também um instrumento de levantamento topográfico — e aqui ele pode representar esse instrumento que era usado para determinar uma linha rosa, com o tronco da árvore servindo de meridiano ocidental. Mais: apesar de muitos estudiosos afirmarem que o quadro representa o momento do nascer do sol, há uma leve insinuação de que está ocorrendo um eclipse (ver páginas 42-43). Outra pista relacionada com meridianos é a fonte — ou nascente da "corrente subterrânea" — situada entre os dois carvalhos verdes que estão em paralelo um ao outro, estabelecendo assim um terceiro meridiano, que neste caso pode estar em algum ponto no oceano Atlântico.

As relações de René com a arte do levantamento e medição topográficos continuam no símbolo que ele adotou como emblema pessoal: a cruz de Lorena, uma cruz de dois braços que é o símbolo moderno dos Cavaleiros Templários do Canadá. Essa foi também a insígnia adotada por Charles de Gaulle e as forças francesas livres durante a II Guerra Mundial. Andrews e Schellenberger acreditam que os dois braços da cruz indicam que, mais do que a cruz da Crucificação, trata-se da balestilha, um aparelho de medição antigo para medir ângulos com o objetivo de determinar altitudes e direções. Esses autores acreditam que a cruz de Lorena "simboliza levantamento e medição, e assim o ocultamento do Segredo e a preservação do conhecimento de sua localização por meio de triangulação e do estabelecimento do meridiano e do paralelo do Sítio".[50] Andrews e Schellenberger relacionam essa crença a um local no sul da França, mas, como veremos, vários meridianos antigos situam-se também no outro lado do oceano Atlântico, no Novo Mundo.

Fig. 1.19. A ilustração La Fontaine de Fortune, de *Coeur d'Amours Espris*, de René de Anjou. Reproduzido por cortesia da National Gallery, Londres.

Quanto ao aprendiz no quadro, ele parece quase suspenso em êxtase na base do carvalho e aos pés do seu cavalo. Curiosamente, olhando com atenção a sela do cavalo, podemos perceber o que quase parecem asas, sugerindo Pégaso, o "cavalo de Deus" que possibilitava que simples seres humanos voassem para o sol. Além disso, a cabeça desse cavalo parece separada do corpo pela lança inclinada, sugerindo uma relação com a antiga prática celta de enterrar a cabeça de um cavalo no campo para assegurar a fertilidade da terra.

Tudo isso pode ser relacionado às primitivas lendas do Graal que dizem que Artur não morreu, mas foi transportado, dormindo, para a ilha de Avalon, aguardando o momento de ser despertado. Pode também ter ligação com as lendas micmacs que falam do "homem que queria viver muito" e por isso foi enterrado na base de uma árvore "sempre-verde". Significativamente, no sítio de Green Oaks na Nova Escócia, foi descoberta uma ponta de pedra com um tripé esculpido — e enterrado debaixo dessa pedra estava o crânio de um cavalo (ver fig. 1.20).

No que diz respeito à procura do Santo Graal, é fácil ver simbolismo em toda parte, mesmo onde ele não existe, mas o significado do quadro de René não pode ser ignorado. René de Anjou era um homem erudito e influente em várias cortes e entre a nobreza da França e de toda a Europa. Por causa disso e

Fig. 1.20. A ponta de pedra e o crânio de um cavalo descobertos em Green Oaks. Fotografia de William F. Mann.

em decorrência de seus casamentos, ele podia muito bem estar a par de todos os tipos de rumores da corte com relação às atividades secretas dos templários no Novo Mundo. Por isso, o papel de René na formação de uma elite esotérica entre certas dinastias de governantes não deve ser subestimado. Com a morte de René em 10 de julho de 1480, surgiu a noção do cavaleiro ou rei branco adormecido que ficou silencioso por um tempo, aguardando o raiar de uma Nova Jerusalém que seria o reflexo de uma era anterior de fidalguia, da rosa, e da busca do Santo Graal.

2

As Colônias Templárias Perdidas

No capítulo anterior, examinando a redescoberta e a exploração do Novo Mundo pelos Cavaleiros Templários durante os séculos XIV e XV, o leitor talvez tenha percebido que não há referências ao papel de Cristóvão Colombo que, segundo a história, empreendeu sua viagem de descobrimento em 1492. Hoje sabemos que muito antes da época de Colombo, o Novo Mundo não só foi visitado pelos vikings e irlandeses, mas pode também ter sido "descoberto" por marinheiros pré-cristãos, como os egípcios, fenícios, cartagineses, celtas irlandeses e ibero-celtas do Norte da África e da Ibéria. De fato, evidências arqueológicas sólidas obtidas em escavações como a realizada em Anse-aux-Meadows na Terra Nova confirmaram que explorações e colonizações pré-colombianas transatlânticas ocorriam regularmente.[1] Especula-se, inclusive, atualmente, que antigos hebreus originários da Terra Santa, africanos negros do sul do Saara, micenianos, gregos, romanos e mesmo chineses tenham cruzado o Atlântico ao longo de um período de pelo menos mil anos antes de 1492.[2]

Além do nosso entendimento de que Colombo não foi o primeiro a aportar no Novo Mundo vindo de terras distantes, teorias estão sendo desenvolvidas sobre a própria figura de Colombo. Um dos livros mais reveladores sobre esse tema específico é *The Columbus Conspiracy*, de Michael Bradley. Para o autor, Colombo era na verdade um agente duplo a serviço da linhagem do Graal e por isso levou intencionalmente os espanhóis para longe das colônias interioranas perdidas situadas ao norte do continente americano.* Curiosamente, parece que a mulher de Colombo era descendente direta da linha Sinclair através da família Drummond, e alguns dizem que o próprio Colombo serviu ao Bom Rei René e anteriormente teria navegado até a Islândia. Especula-se inclusive que Colombo encontrou casualmente ou recebeu diretamente inúmeros mapas templários antigos que mostravam o Novo Mundo a oeste da Europa.

Qualquer que possa ter sido o papel de Colombo no "descobrimento" da América, entre 1398 e aproximadamente 1550 os refugiados do Graal e seus descendentes no norte do Novo Mundo exploraram o interior ao longo de vários grandes rios que desembocavam nos Grandes Lagos. Sustentando essa teoria de exploração, evidências de atividades aparentemente relacionadas com o Graal foram encontradas na Nova Escócia, em Nova Brunswick, Quebec, Ontário, Maine, Estado de Nova York, New Hampshire, Vermont e Pensilvânia. Além disso, como vimos no capítulo 1, existem várias razões plausíveis que justificam o deslocamento do príncipe Henry Sinclair e seu círculo interior, dos nativos que os acompanhavam e dos seus descendentes em direção aos Grandes Lagos, navegando por rios interioranos como: São João, Branco, Hudson, Susquehanna, Connecticut, Alegani e Genesee.[3]

Podemos também supor que esses refugiados possuíam um segredo infinito relacionado com os descendentes diretos da Linhagem Sagrada, e alguns acreditam que eles também guardavam um tesouro físico de grande valor e significado. Como os próprios refugiados sem dúvida sabiam, a posse dessas duas coisas levaria naturalmente a investigações e negociações por agentes de várias dinastias européias e da Igreja, que adorariam pôr as mãos no tesouro e eliminar todos os vestígios de ocupação anterior do Graal no Novo Mundo, para evitar que descendentes da Casa de Davi reivindicassem alguma monarquia européia. Conseqüência disso foram os muitos conflitos e cisões que ocorreram durante a primeira parte do século XVI ao longo da costa oriental

---

* Michael Bradley, *The Columbus Conspiracy*, 4-16. Outro livro recente, *The Columbus Myth*, de Ian Wilson, sustenta que marinheiros de Bristol, expulsos da Islândia e à procura de um nova carga de bacalhau, redescobriram a Terra Nova em torno de doze anos antes da chegada de Colombo ao Novo Mundo. Wilson procura demonstrar que os pescadores de Bristol precederam em uma década a chegada às costas da América não apenas de Colombo, mas também de João Caboto. Com relação ao conhecimento dos meridianos templários e à correspondente probabilidade de que tenha havido uma grande exploração pré-cristã da América do Norte, parece questionável discutir qualquer "descobrimento" em torno de 1492. Importante no livro de Wilson é o relato histórico que ele faz da(s) presumida(s) viagem(ens) de Caboto, que, como as de Colombo e de Champlain, estão cheias de estranhas contradições.

do Novo Mundo, fato que por si só deve ter assumido uma certa aura para as nações aborígines dessa região. Em última análise, esses conflitos exigiram que tribos nativas isoladas ou mesmo nações inteiras escolhessem um lado.

Além do desejo de escapar das mãos vorazes da nobreza européia e da Igreja, houve uma razão mais simples para o movimento para o interior dos refugiados templários "perdidos": Como havia entre eles pessoas importantes e abastadas, eles precisavam manter um certo estilo de vida coerente com o Velho Mundo. Somado isso à necessidade de estarem constantemente preparados para um ataque europeu mantendo um estoque considerável de armas significava que eles deviam estar sempre à procura, no interior, de depósitos ricos em metais facilmente acessíveis e de terras férteis o bastante para sustentar suas colônias em constante crescimento. Essas idéias são analisadas em profundidade em *Grail Knights of North America*, de Michael Bradley, e em *Swords at Sunset*,[4] de Michael Bradley e Joelle Lauriol.

Foi o Escudo Canadense, estendendo-se ao sul até New Hampshire e Vermont e abrangendo os Grandes Lagos, que ofereceu uma área mais do que apropriada para a agricultura. Essa é também uma região com uma abundância aparentemente ilimitada de metais como cobre e ferro e também dos metais raros titânio e manganês. A importância desses depósitos é que eles podiam ser explorados facilmente a céu aberto, a mineração de superfície, típica da tecnologia medieval.[5] De modo talvez não tão coincidente, muitos desses depósitos encontram-se ao longo de algumas das antigas linhas rosas do Novo Mundo — áreas que os próprios nativos tinham uma longa e antiga prática de relacionar com energia espiritual.

Os templários certamente estavam imbuídos da mentalidade militar européia e provavelmente viam cada reconhecimento, expedição e povoado com um tino estratégico que resultava das lições de três séculos de lutas ininterruptas. Talvez eles também possuíssem a melhor combinação de habilidades de agricultura, mineração, fundição, usinagem, silvicultura, navegação, astronomia, pecuária e cantaria, o que sem dúvida lhes deu condições de construir torres e povoados fortificados e praticar a agricultura de um modo que teria parecido estranho aos nativos da época.

Norumbega

A idéia de um conjunto de refúgios sagrados ou colônias secretas na América do Norte pré-colombiana gira em torno de um enredo não abordado pela maioria dos historiadores, mas que faz sentido de um ponto de vista estratégico: os refugiados templários, conscientes da possibilidade de perseguição, sabiam que sempre teriam de defender sua retaguarda. Assim, sua estratégia deve ter sido a de dispor de uma colônia no interior preparada e à espera deles sempre que avistassem velas desconhecidas no horizonte. Como os cavalos num tabuleiro de xadrez, eles avançariam continuamente para santuários interioranos cada vez mais distantes até serem absorvidos por culturas locais ou suprimidos da história.

Naturalmente, mesmo se as linhas de comunicação entre o Velho e o Novo Mundo fossem intermitentes, na melhor das hipóteses, boatos das colônias do Novo Mundo repercutiriam nos portos da Europa. Histórias e mitos seguramente teriam corrido entre pescadores portugueses, ingleses e bascos que exerciam suas atividades nas proximidades da costa oriental dos Grandes Bancos durante os séculos XV e XVI. Com base em seus próprios registros, sabemos que em 1497, João Caboto (originalmente Giovanni Caboto, de Gênova), durante uma missão para o soberano inglês Henrique VII, mencionou ter visto diversos barcos de pesca estrangeiros e acampamentos temporários ao longo da costa da Terra Nova. Seguindo a costa baseado em informações que aparentemente obteve com pescadores de Bristol, Caboto foi um dos primeiros a falar sobre a localização da Cidade Perdida de Norumbega.[6]

Supõe-se que Norumbega tenha sido uma cidade a uns vinte e cinco quilômetros da costa, às margens de um rio, e é assim que consta de um mapa de Cornelius Van Wytfliet de 1597 (ver fig. 2.1.) com o título "Norumbega e Virginia". A cidade está a 45º norte e 315º leste (nessa época, a longitude era medida a leste dos Açores). Curiosamente, as leituras de latitude e longitude totalizam 360 graus. Seria esse um indício de que para eles Norumbega situava-se no fim da terra ou além do vento norte? À semelhança da suposta localização de Norumbega, a colônia de Green Oaks situa-se a 45º15' de latitude norte.

Quanto ao nome Norumbega, o padre Sebastian Rasle, sacerdote francês e missionário entre os índios wabnaki do Maine no século XVIII, acreditava ter encontrado sua origem na palavra wabnaki Aranmbegh,* por ele traduzida como "na nascente de água" (embora estudiosos mais recentes tenham prefe-

---

* Raymond H. Ramsay, *No Longer on the Map* (Nova York: Ballantine, 1973), 173. Embora muitos livros apresentem evidências cartográficas relacionadas com o mapeamento medieval, esta seção se baseia principalmente nos estudos minuciosos de Ramsay sobre muitos dos primeiros mapas de Ptolomeu. Em claro contraste com a exatidão demonstrada pelos mapas de Zeno e dos primeiros portulanos, os mapas de Ptolomeu parecem ter se baseado mais em histórias e boatos de marinheiros do que em descobertas reais e conhecimento cartográfico.

Fig. 2.1. Mapa de Cornelius Van Wytfliet, de 1597, intitulado "Norumbega e Virginia". Observe o castelo (povoado) mostrado logo a leste do grande rio que divide o nome "Norumbega". Reproduzido de Crucial Maps in the Early Cartography and Place Nomenclature of the Atlantic Coast of Canada, de W. F. Ganong, com permissão da University of Toronto Press.

rido "na enseada de barro".)[7] Outros atribuíram Norumbega à Nolumbeka micmac, que significaria "uma sucessão de quedas e de águas calmas", ou a Nalambigik, "tanque de água parada" ou a Norman Villa.[8] Parece claro, porém, que Norman Villa e Norumbega eram dois lugares diferentes. A teoria mais aceita é que Norumbega era o nome de um rio, e muitos associaram Norman Villa a uma das lendárias Sete Cidades Perdidas.

A lenda das Sete Cidades Perdidas começou na Espanha do século VIII. Segundo essa lenda, em 711 d.C., quando os mouros do norte da África atacaram os visigodos, sete bispos portugueses conseguiram fugir de navio com um grande número de fiéis.[9] Em algum ponto do Oceano Atlântico eles chegaram a uma ilha onde fundaram sete cidades.

Mapas do Novo Mundo

Além do mapa de Cornelius Van Wytfliet, existem outros relacionados com a exploração do Novo Mundo. Com data de 1500 d.C., o mapa de La Cosa é o primeiro que inquestionavelmente representa a América e inclui descobrimentos aparentemente feitos pelos ingleses, pois a costa norte está decorada com pelo menos cinco bandeiras inglesas.

A maioria dos historiadores concorda que o próprio La Cosa deve ter recebido informações detalhadas sobre as pretensas descobertas de João Caboto. Uma questão interessante é se esse mapa resultou apenas da viagem de Caboto de 1497 ou se existe outro mapa secreto com dados originais de viagens mais misteriosas de uma época anterior, como a do príncipe Henry Sinclair.* Se o mapa de La Cosa realmente representa a viagem de Caboto de 1497, então ele secundariamente fornece uma das evidências mais objetivas de que Caboto

---

* Andrew Sinclair, *The Sword and the Grail: The Story of the Grail, the Templars, and the True Discovery of America.* Sinclair reconstitui o nome St. Clair até a família More, de ancestralidade viking e normanda. Parece que no rio Epte, Rolf Rognvald, da influente família More, concluiu o Tratado de St. Clair em 911, quando o rei Carlos, o Simples, casou com a filha de Rolf e se converteu ao cristianismo, tomando o nome St. Clair (significando "luz sagrada"). O rio Epte corre no norte da França no que uma vez era o ducado da Normandia, que também abrangia os estados sulinos das Terras Baixas. É uma região que numa época foi reivindicada pela dinastia merovíngia, a qual incluía entre seus ancestrais imperadores bizantinos e imperatrizes do Império Romano Oriental. Tudo isso significa que talvez os flamengos, os escoceses, os noruegueses, os franceses e mesmo os líderes do Sacro Império Romano podem reivindicar as explorações de Sinclair.

não aportou na Terra Nova, mas muito mais ao sul na costa norte-americana.*

Muitos outros mapas oferecem informações muito sugestivas: O mapa de Gastaldi de 1548 situa Tierra de Nurumberg a 315º de longitude, enquanto a Arcádia é posicionada a 45º de latitude. O mapa de Zaltieri de 1566, embora não apresente latitudes ou longitudes, chamou muito a atenção de instituições modernas como Harvard devido à sua notável representação de todo o continente da América do Norte. Esse mapa, como muitos outros da mesma época, menciona um *taina* — um "refúgio" — em algum ponto ao longo da costa oriental.

Um avanço importante na cartografia com implicações no Novo Mundo foi o estabelecimento em 1666 do Meridiano de Paris, o marco europeu original da mensuração longitudinal — o primeiro meridiano — substituído em 1884 pelo meridiano inglês de Greenwich, a despeito da permanente oposição dos franceses. Em contraste, Norumbega foi repetidamente localizada a 45º oeste do Meridiano dos Açores por cartógrafos flamengos e venezianos. Essa polêmica sobre o primeiro meridiano é importante para o nosso estudo, porquanto, ao longo dos séculos, países europeus competiram entre si pela posse da misteriosa colônia ou terra perdida de Norumbega.[10]

A Torre de Newport

Dada a mentalidade militar dos séculos XV e XVI, é compreensível que nações que fundavam colônias ou realizavam viagens de exploração construiriam postos de observação não apenas para defender as vias navegáveis que levavam aos povoados, mas também para servir de pontos de orientação — como faróis ou talvez mesmo como observatórios astronômicos. Isso nos leva diretamente à enigmática Torre de Newport (ver fig. 2.2).

Localizada em Touro Park, na entrada fluvial principal para a baía Narragansett em Newport, Rhode Island, a Torre de Newport talvez seja a estrutura mais enigmática nos Estados Unidos atualmente.** Muitos historiadores e es-

---

* Da viagem de João Caboto, que em 1479, sob a bandeira do rei Henrique VII da Inglaterra, supostamente navegou do porto de Bristol, no sudoeste da Inglaterra, até a América do Norte, não subsiste nenhum diário, biografia e nem documento de próprio punho. No entanto, Caboto foi aclamado como explorador e conquistador quando, em 1756, os britânicos reivindicaram para si a descoberta do Novo Mundo.

** Bradley, *Holy Grail Across the Atlantic*, 45-79. Bradley observa que as ruínas em New Ross são em geral semelhantes no tipo de construção e estilo à famosa Torre de Newport em Rhode

AS COLÔNIAS TEMPLÁRIAS PERDIDAS 73

Fig. 2.2. Torre de Newport. Fotografia de William F. Mann.

tudiosos escreveram extensamente sobre seus prováveis construtores e concordam em apenas um ponto: não foram nativos americanos que a construíram.

A torre é uma estrutura cilíndrica feita de pedra comum cimentada com calcário. Ela tem oito colunas ou pilares redondos interligados por oito arcos, sugerindo um estilo românico. Muito semelhante às catedrais góticas, porém, há apenas três janelas principais acima dos arcos. A primeira janela, aproximadamente vinte metros acima do solo, dá para o leste, na direção de Easton Point. A segunda está virada para o oceano Atlântico, diretamente para o sul, e a terceira está voltada para o oeste, na direção de Newport Harbor e da entrada para a baía Narragansett. A primeira e a quinta colunas (no sentido horário) situam-se numa linha norte-sul orientada pela Estrela Polar. No interior, a torre tem sete pequenos nichos e uma espécie de lareira embutida na parede no primeiro andar. No alto de cada coluna, internamente, entre os arcos, existem encaixes triangulares para as vigas de madeira que formam bases sólidas para um primeiro andar suspenso a uns dezoito metros acima do solo.

O falecido James P. Whittall Jr., quando diretor de arqueologia do Early Sites Research Center em Massachusetts, coordenou diversos estudos sobre a torre e seu entorno.[11] Para ele, a torre foi construída no estilo românico normando inspirado na igreja do Santo Sepulcro em Jerusalém, a estrutura construída em 330 d.C. e considerada repositório do túmulo de Cristo. É sabido que os templários rezavam em torno do altar circular da igreja do Santo Sepulcro e que, ao retornar para a França, introduziram igrejas circulares e octogonais em grande parte da Europa. Baseado em medições e no estudo de características como arcos, janelas, nichos, encaixes de vigas, chaves de abóbadas, argamassa e a orientação das aberturas, Whittall foi um dos primeiros a concluir pela probabilidade de que a torre tenha sido construída entre 1150 e 1400.

Com o passar dos anos, a construção da torre foi atribuída a um virtual especialista em arquitetura do período medieval e inícios do colonial, incluindo os templários, os noruegueses, os irlandeses, os portugueses e o próprio governador colonial Benedict Arnold. Entretanto, os cistercienses — que podem ter acompanhado o príncipe Henry em suas viagens — nunca receberam

---

Island. Ao mencionar a Torre de Newport, porém, Bradley introduz uma controvérsia que permeia todo seu livro, como também os de muitos outros autores. Tudo indica que a Torre de Newport foi construída antes da fundação de Newport em 1639. No entanto, historiadores convencionais não conseguem admitir que a Torre de Newport deva ter sido construída antes de qualquer período colonial. Contrariando essa posição, porém, Barry Fell, em *America B.C.*, e Salvatore Michael Trento, em *The Search for Lost America*, apresentam provas de colonização européia pré-colonial na América do Norte.

nenhum crédito por essa construção, apesar de sua evidente relação com os templários e com um lastro de conhecimentos semelhantes. Os templários e os cistercienses preservaram seus laços através de suas crenças religiosas, de sua sagacidade para negócios e de suas habilidades em engenharia. Com o tempo, de fato, os cistercienses desenvolveram um monopólio virtual em operações de mineração e usinagem, especializaram-se na construção de redes hidráulicas e, por causa dessas duas habilidades, controlaram o comércio. O mais revelador é que no período de duzentos anos da instituição da ordem cisterciense, numa época em que os templários estavam sendo obrigados a esconder-se para sobreviver, a Europa inteira, da Noruega a Portugal, ficou tomada de mosteiros e conventos cistercienses.

Revelando muitas das técnicas de construção empregadas pelos construtores da Torre de Newport, o *lavabo* incluía uma fonte principal de água de um mosteiro cisterciense.[12] Essa estrutura circular ou octogonal em geral possuía uma arcada aberta no primeiro andar com um segundo pavimento fechado. Embora apenas alguns lavabos tenham subsistido, eles raramente despertam interesse suficiente para ser mencionados por historiadores da arquitetura. Pode-se ver uma dessas estruturas no mosteiro cisterciense de Valmagne, perto de Montpellier, no sul da França.

Especula-se que o segundo andar do lavabo era utilizado para outras funções além do ritual de higiene dos monges. Como seus dias e noites eram passados em silenciosa obediência às regras da ordem, a rotina só era quebrada pelo sábado, pelos dias festivos fixos e móveis e pela celebração culminante da fé cristã na Páscoa. Fixar a data exata da Páscoa tornou-se uma obsessão para os clérigos medievais, mas para fixar esse dia no calendário, era necessário conhecer antes a duração exata do ano. Ocorre, porém, que a duração real do ano havia confundido os inventores do calendário desde os primeiros ensaios para definir as estações, e essa confusão aumentou ainda mais com as tentativas de fazer coincidir os ciclos solar e lunar. O resultado direto da necessidade de desfazer esse nó matemático foi uma astronomia chamada *computus*. Ela desenvolveu-se desde o tempo de Carlos Magno até o fim do século XIII, baseava-se em modelos clássicos e árabes e acabou encontrando seu lugar em abadias distantes e nas paróquias de toda cristandade.

Em *Astronomies and Cultures in Early Medieval Europe*, o autor Stephen McCluskey descreve técnicas que monges treinados nas artes adotavam na observação astronômica.[13] McCluskey explica que os monges medievais aprendiam a usar as janelas e telhados das construções da abadia como guias precisos para acompanhar o curso da lua e das estrelas no tempo canônico. Um excelente exemplo dessa aplicação encontra-se numa cantata litúrgica do século XI descoberta num mosteiro francês. Ela inclui descrições da observação da mudança de azimutes de estrelas sobre as construções da clausura monástica com o objetivo de fixar a hora das orações noturnas. Um volume semelhante descrevendo modos de determinar o tempo pela observação do sol e das estrelas de acordo com o aparecimento desses astros em várias janelas ainda se encontra na biblioteca da abadia cisterciense em Villiers-en-Brabant.

Para provar a utilização dessas estruturas com esse fim, um renomado professor de astronomia de Rhode Island, William Penhallow, fez uma comparação entre as igrejas circulares de Bornholm, na Escandinávia, e a Torre de Newport, procurando sinais astronômicos comuns.[14] Ele encontrou correlações surpreendentes entre as estruturas do Velho e do Novo Mundo e concluiu que do interior tanto das igrejas de Bornholm como da Torre de Newport é possível distinguir um conjunto de alinhamentos que permitem observar eventos celestes, especialmente o nascer e o pôr-do-sol no solstício e equinócio e as posições nas variações máxima e mínima na declinação da lua. A exatidão dessas previsões foi demonstrada no dia 25 de dezembro de 1996, quando Douglas Schwartz e James Egan coordenaram uma vigília natalina no interior da Torre de Newport para fotografar a variação lunar mínima com o nascer da lua cheia brilhando através de duas das três janelas da torre. Esse alinhamento ascendente no norte é uma das oito mudanças da lua em seu ciclo de dezoito anos e meio pelo céu. Intrigado com o espetáculo lunar do Natal, Egan, fotógrafo profissional, começou a fotografar rotineiramente o interior e o exterior da torre durante ocorrências astronômicas críticas. Além de comprovar que as conclusões de Penhallow são precisas, Egan também documentou um grande número de alguma coisa mais do que padrões de sombra astronomicamente coincidentes e de projeções de luz solar definidas pela arquitetura da torre.

Como vimos, muitas posições coordenadas são de algum modo relativas. A Torre de Newport, situada a 41°27' de latitude norte no ponto mais elevado da península que forma a cidade de Newport, está localizada numa distância latitudinal aproximada de quatro graus da comunidade de Green Oaks, na Nova Escócia, considerando o fato de que a distância entre posições longitudinais diminui à medida que mais nos aproximamos seja do pólo Norte ou do pólo Sul. Em termos de posição longitudinal, a torre localiza-se a 71°17', exatamente oito graus a oeste de Green Oaks, que está situada a 63°17'. Estabelecido um terceiro ponto a leste a partir da torre, as posições relativas de Green Oaks e da Torre de Newport nos permitem formar um ângulo reto e aplicar o teorema de Pitágoras para determinar a distância e a direção entre

AS COLÔNIAS TEMPLÁRIAS PERDIDAS   77

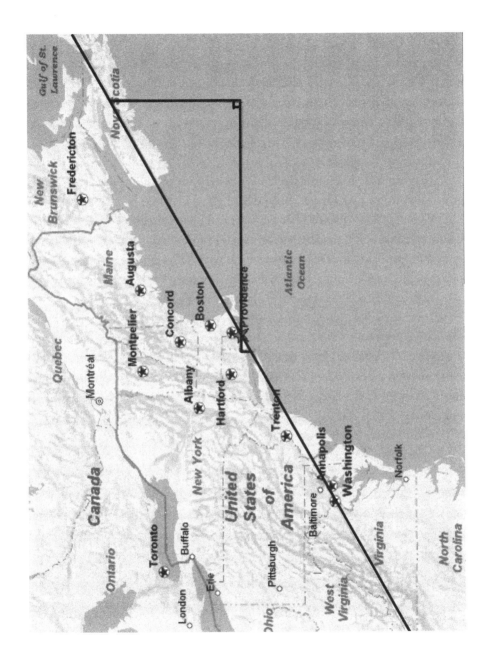

Fig. 2.3. O método de triangulação usado para determinar a distância entre a Torre de Newport e Green Oaks, Nova Escócia. Desenho de William F. Mann.

os dois pontos. Com essa informação, o iniciado esclarecido seria capaz de construir um mapa portulano relativamente preciso da costa entre a Torre de Newport e Green Oaks, Nova Escócia (ver fig. 2.3).

Acreditamos que a Torre de Newport apareça em dois mapas que antecedem o período colonial em mais de meio século. Giovanni da Verrazano mapeou a área em torno de 1524 e registrou a torre em seu mapa e em seu diário de bordo como Norman Villa. Em anotações no diário ele descreveu os nativos que viviam nas proximidades da torre como "branco europeu-amer-norueguês", aparentemente por causa do cabelo loiro e da pele clara.[15] O Mapa-múndi de Mercator de 1569 também mostra a localização exata da torre e denomina a região em torno dela de Norumbega.

A beleza do local da Torre de Newport está em que diretamente ao leste e ao sul temos somente o oceano Atlântico. À noite, uma pequena centelha de luz do interior da torre devia ser visível a mais de vinte milhas náuticas — mas apenas para quem dispunha de conhecimentos suficientes para se aproximar da costa numa direção leste–oeste ou norte–sul verdadeira!

Isso nos leva ao conceito de *navegação de latitude* — isto é, a navegação feita para o norte ou para o sul até a latitude desejada e a partir daí navegar para o leste ou o oeste até o destino pretendido. Parece que Caboto optou por seguir 45º de latitude norte, pois consta que ele primeiro dirigiu-se para o porto francês de Bordeaux (45º35' de latitude norte) e em seguida navegou para o oeste.

Assim, Caboto pode ter avistado terra pela primeira vez num ponto tão ao sul quanto o Maine, caso em que o Maine teria sido seu "continente" e a Nova Escócia sua Ilha das Sete Cidades. Mas a idéia mais aceita é que ele chegou em algum lugar a leste do ponto mais ao sul da Nova Escócia, foi para o norte seguindo a costa e em seguida voltou para Bristol. Coincidentemente, como a baía de Fundy da Nova Escócia, Bristol tem uma das amplitudes da onda de maré mais elevadas do mundo, com suas marés de sizígia chegando a doze metros de altura. Também, coincidentemente, La Rochelle — o porto de onde a frota templária desapareceu em 13 de outubro de 1307 — localiza-se a 46º15' de latitude norte, aproximadamente um grau de latitude norte de Green Oaks.

Nos tempos medievais, o desvio magnético de qualquer bússola podia variar de um a três graus em média, o que significa que se estivéssemos navegando duas mil milhas náuticas pelo oceano Atlântico pelo método de navegação de latitude, talvez acreditássemos estar indo para o oeste quando na verdade estaríamos navegando um pouco para sudoeste e acabaríamos chegando num lugar um grau ao sul do nosso destino.

Primeiras Explorações Portuguesas e Francesas

No início deste século, o professor Edmund Dellebarre, da Universidade Brown, começou a decifrar uma coleção de petróglifos encontrados no lugar conhecido como Dighton Rock (fig. 2.4), um grande bloco de pedra que se eleva acima da marca da maré alta na baía Assonet, às margens do rio Taunton, a montante a partir de Fall River, Massachusetts. Esse estudo detalhado levou posteriormente à teoria de que membros da família Corte Real, da nobreza portuguesa, foram responsáveis pela construção da Torre de Newport.[16] Segundo essa teoria, Miguel Corte Real naufragou em 1501 ou 1502 quando estava à procura do seu irmão perdido, Gaspar, na baía de Narragansett. Como conseqüência, ele e os que restaram da tripulação construíram a torre para sinalizar aos conterrâneos que viriam resgatá-los, esperados havia muito tempo.

Fig 2.4. Dighton Rock na baía Assonet às margens do rio Taunton. A fotografia original foi tirada em 2 de dezembro de 1918, por Edmund Burke Dellebarre. Reproduzida de *The Recent History of Dighton Rock*, vol. 20 (The Colonial Society of Massachusetts, 1919).

Gaspar Corte Real, membro da Ordem Portuguesa dos Templários (que passou a se chamar Ordem dos Cavaleiros de Cristo em 1320 para evitar perseguições por parte da Igreja Católica), foi um dos primeiros de uma nova geração de exploradores europeus cujas velas eram ornadas com a cruz dos Cavaleiros Templários. O próprio rei de Portugal se tornou grão-mestre dos novos Cavaleiros de Cristo, função mais tarde exercida também por Henrique, o Navegador (1394-1460). Essa ordem forneceu os recursos financeiros, a mão-de-obra e o treinamento religioso para as primeiras expedições de navegação portuguesas e para instituições missionárias em todo o mundo. Os templários portugueses eram também construtores, erigindo seis castelos (Almoural, Idanha, Monsanto, Pombal, Zêzere e o famoso Tomar) em estilo semelhante às igrejas circulares e octogonais que haviam encontrado no Oriente Próximo.

Em 1500, com três caravelas e um mandado do rei português Manuel para tomar posse de tudo o que encontrasse, Corte Real procurou seguir a antiga rota viking para Vinland, daí para o sul ao longo da Terra Nova e da Nova Escócia e talvez até o golfo do Maine. Ele não estava se aventurando, porém, em águas setentrionais não mapeadas, pois em 1472 ou 1473, seu pai, João Vaz Corte Real, representou a coroa portuguesa numa sociedade com interesses dinamarqueses, que foram patrocinados pelo rei dinamarquês Cristiano I.[17] Os dinamarqueses Deitrik Pining e Hans Pothurst conduziram a expedição com o norueguês Jon Skolp como navegador. Parece que depois de visitarem a Groenlância e a Islândia, eles se dirigiram para Labrador, mas foram obrigados a voltar para a Dinamarca devido ao mau tempo. Parece razoável supor que tanto o pai quanto o filho Corte Real estavam tentando seguir a rota do príncipe Henry, que levava de uma ilha setentrional a outra, mas podemos perguntar-nos de quem eles receberam as informações para fazer isso. Parece que os templários portugueses haviam se associado aos seus co-irmãos escandinavos para troca de informações, como os Zenos haviam sido enviados para associar-se com o príncipe Henry e seus templários escoceses quase um século antes.

A idéia de que os templários portugueses possuíam conhecimentos de navegação antigos e mapas de fontes "secretas" anteriores no Oriente Médio é apoiada pelos conflitos e negociações finais que levaram ao Tratado de Tordesilhas e ao estabelecimento da Linha de Demarcação (outro meridiano do Novo Mundo): entre 1492 e 1494, o papa Alexandre VI atuou como árbitro entre Espanha e Portugal, que na época eram as duas maiores potências marítimas leais à Igreja. A Linha de Demarcação foi traçada várias vezes até finalmente percorrer as partes mais orientais das Américas do Norte e do Sul (ver fig.

2.5), com Portugal assumindo o controle de tudo o que se encontrava a leste dessa linha e a Espanha tudo o que estava a oeste. O resultado é que Portugal recebeu, no hemisfério norte, a área conhecida em torno da Terra Nova, com seus ricos Grandes Bancos e, no hemisfério sul, o Brasil com sua rica madeira. Dado que supostamente ninguém tinha conhecimento das colônias do Novo Mundo que já existiam na Nova Escócia e na Nova Inglaterra nessa época, ambas essas áreas foram incluídas na esfera das possessões portuguesas.

A primeira viagem de Gaspar o levou a aportar a 50º de latitude e sua segunda viagem o levou ainda mais para o norte. Como o príncipe Henry, durante sua segunda viagem ele mandou de volta dois dos seus navios, mas ele e a nau capitânia nunca retornaram a Portugal. No ano seguinte, o irmão de Gaspar, Miguel, também membro da Ordem dos Cavaleiros de Cristo, navegou para o oeste com três caravelas em busca do irmão perdido. Depois de chegar com segurança no Novo Mundo, os três navios combinaram um encontro em agosto antes de tomarem diferentes direções em busca dos vestígios da expedição anterior de Gaspar. Curiosamente, dois dos três navios encontraram-se na hora e lugar combinados, mas o de Miguel não apareceu e nunca mais se ouviu falar dele.[18]

Então em 1917 Edmund Dellebarre revelou a descoberta de Dighton Rock mostrando a data 1511, algumas letras latinas incluindo MIG-L e um esboço da cruz templária portuguesa. Essa descoberta sugeriu a possibilidade da presença dos Corte Reais perto da baía de Narragansett nos primeiros anos do século XVI. A teoria sustenta que ou Gaspar ou Miguel e sua respectiva tripulação naufragaram e construíram a Torre de Newport como um posto de observação e sinalização, enquanto esperavam ser resgatados por marinheiros de ultramar. Além da possível construção da torre, talvez haja um aspecto mais misterioso relacionado com o desaparecimento dos dois homens: talvez tanto Gaspar quanto Miguel tivessem algum conhecimento templário secreto que os compelisse a deslocar-se para o interior do continente acompanhando todos os rios que corressem para noroeste a partir do Atlântico.

Sabemos que a costa oriental do que é hoje os Estados Unidos permaneceu em grande parte inexplorada por outros vinte e quatro anos depois dessas duas expedições. Os espanhóis haviam descoberto oficialmente a Flórida e os ingleses e portugueses haviam descoberto oficialmente a Terra Nova, mas a área entre esses dois pontos ainda era uma lacuna no mapa. Foi o rei Francisco I da França que finalmente decidiu enviar uma expedição especificamente para investigar a área objeto das duas reivindicações. Como a expedição seria financiada por banqueiros e comerciantes italianos abastados vivendo em

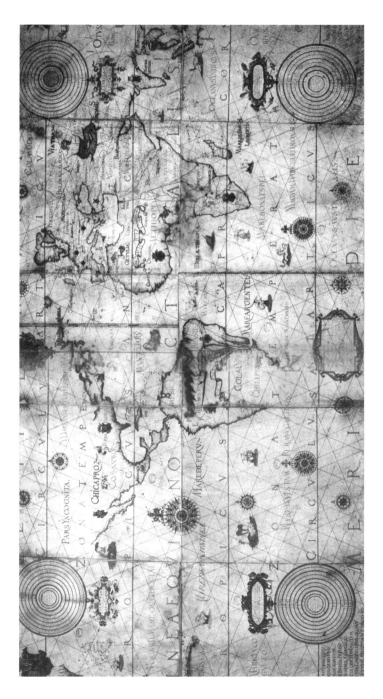

Fig. 2.5. O Mapa-múndi *portulano* de Andreas Homen, 1559, mostra a Linha de Demarcação nas Américas do Norte e do Sul conforme foi negociado no Tratado de Tordesilhas entre Espanha e Portugal. Reproduzido por cortesia da Bibliotèque Nationale, Paris.

Lyon, o rei escolheu o florentino Giovanni da Verrazano para comandá-la. O ano da viagem é 1524 ou 1525.

A Viagem de Verrazano

Verrazano, que havia se mudado para Dieppe, França, para seguir carreira na Marinha, recebeu quatro navios, mas dois deles naufragaram pouco depois do início da viagem e um terceiro foi mandado de volta com despojos conquistados com ações de pirataria na costa espanhola. A nau capitânia, *La Dauphine*, foi de fato a única a cruzar o Atlântico. Essa embarcação pesava cem toneladas e contava com uma tripulação de cinqüenta homens, entre eles o irmão de Verrazano, Girolamo da Verrazano, cartógrafo. O seu mapa-múndi de 1529 foi um dos primeiros a mostrar as descobertas de Verrazano, inclusive a Torre de Newport.

Verrazano partiu da ilha da Madeira em 17 de janeiro e aportou em 1º de março, ou em torno dessa data, no que é hoje o cabo Fear, na Carolina do Norte. De lá ele navegou para o sul até um ponto desconhecido perto da atual Charleston, mas registrou em seu diário que, por medo de encontrar os espanhóis, retornou ao norte e lançou âncoras não longe de onde havia aportado originalmente. Numa carta minuciosa ao rei, ele descreveu cada aspecto de sua viagem transatlântica, inclusive uma dissertação um tanto prolixa sobre latitude e longitude, parte da qual diz:

> Resta-me relatar a V. Majestade os avanços desta viagem com respeito à cosmografia. Como mencionei anteriormente, partimos das rochas acima referidas que estão no limite do Ocidente, como os antigos o conheciam, e no meridiano das ilhas Afortunadas, na latitude de 32º a norte do Equador em nosso hemisfério, navegamos para o oeste até encontrar terra a 1.200 léguas — o que é igual a 4.800 milhas, contando quatro milhas para uma légua de acordo com a prática marítima de peritos navais: geometricamente, de acordo com a razão de três mais 1½ vezes um sétimo [$3^3/_{14}$] do diâmetro da circunferência, isto é, 92 e 54,164/47,233 graus. Isto está correto. Pois, como a corda [diâmetro] de um arco do maior círculo é 114⁶/₁₁ graus, e a corda [diâmetro] do paralelo de 34 graus onde primeiro encontramos terra, de acordo com a mesma razão, é 95 e 233/450 graus, então a circunferência de todo o círculo é 300 e 713/1,575 graus; atribuindo 62½ milhas para cada grau (que a maioria daqueles que passaram por essa experiência confirma como a distância na terra correspondente à proporção do céu), isso nos deve

dar 188,759 e 31/126 milhas, dividido em 360 partes, que totalizaria 52 e 989/9,072 milhas cada...[19]

Essa descrição certamente refuta a idéia de que os exploradores marítimos do século XVI simplesmente navegavam despreparados e sem qualquer base. Verrazano evidentemente possuía algum conhecimento de uma ciência longitudinal que derivava dos "antigos", como ele mesmo diz. Ela também sugere que Verrazano praticava a navegação de latitude e de algum modo perdeu o ponto de aportamento específico que ele esperava alcançar. A área em torno da entrada para Charleston Harbor, situada a 32º30', é certamente de fácil identificação, como é o cabo Fear ao norte, a 33º50'. É como se Verrazano estivesse procurando um promontório específico que havia sido mapeado e registrado anteriormente, como se ele soubesse que devia começar a viagem para o norte ao longo da costa oriental a partir de uma latitude anteriormente identificada. Curiosamente, se Verrazano tivesse se desviado para o norte a partir dos 32 graus de latitude norte, muito provavelmente ele teria encontrado ou pelo menos avistado as Bermudas, também localizadas a 32º30'. Estranhamente, ele não faz nenhuma referência a essa possibilidade.

Navegando a nordeste ao longo da costa a partir do cabo Fear, ele primeiro chegou aos Bancos Externos da Carolina do Norte. Aqui ele acreditou erroneamente que o mar a oeste dos bancos — Pimlico Sound — era o oceano Pacífico. Assim, a América do Norte pareceu-lhe um pouco mais do que um istmo longo e muito estreito. Esse erro levou cartógrafos, a começar por Maggiolo e Girolamo, a mostrar a América do Norte como quase totalmente dividida em duas partes, ambas ligadas por uma estreita faixa de terra na costa leste. Seria necessário mais de um século para que esse "Mar de Verrazano" desaparecesse completamente dos mapas.

Importante para nossa história é o fato de que mais ao norte ele chegou a um belo lugar a que deu o nome de Arcádia (talvez o que conhecemos como Virginia Beach). Prosseguindo a viagem, ele perdeu a entrada para as baías de Chesapeake e Delaware porque queria ficar longe da costa por medo dos nativos. Ele finalmente encontrou o que hoje sabemos ser New York Harbor, onde ancorou no estreito que mais tarde receberia seu nome (o qual também seria dado à ponte que ligava as duas partes). Como ele não quis navegar próximo à costa (uma prática comum em navegação), a trajetória de Verrazano sugere que ele seguiu uma direção de bússola específica até que praticamente teve de alcançar a terra. Considerando que essa viagem realizou-se no início da primavera, quando são grandes as possibilidades de tempestades no litoral oriental, o deslocamento de Verrazano distante da costa sem dúvida dificultaria encontrar abrigo. Ainda assim, ele manteve seu curso.

Depois de mudar de direção para leste porque o próprio continente se estende nessa direção, Verrazano continuou até alcançar Block Island e chegar à baía Narragansett. Foi ali que ele excepcionalmente decidiu quebrar o hábito e ancorar perto da costa. Depois de fazer contato com os nativos locais, os wampanoags, que aparentemente foram mais amigáveis do que a maioria das outras tribos que encontrou, eles lhe mostraram o atual porto-refúgio de Newport. Ele aí permaneceu por duas semanas, esperando condições climáticas melhores. Nesse período, a tripulação passou todo o tempo em contato com os nativos.

Partindo, Verrazano navegou para o nordeste, não percebendo a baía de Fundy e a maior parte da Nova Escócia antes de chegar à Terra Nova. Como essa região já havia sido explorada, ele voltou para a França; atravessando rapidamente o Atlântico, ele chegou a Dieppe no dia 8 de julho. Em seu *Lost Colony of the Templars*, Steven Sora dedicou um livro inteiro ao que para ele é a descoberta de Verrazano dos vestígios da colônia do Novo Mundo do príncipe Henry Sinclair, especificamente a Torre de Newport e os wampanoags. Entretanto, existem hoje novas evidências substanciais, apresentadas em *Swords at Sunset*, de Michael Bradley, sugerindo que os refugiados do Graal haviam a essa altura se deslocado para o continente, talvez como conseqüência direta de avisos anteriores de seus companheiros Cavaleiros Templários, os irmãos Corte Real. Podemos lembrar que enquanto os Corte Reais navegavam sob a bandeira templária, Verrazano cumpria uma missão recebida diretamente do rei francês.

O próprio Verrazano realizou mais duas viagens, uma em 1527 e a segunda em 1528. Aparentemente, durante a viagem de 1527, a tripulação se amotinou e obrigou Verrazano a voltar para a França, mas consta que ele tirou vantagem da incompetência náutica dos amotinados para chegar ao Brasil, onde, agora pacificada devido às riquezas naturais aqui encontradas, a tripulação cortou uma árvore vermelha e a chamou de pau-brasil (palavra que pode ter dado origem ao nome do lugar). Ao retornar à França, tudo foi perdoado, pois os financiadores da viagem obtiveram grandes lucros com a venda dessa madeira exótica.

De acordo com o biógrafo oficial de Verrazano, seu irmão e cartógrafo Girolamo, em 1528 Giovanni cruzou novamente o Atlântico, dessa vez aportando na Flórida e seguindo a faixa das Pequenas Antilhas. Parece que a essa altura ele havia superado o medo dos espanhóis. Ainda assim ele ancorou a uma boa distância da praia, o que nesse caso foi fatal para o navegador. Enquanto Girolamo permaneceu no navio principal, Giovanni dirigiu-se para a praia num pequeno bote para se encontrar com os nativos — que eram os caribes antropófagos. Eles mataram Verrazano e o comeram à vista do irmão. Assim terminou o capítulo de Verrazano sobre a busca de um Santo Graal do Novo Mundo que pudesse ser encontrado. O seguinte a empreender essa busca seria o francês Jacques Cartier.

Cartier e Hochelaga

De acordo com alguns estudiosos, Jacques Cartier foi o primeiro europeu a navegar, mapear e tentar fixar-se em São Lourenço, região norte do Novo Mundo. Ele viajou para essa área três vezes e seus extensos registros de cada expedição estão entre os primeiros documentos confiáveis e detalhados da exploração européia na América do Norte. Foi dele a primeira exploração oficial do interior da América do Norte, produzindo mudanças importantes na representação cartográfica do continente feita pelos europeus.

Nascido em Saint-Malo, França, em 1491 ou 1493, Cartier chegou a ser considerado um dos melhores capitães de náutica na Europa. Alguns historiadores acreditam que ele pode ter acompanhado Verrazano em suas expedições ao Novo Mundo em 1524. Em 19 de março de 1534, Cartier recebeu do rei a missão de "empreender a viagem deste reino para as Terras Novas para descobrir certas ilhas e países onde existiriam grandes quantidades de ouro e outras riquezas" e de tentar encontrar uma passagem para Catai (China).[20] A menção a ouro e outras riquezas será uma referência às descobertas de Colombo ou a informações relacionadas com a existência de colônias da "rosa" em terras setentrionais?

Não há dúvida de que Jacques Cartier já conhecia a rota marítima que ele seguiu em 1534. Ele iniciou a viagem em 20 de abril com dois navios, o *Emerillon* e o *Petite Hermine*, com uma tripulação de sessenta e um homens, e vinte dias depois chegou à Terra Nova. Da Baie des Châteaux (Estreito de Belle Isle), Cartier rumou para o sul da Terra Nova, descobrindo no caminho as que ele chamou de ilhas de Madalena. Daí ele seguiu para a atual ilha Príncipe Eduardo, acreditando ser o continente. De acordo com seu diário, Cartier em seguida deslocou-se para Chaleur Bay (chamada baía do Calor por causa das altas temperaturas do verão), onde, em 7 de julho, encontrou alguns micmacs e iroqueses,[21] que pareciam bastante à vontade com sua chegada. É importante observar que os iroqueses e os micmacs viviam em paz nessa época; a nação

AS COLÔNIAS TEMPLÁRIAS PERDIDAS   87

micmac estava limitada à área da atual Nova Escócia, ilha Príncipe Eduardo e Nova Brunswick, e as aldeias iroquesas dominavam a região de São Lourenço desde Gaspé até o lago Ontário. Os contatos de Cartier com os índios incluíam relações comerciais — registrados como os primeiros atos comerciais entre os franceses e os índios.

Logo depois desse intercâmbio, Cartier resolveu ir para o norte até a baía Gaspé e a foz do que hoje se conhece como rio São Lourenço. Essa decisão é bastante estranha, pois ele supostamente seguia informações fornecidas apenas pelas viagens de Verrazano — mas sabemos que Verrazano nunca explorou a região de Gaspé. Talvez isso demonstre que os nativos forneceram a Cartier informações relacionadas com várias aldeias situadas ao longo do grande rio.

Em 10 de agosto, dia festivo de São Lourenço, o explorador deu o nome do santo a uma pequena baía na costa nordeste. Mais tarde cartógrafos aplicaram esse nome ao que Cartier primeiro registrou como o "grande rio de Hochelaga e rota para o Canadá" levando ao interior do continente, um curso de água "tão extenso que ninguém viu seu fim".[22] Navegando pelo rio até a aldeia iroquesa de Stadacona (perto da atual localização da Cidade de Quebec), os navios passaram pelo que seria mais tarde conhecido como ilha Anticosti e a boca do rio Saguenay. Cartier instalou seu centro de operações no rio St. Croix (St. Charles), e cinco dias depois embarcou no *Emerillon* para ir até o povoado de Hochelaga (atual ilha de Montreal). Deixando o navio no lago St. Pierre, ele continuou numa pequena embarcação até a aldeia iroquesa, lá chegando em 2 de outubro. Cartier observou que Hochelaga tinha uma população de quase duas mil pessoas, e vendo a montanha que dominava tanto a ilha como o povoado, deu a este um novo nome, Monte Real (atualmente Mont Royal), em homenagem ao rei francês.

Os habitantes de Hochelaga contaram a Cartier muitas histórias sobre reinos ricos e prósperos rio acima, como Seguna e Saguenay. As pessoas desses misteriosos reinos aparentemente vestiam roupas semelhantes às do próprio Cartier, usavam cordões de ouro em torno do pescoço e possuíam muitas pedras preciosas.[23] O explorador também soube que o país do Canadá se estendia muito mais para o oeste e era cercado por lagos imensos e protegido por cataratas muito altas. Acima de tudo, os nativos deixaram claro que no oeste havia cobre, ouro e prata e os mesmos metais que haviam sido usados para fabricar as armas manuseadas por Cartier e seus homens.

Se aceitarmos a descrição que Cartier faz de Hochelaga, teremos a impressão de que esse era o maior povoado da época na América do Norte: ele ficava no meio de campos abertos, era de forma circular e "rodeado de madeira, com três seqüências de *rampires* [plataformas], uma dentro da outra, construídas como espigões pontiagudos".[24] Sobre a única entrada protegida e também em vários pontos ao longo das paliçadas, havia uma plataforma elevada para defesa, com montes de pedras para ser atiradas contra quem atacasse (ver fig. 2.6). Dentro dos muros havia em torno de cinqüenta casas grandes comunais, cada uma em condições de acomodar várias famílias matriarcais extensas. A descrição dessa construção é interessante no sentido de que antes de fins de 1500 não existem exemplos registrados de paliçadas construídas no Novo Mundo. Aldeias fortificadas passaram a existir quase um século mais tarde, nos fins de 1600, quando os iroqueses adotaram uma atitude bélica contra a nação algonquina. Poderia essa parte do relato de Cartier ter como objetivo alimentar as esperanças do rei Francisco para outras descobertas de povoados fortificados, de tipo europeu? Curiosamente, Cartier não fez menção a esse lugar ao voltar à Terra Nova em sua terceira viagem. Ainda mais curioso: quando Samuel de Champlain chegou à mesma ilha, quase um século depois, parece que lá ele não encontrou absolutamente nada!

Durante sua visita a Hochelaga, Cartier subiu o Monte Real para observar a terra distante e o mar. Os nativos que o acompanhavam falaram de uma série de montanhas próximas e de grandes corredeiras no rio São Lourenço a oeste da ilha. Ele deu às águas brancas o nome de Lachine Rapids porque aparentemente pensava que logo além delas estava a China. Infelizmente, essas corredeiras o impediram de continuar sua incursão para o oeste; assim Cartier voltou para a foz do rio St. Charles, onde descobriu que as relações entre os iroqueses e os homens que ele havia deixado para trás estavam um tanto estremecidas. Depois de uma breve estada durante a qual ele conseguiu "seqüestrar" dois filhos — Domagaya e Taignoagny — do chefe iroquês Donnacona, Cartier voltou para a França com seus dois navios e seus dois convidados.

Na França, Domagaya e Taignoagny, através de um intérprete, falaram ao rei sobre o rio São Lourenço e o "reino dos saguenays", deixando Francisco impressionado. Como conseqüência, em maio de 1535, Cartier partiu numa segunda viagem ao Novo Mundo, novamente em busca de riquezas e de uma passagem para a Ásia — agora comandando 110 homens distribuídos em três navios: o *Grande Hermine*, o *Petite Hermine* e o *Emerillon*. Para alívio do pai e do seu povo, ele devolveu os filhos de Donnaconna a Stadacona e deixou muitos presentes aos nativos. Nessa viagem Cartier instalou St. Croix, uma base às margens do rio St. Charles, e construiu um forte na cidade de Quebec; explorou extensamente o rio Saguenay e voltou para a aldeia de Hochelaga. Cartier passou o inverno no forte da Cidade de Quebec, mas sua tripulação,

AS COLÔNIAS TEMPLÁRIAS PERDIDAS 89

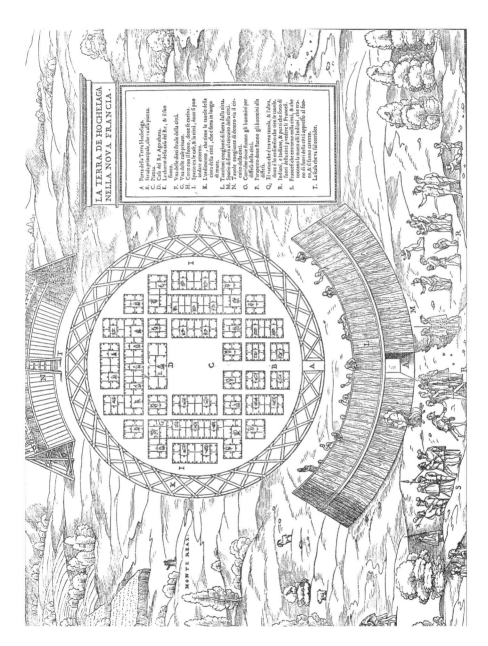

Fig. 2.6. Representação do povoado de Hochelaga baseada na descrição de Cartier, publicada pela primeira vez em 1556 no volume 3 da famosa coleção de Ramusio, Delle Navigationi er viaggi.

despreparada para uma estação prolongada, adoeceu de escorbuto. Vinte e cinco homens morreram antes que os nativos pudessem ajudar os europeus a recuperar a saúde ensinando-os a fazer um chá de folhas do cedro-branco, ricas em ácido ascórbico. Na primavera Cartier voltou para a França, dessa vez com o chefe iroquês Donnaconna e vários membros de sua tribo. Infelizmente, todos esses convidados, com exceção de uma menina, adoeceram e faleceram na França em 1539.

A viagem seguinte de Cartier ao Canadá ficou adiada até 1541 devido a uma mistura um tanto curiosa de intriga palaciana e conflito de egos. Em 17 de outubro de 1540, Francisco I deu ordens ao navegador bretão para que retornasse ao Canadá para consolidar um projeto de colonização do qual ele seria "capitão geral". Mas em 15 de janeiro de 1541, Cartier foi suplantado pelo capitão Jean-François de la Rocque, senhor de Roberval e cortesão huguenote. Roberval, que esperava a liberação da artilharia e de mercadorias, autorizou Cartier a partir, e este zarpou de Saint-Malo em 23 de maio de 1541 com sete navios, inclusive o *Grande Hermione,* o *Petite Hermione,* o *Emerillon,* o *Saint-Brieux* e o *Georges,* e criou uma nova base perto do cabo Rouge.[25] Nessa viagem ele explorou o Saguenay até a nascente e descobriu que o rio não levava a um corpo de água maior. Os nativos da região importunaram Cartier a ponto de fazê-lo partir de cabo Rouge depois de um inverno. Devido à redução dos suprimentos, a maioria dos seus homens adoeceu, e misteriosamente, até a primavera de 1542, Roberval ainda não havia chegado. Acontece que Roberval estava atravessando o Atlântico com cinco navios, transportando mil e quinhentas pessoas. A travessia demorou mais de três meses — um tempo longo o bastante para levar-nos a questionar suas habilidades de navegação ou possíveis motivos que ele poderia ter para retardar a viagem. Depois de partir da região do São Lourenço, Cartier finalmente encontrou seu colega no porto São João, Terra Nova. Roberval ordenou que Cartier voltasse ao cabo Rouge, mas Cartier se recusou e partiu com seus navios na mesma noite, aportando em Sait-Malo em setembro.

Jacques Cartier não voltou mais ao Canadá. Quanto a Roberval, ele prosseguiu até a recém-nomeada Charlesbourg Royal, a que deu o novo nome de France-Roi. Novamente, ninguém do seu grupo estava preparado para o rigoroso clima do norte e para os surtos de escorbuto. Assim, as adversidades e os desentendimentos levaram à extinção da colônia de Roberval em 1543. Aparentemente, Cartier não informou Roberval sobre o remédio dos nativos para o escorbuto. Os colonos que sobreviveram foram rapidamente repatriados para a França logo que o degelo do rio permitiu. O próprio Roberval resolveu ficar e continuar a exploração, mas pouco conhecia a área e nada sabia a respeito das violentas Lachine Rapids. Na primavera ele tentou navegar por essas águas brancas, mas fracassou. Com os poucos recursos que lhe restavam, ele foi obrigado a voltar para a França no verão.

Em todas as explorações realizadas, os únicos "tesouros" que Cartier encontrou foram pirita e quartzo, que levou para a França em grandes quantidades, imaginando ser ouro e diamantes, respectivamente. Quando ele morreu em setembro de 1557, com sessenta e seis anos de idade, ele ainda acreditava que o rio São Lourenço levava para a China. Tanto Cartier quanto Roberval não faziam idéia de que haviam se aproximado bastante de várias colônias templárias "secretas", que se desenvolveram nas proximidades até chegarem a elas notícias das explorações de Cartier no continente. Felizmente, para os templários do Novo Mundo, os nativos foram seus olhos e ouvidos nas florestas e ao longo dos rios. Não surpreende, então, que uma dessas colônias, como veremos, fixou-se ao longo de um antigo meridiano simbolizado por uma coruja de um só olho.

Owl's Head

Um segredo bem guardado mesmo nos círculos maçônicos é a existência de uma sala de reuniões maçônica ao ar livre, única no mundo. Chamada Owl's Head Lodge Room, ela se localiza logo acima de uma moderna estação de esqui, escondida nas fendas do topo da Montanha Owl's Head, a mil e poucos metros acima do nível do mar, sobranceando o lago Memphremagog (localizado na fronteira entre Vermont e Quebec a 45º norte). Chega-se a ela através de uma única trilha, e embora os lados da montanha sejam quase perpendiculares em alguns pontos, com a ajuda do teleférico na maior parte da subida, maçons de todas as idades fazem uma peregrinação anual até a loja todo dia 24 de junho.

A sala em si, disposta no sentido leste verdadeiro–oeste verdadeiro, é de pura rocha que se eleva a mais de cento e cinqüenta metros. Os assentos dos dirigentes são de pedra natural. O local foi constituído por uma loja que muitos maçons dizem ser muito antiga, localizada na margem oposta do lago e de Vermont, no Canadá: antigamente Golden Rule Lodge Nº 5 de Stanstead, Canadá, ocupou uma sala que estava dividida pela fronteira entre o Canadá e os Estados Unidos, com entradas no lado de Vermont e também do Canadá. Conseqüentemente, os membros da loja eram homens de ambos os lados da fronteira. Uma permissão foi solicitada e concedida à Golden Rule Lodge em

1853 pela Grande Loja da Inglaterra, e uma vez por ano, em 24 de junho, dia festivo de São João, maçons canadenses e americanos sobem a montanha e realizam o ritual maçônico de 3º grau ao nascer do sol.[26] Consta que a cerimônia segue os procedimentos da maçonaria antiga e que "os antigos costumes são cumpridos ao pé da letra" numa hora em que "o sol está no seu meridiano".

Muitos maçons atuais talvez não compreendam que quando participam do ritual em Owl's Head estão de fato prestando homenagem a uma antiga tradição: o simbolismo da Coruja pode de fato remontar à deusa Lilith, que muitas vezes era representada com pés e asas de coruja e acompanhada por duas corujas. Uma derivação da antiga deusa Lilith, Atena, a deusa grega da sabedoria, é acompanhada por uma coruja pousada no ombro do seu lado cego que lhe diz tudo o que há para ver e saber. Segundo os mitos, só cooperando com a coruja é que Atena consegue ver toda a verdade. Os celtas acreditavam que a coruja levava a alma dos mortos para a Terra da Juventude, Tir nan Og, ou para Avalon, a ilha das maçãs. A coruja também ocupa lugar de destaque num conto de *The Mabinogion*, uma coleção de mitos e folclore celtas: Blodeuwedd é uma mulher plasmada de nove flores por um mago sábio para o herói Gwydion, que não pode amar uma mortal. No fim, porém, Blodeuwedd trai Gwydion e, como castigo, é transformada numa coruja.

Muitos maçons afirmam que a coruja tem relação com a sabedoria e a vidência de João Batista, cujo nascimento é celebrado no dia 24 de junho desde os primeiros tempos da Igreja. Foi João, como último profeta das escrituras hebraicas, que anunciou ao povo que o seu verdadeiro senhor estava próximo.

Permanecem alguns aspectos interessantes com relação à localização dessa loja: Não obstante sua origem verdadeira, não podemos desconsiderar a importância da Montanha Owl's Head como observatório astronômico natural (ela é o ponto mais elevado nas adjacências), localizada a 45º15' de latitude norte. Além disso, sua latitude corresponde bastante bem à de Green Oaks, Nova Escócia. Finalmente, o lago Memphremagog e suas comunidades próximas, como Magog, Stanhope, Newport, Hatley e Stanstead (um centro maçônico importante), foram todos pesquisados pelo Dr. Gérard Leduc, professor aposentado da Universidade Concórdia de Montreal, que assumiu a missão de descobrir provas de que antigos colonizadores ocuparam essa área antes dos tempos coloniais tradicionais.

Poderíamos perguntar se foi para essa região que os refugiados do Graal teriam fugido depois de serem, talvez, prevenidos da exploração européia no início do século XVI. É verdade que existem ruínas de pedras nas áreas desabitadas relativamente tranqüilas ao longo da fronteira Vermont-Quebec.[27] Pesquisas arqueológicas e especificamente datação por carbono realizadas por Leduc e outros em estruturas tumulares (montes de pedra) na região hoje conhecida como Potton Township revelaram que algumas foram construídas num passado remoto, chegando a mil e oitocentos ou mil e quinhentos anos, ou "recentemente", algo como seiscentos anos atrás. No vale Perkins estão as ruínas de um moinho movido a água com sinais característicos que foram identificados como tendo pelo menos seiscentos anos de idade. E embora não tenha sido datado, um círculo de pedra descoberto por Leduc numa fazenda local mostra todas as evidências de um antigo sítio ritualístico, arrematado com uma pedra vertical entalhada para indicar, podemos supor, o azimute do solstício de inverno.

Podemos imaginar que colonizadores relacionados com o Graal tenham permanecido na região de Memphremagog até ficarem sabendo que forasteiros exploravam o continente ao norte do rio São Lourenço. Essa área geral abrangendo Vermont, New Hampshire e o sul de Quebec abriga as Green Mountains de Quebec e as White Mountains de New Hampshire, ambas origens de vários rios que correm para o sul, atravessando Massachusetts e Connecticut em direção ao litoral oriental. Significativamente, o rio Connecticut, que deságua no mar logo a oeste da Torre de Newport, tem sua nascente no lago Connecticut, acima da cidade de St. Johnsbury, Vermont. Não longe do lago, deparamo-nos com diversos rios, entre eles o São Francisco, que correm para o norte e formam a bacia do São Lourenço. Navegando pelo rio Branco, que deságua no Connecticut perto da atual Líbano, New Hampshire, e continuando pelo Connecticut, chega-se facilmente ao lago Champlain e ao rio Richelieu, que corre diretamente ao norte em direção a Montreal. Assim, o emaranhado desses rios ofereceria um labirinto perfeito de rotas de fuga para os refugiados do Graal caso fossem ameaçados.

Além disso, a posição da região de Memphremagog é importante devido a uma antiga linha rosa que passa perto da longitude moderna de 72º oeste. Em termos exatos, o antigo meridiano corre no sentido norte-sul a 71º57' oeste, dividindo Montauk Point, na extremidade oriental de Long Island, Nova York. Hoje, o farol de Montauk Point ergue-se no local exato do meridiano que se situa a 41º5' de latitude norte e 71º57' de longitude oeste. A importância desse ponto está em sua posição relativa tanto para a Torre de Newport como para Green Oaks: tendo Green Oaks como ponto de referência, o farol atual de Montauk Point e a antiga Torre de Newport estão na mesma direção.

Começamos a ver que essas localizações parecem não ter sido escolhidas ao acaso.

Até onde essa linha rosa se estende para o norte? Ela corta a pequena comunidade de Hatley Corners, Quebec, na latitude de 45º15' norte. Com isto em mente, podemos perguntar se existe um sentido oculto no nome aparentemente mundano de Hatley Corners. Há pelo menos uma sugestão de uma linha de energia e de alguns "cantos" (referindo-se talvez aos quatro cantos do quadrado encontrado no mapa de Desceliers; ver página 96). A origem da palavra *hat* (chapéu) é a palavra indo-européia *kadh*, que significa "abrigar" ou "cobrir". Um chapéu, então, abriga ou cobre a cabeça. Em inglês arcaico, a palavra era *hatt* e em alemão *hoda*, da qual deriva a palavra inglesa *hood* (capuz). A variante germânica ampliada é *kodh-in* ou, em inglês arcaico, *hedan*, com o significado de "to heed" (atender), "zelar por" ou "proteger". Podemos então deduzir que Hatley Corners é um lugar de abrigo e proteção onde pessoas podem dar atenção aos que as seguem.

É bastante significativo que hoje temos tanto Hatley Corners como Green Oaks situadas na mesma latitude da Montanha Owl's Head. Soma-se a isso o fato de que alguns dos acontecimentos mais importantes na história religiosa e política de Quebec ocorreram em Oka e Sto. Eustáquio, na margem norte do Lago das Duas Montanhas nas Lower Laurentian Mountains, localizadas... a 45º15' de latitude norte, apenas dois graus a oeste da Montanha Owl's Head. É aqui que a abadia cisterciense de Oka, por exemplo, fundada por monges franceses no fim do século XIX, pode ser encontrada em meio à floresta que está acima do lago das Duas Montanhas. De modo semelhante, a partir de 1912, monges beneditinos franceses construíram um mosteiro com vistas para o lago Memphremagog. A moderna abadia de St. Benoit du Lac, projetada pelo famoso arquiteto Dom Bellot e construída de frente para o lago Memphremagog, seria um tributo à harmonia das "formas geométricas naturais circunvizinhas".[28]

Podemos agora observar a manifestação de um padrão: lugares como Green Oaks, Nova Escócia, e Hatley Corners e Owl's Head, Quebec, são ricos em ouro e cobre, e todos se situam ao longo do paralelo de 45º15' de latitude norte. Além disso, Green Oaks está separada por oito graus de longitude da Torre de Newport e de Montauk Point, em linha com Hatley Corners, que está separada oito graus de longitude de Rose Point, Nova Escócia. A Torre de Newport e Montauk Point estão separadas uma da outra por 1º45' — a mesma distância que separa Hatley Corners e Owl's Head. Em tudo isso podemos perceber o início de um padrão geométrico maior que pode ser analisado científica e matematicamente. Além disso, podemos encontrar indicações com relação a esses lugares e aos próprios refugiados do Graal nas origens dos nomes de cada um. Reunindo essas informações, descobrimos — como qualquer maçom de 2º grau descobriria — que é só através da aplicação das "artes e ciências liberais" que podemos descobrir o verdadeiro "tesouro".

Seria compreensível que essa geometria subjacente desenvolvida para o litoral oriental da América do Norte fosse incluída em mapas da época da exploração do Novo Mundo. Seguramente homens como Cartier eram capazes de seguir informações relacionadas com essa arte oculta de navegação — informações que podem ser encontradas nos misteriosos mapas portulanos descobertos pelos Cavaleiros Templários no Oriente Médio.

Mapa de Desceliers

A cidade francesa de Dieppe, destino inicial de Verrazano, atraiu também outros astrônomos, geógrafos e cartógrafos dos séculos XV e XVI, muitos deles movidos pelo desejo de aprender com as experiências de navegadores que haviam passado a vida no mar e para trabalhar num ambiente que tratava com seriedade e espírito científico todas as questões relacionadas com a exploração marítima. Dieppe orgulhava-se de ser algo como uma escola de navegação cujo resultado direto foi dar à França condições de desenvolver grandes esforços para criar colônias no Novo Mundo. A cidade se tornou assim o principal porto marítimo da França no século XVI e serviu como centro de operações para homens como Pierre Desceliers, que alguns consideram o criador da hidrografia francesa e cujos belos mapas são hoje de grande importância histórica.

Desceliers foi uma das figuras de destaque na escola de cartógrafos de Dieppe que estava em funcionamento nas décadas de 1530 a 1560. Ele produziu vários mapas-múndi, hoje muito raros, com ênfase na exploração de Jacques Cartier ao longo do rio São Lourenço e na Nova França. Sua maior glória foi o mapa do mundo ou planisfério elaborado em 1550.[29] O mapa de pergaminho original aparece num atlas da metade do século XVI organizado por um desconhecido do grupo de cartógrafos portulanos de Dieppe. O que se percebe imediatamente é que Desceliers tinha conhecimentos de primeira mão sobre o Novo Mundo que só poderiam ser transmitidos diretamente pelo próprio Cartier.

O planisfério de Desceliers (ver fig. 2.7), desenhado em quatro folhas de pergaminho compondo um mapa-múndi portulano, é primorosamente

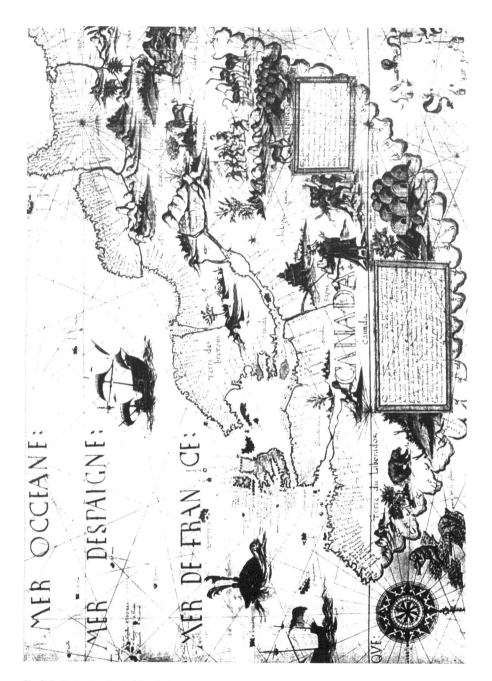

Fig 2.7. Parte do planisfério de Desceliers de 1550, representando a América do Norte. Reproduzido por cortesia da British Library, Londres.

ilustrado com fantasia e mitologia — inclusive, acredite, com imagens de flamingos! — no entanto, o detalhe geográfico é abundante e contemporâneo ao conhecimento da época, como mostra a representação singular da região do São Lourenço, no norte (refletindo as descobertas de Cartier ao longo desse rio), e do Brasil, no sul. Uma versão anterior desse mapa, desenhada por Desceliers em 1544, era menos esmerada e informativa que a versão mais recente, mas ela inclui o nome Canadá, que Cartier ouviu pela primeira vez dos nativos da região.[30] A palavra Canadá significava originalmente "aldeia", mas Cartier entendeu mal e aplicou o nome a toda a região.

À primeira vista, tem-se a impressão de que o cartógrafo baseou seu desenho numa interpretação de eventos a ele transmitidos por Cartier, mas um estudo mais aprofundado revela que vários pontos estratégicos subjacentes, relacionados com a longitude e a latitude e com uma grade daí resultante, se tornam evidentes na obra de Desceliers. Observando a figura 2.8, um fragmento do mapa de Desceliers representando o Canadá, o leitor perceberá que a pessoa que forneceu essas informações a Desceliers certamente pertencia "ao círculo", pois o que à primeira vista parecem ser linhas e padrões traçados aleatoriamente é de fato uma aplicação bastante sofisticada da esotérica "completude do quadrado", um equilíbrio entre leste, oeste, norte e sul.

Isso significa que todos os locais situados dentro do quadrado ocupam uma posição coordenada relativamente precisa não somente na relação de um para o outro, mas também no que se refere ao antigo padrão de linhas rosas que podem existir em todo o mundo. Por exemplo, as coordenadas e nomes de lugares atuais correlatos dos quatro cantos do mapa são:

Port Burwell, Labrador, 60º norte, 63º57' oeste
Ilha de Ottawa, baía de Hudson, 60º norte, 79º57' oeste
Charleston, Carolina do Sul (mais especificamente, farol da ilha Morris), 32º30' norte, 79º57' oeste
Bermudas (mais especificamente, farol da ilha St. David), 32º30' norte, 63º57' oeste

Surpreendentemente, as Bermudas não são representadas no mapa — como querendo dizer que somente o verdadeiro iniciado seria capaz de decifrar o ponto final desse aportamento — uma ilha real desaparecida! O mesmo se pode dizer com relação à ilha de Ottawa, cuja localização era necessária para estabelecer um ponto fixo relativo na própria baía de Hudson. A entrada para a baía de Hudson através do estreito de Hudson, um nome dado mais tarde, está logo ao norte do paralelo 60. Poderia isso explicar por que Gaspar Corte

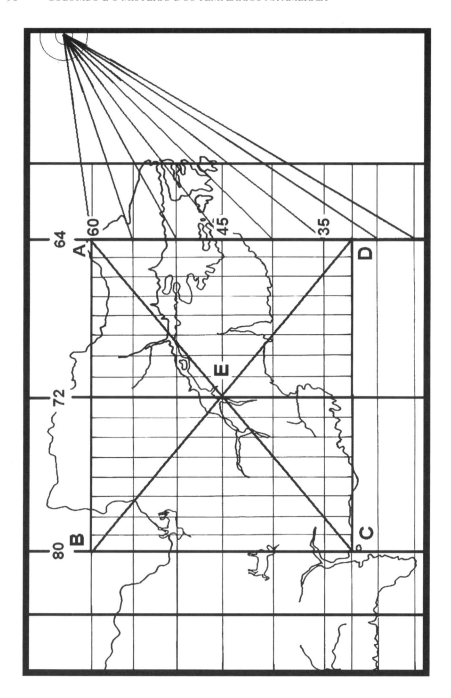

Fig. 2.8. Mapa de Desceliers da região nordeste/marítima do Canadá sobreposto por um padrão de grade longitudinal e latitudinal desenvolvido a partir de vários pontos estratégicos. Desenho original de William F. Mann.

Real dirigiu-se inicialmente ao paralelo 50 para começar sua exploração do Novo Mundo? Se ele tivesse um mapa mais antigo desenvolvido a partir do quadrado, como se especula, ele saberia ir para o norte com o objetivo de fixar o canto superior direito do quadrado em Porto Burwell.

Como mostra o mapa, a latitude de 45º15' norte permite ao iniciado descobrir o ponto central do quadrado: Hatley Corners. Seguindo essa mesma latitude, pode-se determinar que a comunidade de Rose Point, Ontário, faz parte do quadrado, do mesmo modo que Rose Point, Nova Escócia, que apresenta uma imagem especular da Rose Point de Ontário.

Presumindo que o padrão de grade subjacente nesse mapa seja relativamente preciso, nós o usamos para alinhar características naturais específicas ao longo do moderno rio São Lourenço com lugares mencionados nos diários de Jacques Cartier. Stadacona corresponde com o que seria a Cidade de Quebec, enquanto Hochelaga coincide com a ilha de Montreal, e consta como tal no mapa. O rio Saguenay de Cartier ao norte e as entradas para os rios São Francisco e Richelieu ao sul também são identificáveis. A característica realçada a 46º18' norte, 73º38' oeste na grade de Desceliers — um ponto mostrado a noroeste de Montreal — é um ponto do qual partem diversos raios. Este é o moderno monte Bellevue, embora sua importância na grade de Desceliers sugira que essa montanha era usada para algo mais do que observar belas paisagens. Sendo a montanha mais alta na área, o monte Bellevue evidentemente servia de ponto de referência para observar o interior do continente.

O que dizer das vinhetas e dos múltiplos símbolos representados no mapa (muitos dos quais aparecem na área rotulada Canadá)? As vinhetas, como aquela das minas, que possivelmente representam as minas de cobre a oeste do lago Superior, parecem transmitir informações conhecidas como verdadeiras sobre a área inexplorada a oeste das Lachine Rapids. Como o cartógrafo representou áreas a oeste ao longo do rio São Lourenço, ele se baseou em informações que indicavam a existência de duas rotas para o interior do país, ambas levando a uma cadeia de montanhas diferente. De fato, essas duas rotas podem representar o rio Ottawa ao norte e os Grandes Lagos ao sul. Independentemente da rota seguida, qualquer explorador ousado encontraria a característica montanhosa predominante conhecida como Niagara Escarpment. Formada durante um período de glaciação, essa elevação do terreno se estende como uma serpente gigante desde as cataratas de Niagara no sul até a ponta da península Bruce e a ilha Manitoulin no norte. Os praticantes de caminhadas percorrem a Bruce Trail ao longo dessa crista, que segue a mesma rota de uma antiga trilha nativa que abrange toda a extensão do escarpamento ao norte da baía Georgiana e do lago Huron. Curiosamente, no mapa, um unicórnio ao lado do que parece ser uma macieira está desenhado no alto desse cenário e outro está localizado logo ao sul, abaixo de um grupo de homens que caçam com arcos.

Naturalmente, nos tempos medievais o unicórnio representava Jesus. A primeira característica instigante dos dois unicórnios com relação ao padrão de grade que toma forma aqui é que os olhos deles são secionados por longitudes, que podem lembrar-nos a história de como o rei merovíngio Dagoberto II encontrou seu fim (ver capítulo I, página 27). Relacionando as posições dos dois unicórnios com as das duas rosas encontradas no Cavaleiro de Westford (ver pág. 55), poderíamos presumir que os unicórnios serviam como outro símbolo que denotava as posições de duas colônias da "rosa" importantes, ambas ao longo das longitudes identificadas por 78°57' oeste e os antigos 80 graus do meridiano oeste, mais precisamente localizado a 79°57' oeste. Nesse ponto da história, porém, supondo que Cartier de fato não passou pelas Lachine Rapids, é difícil dizer se as posições dos unicórnios são simplesmente relativas uma à outra ou se representam uma posição coordenada verdadeira.

Curiosamente, a atual Meridian, Pensilvânia, está situada a 41° norte, 79° 57' oeste, exatamente onde está um dos unicórnios no mapa, e a comunidade de Meriden, New Hampshire, situa-se ao longo dos 71°57' do meridiano oeste a 43° de latitude norte. A identificação dessas comunidades com derivações relacionadas com um antigo meridiano real, sugere que até hoje permanecem noções de uma grade de "energia" que cobre o globo. A 50° norte, 78°57' oeste (a localização de um dos unicórnios), localiza-se Lac Longley, um nome significativo. Seguindo aqui o jogo de palavras, podemos dizer que o segundo unicórnio certamente se localiza no fim de uma "longa linha de energia".

Surpreendentemente, temos hoje duas informações — uma gravada em pedra (o Cavaleiro de Westford) e uma desenhada em pergaminho — que mostram, através da posição e orientação relativas de características de terreno reais e de lugares, as mesmas informações que podem ter procedido das explorações do príncipe Henry Sinclair em nome dos Cavaleiros Templários escoceses. Outra ilustração no mapa de Desceliers pode sustentar essa idéia. Um dos principais desenhos no mapa é a representação de Cartier encontrando-se com um grupo de pessoas que aparentemente vieram da cidade real de Saguenay ou de Seguna, pois elas têm pele branca, vestem trajes europeus e possuem armas de metal (ver fig. 2.9). Enquanto os nativos estão próximos, Cartier aparece apresentando os habitantes aos clérigos que o acompanhavam em suas viagens. O fascinante com relação a essa ilustração é que ela representa quatro mulheres de condição nobre. De fato, a figura feminina central veste vermelho com um cordão dourado em torno da cintura e um colar dourado em torno do pescoço. Será essa imagem evidência da imaginação fantasiosa de Cartier ou existe alguma verdade no que os nativos diziam a Cartier? Lembremos que os nativos falavam a Cartier sobre uma colônia onde os residentes vestiam roupas semelhantes às dele e de seus homens e possuíam armas feitas de ferro. Poderia a mulher de aparência européia de maior destaque (a segunda a partir da direita) ser um membro da Linhagem Sagrada sobrevivente e poderiam as três mulheres que a acompanham representar as três filhas do príncipe Henry Sinclair?

Durante o século XVI, os Sinclairs de Rosslyn foram conselheiros íntimos dos reis escoceses, e assim de Marie de Guise, a regente francesa que era neta de René de Anjou. Em 1546, Marie de Guise, escreveu uma carta memorável a Lorde William St. Clair que incluía a seguinte passagem: "Também seremos leal e fiel a ele, a seu conselho de estado e ao Segredo que nos foi revelado, que manteremos em sigilo."[31]

A questão persiste até os dias de hoje: Qual foi o "segredo" a ela revelado? Especula-se que ele dizia respeito à localização das jóias da coroa perdidas e da Cruz Sagrada da Escócia, supostamente um fragmento da cruz verdadeira. É duvidoso, porém, que essa informação fosse mencionada como "o segredo" e também não haveria necessidade de uma carta da rainha regente protestando sua lealdade a St. Clair. Além disso, é um tanto misterioso que a rainha regente declarasse sua lealdade a Lorde William, em vez de St. Clair hipotecar sua lealdade à rainha regente. Recentemente, especulou-se que Marie de Guise compreendeu perfeitamente o que era ocultamente transmitido pela ilustração no mapa de Desceliers: membros proeminentes da Linhagem Sagrada haviam procurado refúgio no Novo Mundo e descendentes desses refugiados originais estavam vivos na sua época. Não há dúvida de que esse mapa, desenhado em 1544, teria sido mostrado a Marie antes de ela escrever a carta de 1546.

Também não há dúvida de que os Sinclairs gozavam da mais alta estima, e foram eles que, por sua vez, penhoraram fidelidade à causa da monarquia escocesa. Por exemplo, em 1556, Marie de Guise demonstrou ter confiança absoluta em William St. Clair ao enviá-lo para a França em busca de um apoio a mais para sua filha, Mary, rainha da Escócia.[32] E em 1561, Henry Sinclair, então bispo de Ross, foi nomeado para o Conselho Particular da rainha da Escócia. Isso lhe permitiu passar grande parte do tempo em Paris, onde mantinha contatos estreitos com as facções francesas Guise e Lorraine, que faziam um esforço conjugado para substituir a dinastia Valois da França. Seu irmão

102 COLOMBO E O MISTÉRIO DOS TEMPLÁRIOS NA AMÉRICA

Fig. 2.9. Ampliação da ilustração incluindo quatro mulheres do mapa de Desceliers. Essa porção do mapa mais antigo de Desceliers de 1544 representa à esquerda dois nativos com barba.

mais novo, John, também se tornou bispo e também foi conselheiro de Mary, rainha dos escoceses. Sem surpresas, em 1565, o bispo John Sinclair realizou o casamento de Mary com Henry Stewart, Lorde Darnley, em Holyrood. Desnecessário dizer, as facções francesas Guise e Lorraine, como também os Stewarts, acreditavam pertencer à Linhagem Sagrada e consideravam a dinastia Valois uma mera usurpadora da verdadeira coroa.

As facções Lorraine e Guise não precisaram esperar muito uma oportunidade para reivindicar o que entendiam pertencer-lhes por justiça. O reinado de Henrique II foi embaçado por guerras desastrosas com a Espanha em que a França perdeu as três sedes episcopais de Metz, Toul e Verdun, e os exércitos franceses foram fragorosamente derrotados em St. Quentin e Gravelines. A morte do rei em 1559 foi o sinal para a ascensão da família Guise e para a adoção de uma política religiosa que provocou uma das guerras civis mais catastróficas de todos os tempos. Alguns historiadores relacionam oito guerras sucessivas na França entre 1562 e 1598, mas esse período também pode ser interpretado como uma grande guerra civil de trinta e seis anos com tréguas esporádicas. Na história ela é conhecida como as Guerras de Religião, envolvendo católicos e protestantes huguenotes. Em grande parte por causa disso, as explorações francesas do Novo Mundo praticamente cessaram nesse espaço de tempo.

O ano de 1598 foi memorável na história da França, pois testemunhou a morte daquele "grande manipulador" Felipe II da Espanha, principal sustentáculo dos Guises, e viu o fim das Guerras de Religião e a promulgação do Edito de Nantes como conseqüência das habilidosas manipulações de Catarina de Médicis. Depois desse longo e protelado período de intrigas e conflitos internos, alguns espíritos ousados voltaram seus pensamentos mais uma vez à região do São Lourenço. Um desses foi o marquês de la Roche, um nobre bretão e huguenote que obteve de Henrique IV uma missão semelhante à de Roberval. Mas esse empreendimento não despertou interesse fora da corte, não apareceram voluntários, e por isso foi necessário reunir delinqüentes tirados de prisões. Infelizmente, seguiram-se as habituais cenas lamentáveis de doença e tragédia. Uma tempestade jogou Roche à praia na costa bretã; ele foi feito prisioneiro pelo inimigo do rei, o duque de Mercoeur, e os presos foram abandonados na ilha de Sable.

O fim do século, porém, testemunhou definitivamente uma nova situação no contexto europeu: a força militar espanhola fora irreparavelmente desarticulada e a Inglaterra e a Holanda surgiram como rivais poderosas na corrida pela supremacia marítima. Em pouco tempo, esses dois competidores reivindicariam as costas americanas, procurando não só criar novas colônias, mas também encontrar os remanescentes do que hoje parece ser um segredo mais conhecido: a existência de colônias templárias no Novo Mundo, que por sua vez se relacionavam com o antigo conhecimento dos meridianos. Externamente, a França viu-se diante do desafio de ver se conseguiria mais uma vez blindar o Novo Mundo e impedir uma intrusão indesejada no que estava rapidamente se tornando um gigantesco jogo de xadrez no tabuleiro gigante do território fronteiriço hoje conhecido como Canadá. Internamente, o regime francês temia o dia em que um verdadeiro herdeiro legal ao trono retornaria do Novo Mundo para assumir a coroa.

3
Inícios Registrados

Nas primeiras décadas do século XVII, o próprio nome Canadá se tornara motivo de chacota na França, graças ao quartzo e ao arremedo de ouro que Jacques Cartier havia importado quase um século antes. A expressão "diamante do Canadá" se transformara em sinônimo de *decepção* ou *inutilidade*. Apesar dos volumes detalhados de Cartier descrevendo a Nova França e suas riquezas naturais em peles e madeiras, a maioria dos cidadãos franceses foi induzida a acreditar que essa parte do Novo Mundo era um posto avançado remoto e estéril.

Na realidade, o Canadá estava para se tornar um campo de batalha secreto para diversas forças antagônicas, a começar com os católicos e os protestantes huguenotes e a terminar com desavenças profundas entre um pai e um filho. Como pano de fundo desses conflitos, um jogo mortal de proteção desenvolvia-se entre os Cavaleiros de Malta, os Cavaleiros Hospitalários de São João e os Cavaleiros Templários, cada um com sua base na Cidade de Quebec, em Montreal e na região então conhecida como Acádia. Para agravar a situação, muitos que faziam parte do elenco de personagens atuavam como agentes duplos ou triplos.

Ao tentar entender os atores e seus papéis — tanto ocultos quanto expostos — é importante apreender a complexidade de alianças na época tanto na França como em toda a Europa. Na França, o Edito de Nantes de 1598 resultou em liberdade religiosa para os huguenotes internamente e em Quebec pelos vinte e cinco anos seguintes.[1] Como consequência dessa tolerância religiosa, mais da metade dos comerciantes de peles na França no início do século XVII eram huguenotes, tendo seu centro de operações no porto de La Rochelle.

Para dificultar ainda mais a compreensão dos desentendimentos dessa época temos o fato de que o rol dos que ocupavam o poder no governo francês passava por constantes alterações. Naturalmente, diferentes cabeças do Estado tinham diferentes prioridades e programas para o país. Ademais, além da manipulação interna de membros da corte francesa e de famílias nobres, tanto os ingleses como os holandeses davam sinais de sua intenção de instalar colônias no Novo Mundo. Homens como Francis Drake e Henry Hudson estavam iniciando suas atividades e em pouco tempo conseguiriam a adesão dos iroqueses e dos algonquinos.[2]

Nesses tempos confusos, um homem se sobressaiu aos demais: Samuel de Champlain (ver fig. 3.1). Suas atividades no Novo Mundo lhe mereceram o título de Pai da Nova França. Champlain era um homem de múltiplos talentos — explorador, cartógrafo, artista, escritor e, ainda, governador da Nova França. Por incrível que pareça, de 1603 a 1635 ele realizou doze viagens à Nova França e a ele se atribui o início da primeira colônia permanente no Novo Mundo na Cidade de Quebec.[3] Ele também se tornou confidente de um dos estadistas mais poderosos que já controlou os destinos de um país: Armand-Jean de Vignerot du Plessis, Cardeal Richelieu, primeiro-ministro da França.

Grande parte do que conhecemos sobre a criação da Nova França, inclusive da Acádia, devemos ao considerável volume de escritos de Champlain sobre suas viagens e explorações. As edições mais importantes de sua obra são as preparadas por C. H. Laverdière em 1870 e a edição bilíngüe de H. P. Biggar, *The Works of Samuel de Champlain*, escrita entre 1922 e 1936. As obras de Champlain são o único registro que temos da colonização da Nova França durante o primeiro quartel do século XVII. Como cartógrafo-mestre e artista, ele embelezou suas obras com muitos mapas ilustrativos, o mais importante (e último) sendo o de 1632 (ver fig. 3.2, página 108). Esse mapa apresenta tudo o que era externamente conhecido sobre a América do Norte na época e, curiosamente, inclui uma lista de nomes de lugares não incluídos explicitamente no mapa.

Samuel de Champlain nasceu em Brouage, França, em 1570. Infelizmente, não temos um retrato autêntico dele e pouco conhecemos de sua história familiar ou de sua juventude. O que sabemos é que ele era filho de Antoine Champlain, marinheiro, e de Marguerite Le Roy, e que sua educação foi inicialmente confiada ao vigário local, apesar de seus pais serem huguenotes. A maioria dos relatos históricos sugere que ele foi batizado como protestante, mas em 1603 era católico.[4] Desde pequeno, Champlain demonstrou uma extraordinária capacidade para cartografia e navegação e uma fantástica facilidade de estar no lugar certo na hora certa.

Fig. 3.1. Retrato de Samuel de Champlain. Autor desconhecido. Reproduzido por cortesia da Champlain Society.

Muito provavelmente, as habilidades práticas de Champlain foram resultado direto do fato de que, quando jovem, ele acompanhou o pai em diversas viagens, conhecendo assim a vida de marinheiro. Sabemos também que em torno dos vinte anos de idade, ele ofereceu seus serviços ao marechal d'Aumont, um dos principais comandantes do exército católico nas expedições contra os huguenotes. Pouco depois, em torno de 1600, ele provavelmente fez uma viagem às Índias Ocidentais, mas o próprio Champlain nunca se referiu ao *Brief Discourse*, o relato supostamente escrito por ele sobre essa viagem. É possível que devesse sua participação nessa viagem, como ele mesmo o descreveu mais tarde, a "um nobre chamado Dom Francisco Coloma, Cavaleiro de Malta", o comandante da expedição.[5]

Champlain galgou rapidamente a funções elevadas e em torno de 1602 Henrique IV o nomeou hidrógrafo real. Foi também nessa época que Aymar de Clermont, *sieur* de Chaste, governador de Dieppe e grão-comandante da Ordem de Malta, obteve um monopólio do comércio de peles da monarquia francesa e estava decidido a estabelecer um posto comercial na Nova França. Henrique IV também havia nomeado Aymar grão-mestre da Ordem Militar e Hospitalária de São Lázaro de Jerusalém.

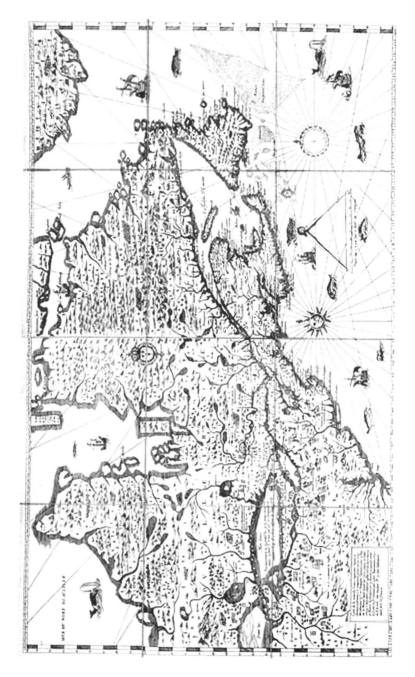

Fig. 3.2. Mapa de Samuel de Champlain de 1632. O mapa é muito preciso tanto em relação à latitude como à longitude, fato surpreendente (e suspeito), pois Champlain perdeu seu astrolábio antes do fim da viagem que produziu esse documento. Reproduzido por cortesia da Champlain Society.

O influente de Chaste convidou Champlain a juntar-se à expedição que ele estava enviando para o Novo Mundo, e assim Champlain zarpou de Honfleur em 15 de março de 1603, sob o comando de François Grave Du Pont (ou Pont-Grave), um nobre católico que planejava seguir a rota estabelecida por Jacques Cartier em 1535. Champlain não ocupava nenhuma posição oficial nessa ocasião, mas publicou um relato da viagem, o qual se constituiu na primeira descrição detalhada do São Lourenço desde as explorações de Jacques Cartier. Ao chegar no Novo Mundo, Du Pont começou a explorar parte do vale do rio Saguenay e, em decorrência de negociações com os nativos, foi levado a suspeitar da existência da baía de Hudson. Ele então subiu o São Lourenço até a Hochelaga de Cartier, onde, surpreendentemente, descobriu que não havia nada a se ver do povo nativo e da aldeia visitados por Cartier. Pelo relato de Champlain dessa primeira viagem, sabemos que o recém-nomeado Sault-Ste.-Louis (as Lachine Rapids) não foi transposto; por intermédio de guias, porém, ele confirmou que acima das corredeiras havia três grandes lagos (Erie, Huron e Ontário) esperando para ser explorados.

Significativamente, à época da primeira viagem de Champlain, os algonquinos haviam tomado dos iroqueses o controle da região do São Lourenço, mas nada em seu relato sugere um grande povoado nativo em nenhum lugar no vale laurenciano. Quando Jacques Cartier chegou em 1535, os iroqueses que ali viviam se referiam ao local da atual cidade de Quebec como Stadacona. Quando Champlain chegou, porém, o nome do local era Quebecq, a palavra algonquina e abenaki para "lugar onde o rio se estreita".[6] Seja por essa discrepância na nomenclatura do tempo de Cartier para o de Champlain, seja por alguma razão desconhecida, a expedição de 1603 terminou abruptamente com Du Pont e sua tripulação retornando à França mais tarde naquele mesmo ano.

Nesse meio tempo, Aymar de Chaste havia morrido na França e Pierre Dugua de Monts, um nobre e huguenote francês, havia assumido o cargo de vice-governador de La Cadie, ou Acádia. Constituíam o território, em termos atuais, a Nova Escócia, Nova Brunswick, a ilha Príncipe Eduardo e parte do estado do Maine. Dos anos anteriores da vida de de Monts sabemos apenas que "ele se distinguira lutando pela causa de Henrique IV durante as guerras religiosas na França".[7] Com a morte de de Chaste, o monopólio por ele mantido passou automaticamente para a coroa, possibilitando a de Monts receber do rei garantias do monopólio de peles no comércio com a Nova França. Em troca de uma patente comercial exclusiva de dez anos, de Monts assumiu o compromisso de fixar sessenta fazendeiros por ano naquela parte da Nova

França. De 1604 a 1607, embora a busca de um lugar apropriado permanente continuasse, nada se concretizou. Uma colônia de curta duração foi criada em Port Royal (atual Annapolis Royal, Nova Escócia).

Em 1604, Champlain zarpou para a Acádia com o *sieur* de Monts, novamente apenas em função semi-oficial como cartógrafo. Aqui ele recebeu a incumbência de examinar a costa em busca de um local ideal para instalação de um povoado. Duas vezes, em 1605 e 1606, os próprios volumes de Champlain dizem que ele explorou o litoral do que é hoje a Nova Inglaterra, indo para o sul até o cabo Cod.[8] No total, ele viajou mais de mil milhas náuticas ao longo da costa atlântica desde o Maine até o cabo Cod (42º5' de latitude norte), mapeando a costa nos mínimos detalhes (ver fig. 3.3). Parece surpreendente, porém, que Champlain navegasse numa área tão extensa, mapeando a maior parte da Nova Escócia e a costa do atual cabo Cod e Martha's Vineyard, e no entanto não conseguisse encontrar um local apropriado para uma colônia francesa permanente. Como Michael Bradley menciona em *Holy Grail across the Atlantic*, a impressão é que Champlain agia intencionalmente com artimanhas e informações enganosas.[9] Será que também ele tinha informações que no passado tiveram influência direta sobre as explorações do príncipe Henry Sinclair e sobre a localização tanto de Norumbega como da Torre de Newport?

Bradley dedica todo um capítulo à questão envolvendo afirmações bastante curiosas de Champlain durante o mapeamento da Acádia.[10] Segundo ele, o relato do cartógrafo sobre sua exploração de Minas Basin é ao mesmo tempo confuso e enganoso. Champlain não descreve nem inclui em nenhum de seus mapas o rio Shubenacadie, o maior rio de maré na Nova Escócia, que leva diretamente ao povoado abandonado em Green Oaks! É como se ele estivesse tentando desestimular as pessoas de navegar para a área de Minas Basin e além. Talvez a explicação para essas omissões esteja no conhecimento secreto de Champlain sobre os meridianos templários e sobre o deslocamento da Linhagem Sagrada para o interior.

O próprio Pierre Dugua de Monts pode ter usado algum disfarce, pois ele pode bem ter sido um Cavaleiro Templário ou um Cavaleiro de Malta (anteriormente os Cavaleiros de São João ou os Hospitalários).[11] Oficialmente, dizia-se que de Monts era incapaz de impor seus direitos na costa da Acádia por causa de "mercadores bascos intrusos".[12] Corre também a versão de que pelo fato de de Monts não conseguir manter-se financeiramente, em 1607 foi tomada a decisão de desistir da colônia de Port Royal. Sejam quais forem as razões oficiais para o abandono do povoado litorâneo, é como se uma

INÍCIOS REGISTRADOS 111

Fig. 3.3. O mapa de Samuel de Champlain de 1607 inclui o que são hoje a Nova Escócia e o litoral do Maine. Reproduzido por cortesia da Champlain Society.

atmosfera de indecisão pairasse sobre todo o empreendimento. Finalmente, decidindo definir um local na área do São Lourenço, em 1608 de Monts enviou Champlain para o que é atualmente a cidade de Quebec, de onde, dizia-se, o comércio de peles com os povos nativos do interior podia ser controlado com mais facilidade.

Em 3 de julho de 1608, Champlain fundou a que se tornaria a cidade de Quebec e imediatamente tratou de construir sua residência lá. Ele também navegou pelo rio Iroquês, hoje Richelieu, e em 14 de julho de 1609 chegou ao lago que mais tarde receberia o seu nome. É aqui que encontramos Champlain explorando um rio interior que leva diretamente a uma área que anteriormente abrigava uma colônia templária.

Como Champlain havia formado e desenvolvido uma vasta rede comercial por meio de alianças com os algonquinos, ele foi obrigado a apoiar seus aliados em suas tradicionais guerras contra os iroqueses, cujo território situava-se ao sul do São Lourenço e do lago Ontário. Infelizmente, essa intervenção na política local acabou sendo responsável pelas relações hostis que lançariam os iroqueses contra os franceses durante gerações. Além disso, ela favoreceu uma aliança entre os iroqueses e os holandeses, os quais, graças a Henry Hudson, haviam conseguido introduzir-se no Novo Mundo: Em 1610, os holandeses começaram a realizar operações comerciais ao longo do rio Hudson e em 1614 instalaram postos de comércio permanentes em Manhattan e Orange (Albany).

Aproximadamente na mesma época, em junho de 1606, o rei Jaime I da Inglaterra deu autorização a um consórcio de empreendedores londrinos para explorar e estabelecer-se no Novo Mundo. A Virginia Company teve direito a apropriar-se de todo o território que vai do atual cabo Fear, Carolina do Norte, até o rio St. Croix, onde é hoje o Maine. Essa empresa compreendia duas divisões: a London Company, com controle sobre a região sul do território, e a Plymouth Company, com atuação na parte norte. Em 1607, a Virginia Company patrocinou a fundação de Jamestown, Virgínia, pelo capitão John Smith e 144 colonizadores. Apoiada basicamente na cultura do tabaco, Jamestown deu origem à economia agrícola dos estados do sul. Mais tarde, em 1620, a Plymouth Company financiou a colônia Plymouth, um empreendimento de colonos puritanos ingleses liderados por Miles Standish, o empresário que deu início ao comércio e à economia manufatureira da Nova Inglaterra.

A história do capitão John Smith contém alguns detalhes intrigantes que podem ter relação com o nosso tema das colônias templárias "perdidas" no Novo Mundo: Além de ser um dos sete líderes da nova colônia de Jamestown, Smith chefiou expedições de exploração na baía de Chesapeake e na costa da Nova Inglaterra, incluindo uma viagem pelo rio Potomac até a atual Washington, D.C. Numa dessas viagens, Smith foi capturado pelo chefe da tribo powhatan e condenado à morte. O fato que provavelmente mais se conhece sobre essa expedição é que a princesa índia Pocahontas salvou a vida de Smith. O que poucos sabem está contido num relato do seu encontro com a tribo susquehannock. O capitão Smith escreveu:

> 60 daqueles sesquesahanocks se apresentaram aos descobridores oferecendo-lhes peles, arcos, flechas, escudos, colares, espadas e cachimbos como presentes. Esses homens encorpados e bem-proporcionados raramente são vistos, pois pareciam gigantes aos ingleses, sim, e também aos vizinhos... Alguns são altos como os sesquesahamocks, outros baixos como os wighcocomocoes: mas em geral altos e aprumados, de proporção graciosa e de cor morena, depois de crescidos, mas nascem brancos. O cabelo é em geral preto, mas alguns têm barba.[13]

"Nascem brancos", *"com... espadas"*, e *"barba"*? Essa é certamente uma das descrições documentadas mais estranhas dos ameríndios. Os aborígines da América do Norte não tinham barba e não sabiam trabalhar o metal, especialmente para a fabricação de armas. Uma representação detalhada desses nativos encontra-se no livro de John Smith *A Map of Virginia*, publicado em 1612 (ver fig. 3.4). Curiosamente, numa dessas ilustrações, um nativo é desenhado usando uma peça muito semelhante a um avental maçônico. Coincidentemente, o explorador francês Étienne Brulé, que havia sido batedor de Champlain pelo interior do Novo Mundo, visitou essa mesma tribo susquehannock em algum momento entre 1613 e 1615. Seria porque os susquehannocks mantinham o controle estratégico do rio Susquehanna, que era uma importante rota leste-oeste em direção ao continente para os vales dos rios Ohio e Alegani e assim para os Grandes Lagos?

Em 1611, depois de fundar a cidade de Quebec, Champlain voltou para a região de Hochelaga, onde encontrou um porto ideal. Lá, voltada para o rio, ele construiu a Place Royale (praça real) em torno da qual se desenvolveu a cidade de Montreal a partir de 1642. Talvez mais importante, nessa época ele conseguiu ir além das Lachine Rapids, tornando-se o primeiro europeu a começar a exploração do rio São Lourenço em toda sua extensão e também dos seus tributários como rota para o interior do continente. Em 1613, numa dessas viagens, Champlain registrou no diário a perda do seu astrolábio, provavelmente o único instrumento de real valor de suas posses, pois ele lhe permitia estabelecer sua posição latitudinal. Apesar disso, ele conseguiu produzir leituras e mapas precisos. Nunca houve uma explicação cabal de como isso foi possível, mas o fato sugere que Champlain possuía um certo conhecimento além de sua habilidade com o astrolábio — que foi encontrado casualmente em 1867 e em 1989 adquirido pelo Museu Canadense da Civilização de um museu de Nova York.

Em 1614, as descrições dos nativos induziram Champlain a subir o rio Ottawa até a ilha Allumette. Foi sua primeira incursão pela rota que finalmente o levou ao centro da atual Ontário e posteriormente ao lago Huron em agosto de 1615. Ele passou o inverno de 1615-16 com os nativos no que era conhecida como Hurônia. Em 1616, porém, ele fez sua última viagem de exploração: sua viagem de retorno passando por Hurônia (ver fig. 3.5; página 116). Nos anos que se seguiram, ele dedicou todos os seus esforços à consolidação da colônia em Quebec, desistindo de conhecer a localização estratégica do que fora Hochelaga.

Apesar da oposição de várias companhias mercantes que o contratavam e que achavam vantajoso envolver-se apenas com o comércio de peles, Champlain prometeu transformar Quebec no centro de uma colônia forte. Num relatório de 1618, ele expôs para a monarquia francesa e para seus primeiros investidores as oportunidades comerciais, industriais e agrícolas possíveis de explorar na Nova França. Em 1627, ele viajou pessoalmente para a França, onde se encontrou com o poderoso cardeal Richelieu.[14] Champlain convenceu o cardeal a respeito dos imensos recursos disponíveis no Canadá. Teria ele também revelado ao ministro do rei suas descobertas relacionadas com o movimento para o continente dos refugiados do Graal? Parece provável, pois Champlain foi o primeiro europeu "oficial" a ultrapassar as Lachine Rapids e chegar à fronteira ocidental da nação algonquina. O que ele descobriu nessa viagem ou por meio da interação com os nativos será objeto de capítulos posteriores.

O resultado disso foi que Richelieu criou a Companhia dos Cem Associados e começou a atrair investidores interessados em explorar o potencial comercial do Novo Mundo e possivelmente em procurar colônias do Graal secretas. Como recompensa e para consolidar sua autoridade, Champlain também recebeu o título de lugar-tenente do vice-rei de Quebec e se tornou governador da colônia. Em seu mandato, ele recebeu a incumbência de criar uma colônia permanente na Nova França com uma população de pelo menos quatro mil residentes até 1643 — uma data significativa quando comparada com as atividades de Richelieu na esfera interna, entre as quais estava a enco-

INÍCIOS REGISTRADOS 115

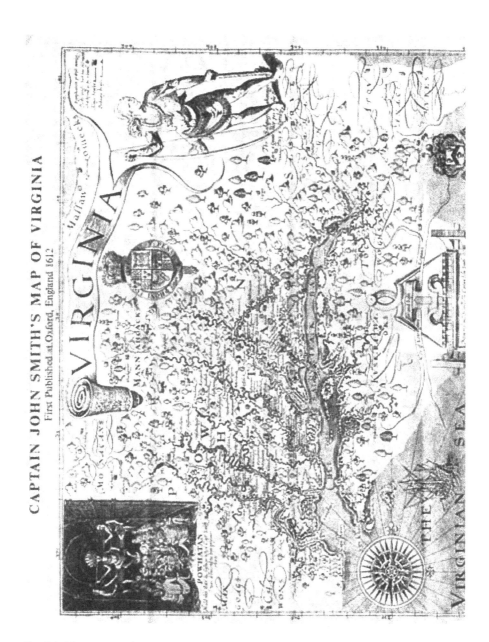

Fig. 3.4. Mapa da Virgínia desenhado pelo capitão John Smith em 1612. Do seu livro A Map of Virginia, estampado por William Hole e publicado em Londres em 1624. Reproduzido por cortesia da Library of Congress.

116 COLOMBO E O MISTÉRIO DOS TEMPLÁRIOS NA AMÉRICA

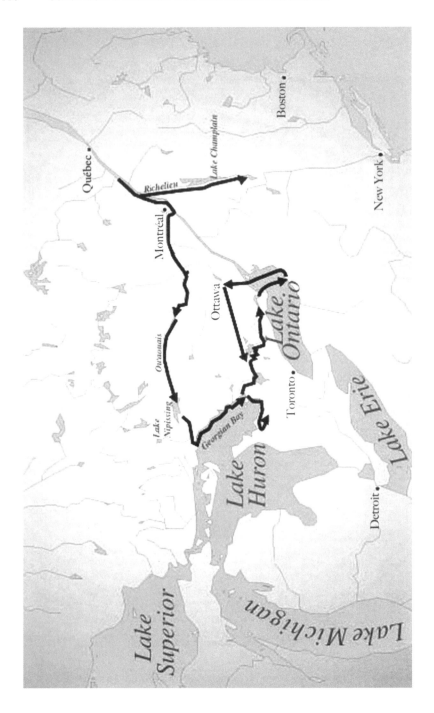

Fig. 3.5. As rotas das explorações de Samuel de Champlain por Hurônia. Desenho original de William F. Mann.

menda de um quadro especial de Nicolas Poussin, pois parece que o cardeal previa algum acontecimento momentoso até essa data — um evento que teria um efeito imenso tanto na Nova quanto na Velha França. Naturalmente, Richelieu manipulava constantemente a aristocracia francesa e por isso percebeu as infinitas possibilidades de usar a seu favor a Linhagem Sagrada no Novo Mundo.

Contudo, os irmãos Kirke da Inglaterra, que na verdade eram huguenotes franceses, frustraram os planos tanto de Richelieu como de Champlain em 1628. Um ano antes, o poeta escocês William Alexander, conde de Stirling, havia convencido o rei Jaime I da Inglaterra (com o nome de Jaime VI, rei da Escócia) a conceder-lhe territórios na Acádia, que ele chamaria de Nova Escócia. Como governador recém-nomeado da Nova Escócia, Alexander criou os Cavaleiros Baronetes da Nova Escócia, um grupo de investidores cujo objetivo específico era reaver, pela força se necessário, a terra que supostamente havia sido "fundada" por João Caboto em 1497.[15] Para essa finalidade, mercadores britânicos e outros investidores contribuíram com dinheiro suficiente para adquirir e abastecer três navios de guerra, cada um deles capitaneado por um dos irmãos Kirke: David, Louis e Thomas.

O plano inglês funcionou muito além das expectativas de todos os envolvidos. Quando os Kirkes zarparam pela primeira vez para o Novo Mundo em 1627, eles conquistaram grande parte da Acádia e capturaram seu governador francês, levando-o de volta para a Escócia mais tarde naquele ano. Quando retornaram para o Novo Mundo em 1628 com a intenção de subjugar a cidade de Quebec, diante da iminência de uma tempestade, eles se refugiaram na baía de Gaspé, onde casualmente encontraram a frota francesa que também havia procurado abrigo ali. Os navios ingleses, fortemente equipados e ágeis, surpreenderam a frota francesa, cujo almirante havia dado ordens para guardar as armas debaixo do convés por causa da tempestade. O resultado foi uma vitória total e implacável para os ingleses. Uma segunda frota francesa, comandada por Emery de Caen, desconhecendo o destino da primeira, chegou pouco depois em Tadoussac, na península de Gaspé. Ironicamente, de Caen havia sido enviado para entregar uma mensagem de que um tratado de paz havia sido assinado entre a França e a Inglaterra. Infelizmente, a mensagem não foi entregue, pois os Kirkes atacaram e destroçaram também essa frota. A cidade de Quebec ficou assim efetivamente isolada da França e de qualquer esperança de abastecimento ou reforço.

O comandante britânico David Kirke bloqueou os navios de suprimento franceses e como conseqüência Champlain e seus homens quase pereceram de fome, sobrevivendo apenas de enguias compradas dos índios e de raízes e cascas de árvores. Assim, em 1628, Champlain foi obrigado a render-se e foi mandado por quatro anos para a Inglaterra. Depois de uma série bastante intensa de negociações envolvendo, entre outros, o próprio cardeal Richelieu, em 1632 foi assinado o Tratado de St. Germain-en-Laye, que possibilitou a volta de Champlain para a cidade de Quebec, grande parte da qual havia sido totalmente queimada pelos Kirkes. Richelieu, porém, enviou colonizadores, suprimentos e trabalhadores em número suficiente para começar a reconstrução da colônia. Antes de sua morte em 1635, Champlain conseguiu reconstruir Quebec e transformá-la num povoado próspero, inclusive instalando um novo posto comercial em Trois Rivières. Por ocasião de sua morte no dia 25 de dezembro na cidade de Quebec, havia 150 homens e mulheres franceses vivendo na colônia. Embora jamais tenham sido identificados, os restos mortais de Champlain foram enterrados sob a capela Champlain, contígua à Notre Dame de la Recouvrance, que hoje pode estar debaixo da basílica de Notre Dame de Quebec.

Morto Samuel de Champlain, Richelieu o substituiu pelo governador provisório Marc-Antoine Bras-de-Fer de Châteaufort, um Cavaleiro de Malta. Ele foi imediatamente nomeado comandante de Trois Rivières, e no ano seguinte o próprio rei nomeou o segundo governador oficial da Nova França: Charles Hualt, *sieur* de Montmagny, também um comandante de alto escalão da Ordem de Malta. Isso parece sugerir que a Ordem de Malta havia alimentado a intenção de tomar para si a cidade de Quebec e toda a Nova França.[16] De fato, quer parecer que em 1624 houve um acordo entre Champlain e os Cavaleiros de Malta de transferir a Nova França, incluindo a Acádia e Montreal, para a ordem, com Champlain concordando em construir uma igreja na cidade de Quebec por meio dos franciscanos recoletos, depois conhecidos como jesuítas.

Desde o início, tudo indica que havia uma rivalidade constante entre os Cavaleiros de Malta e os jesuítas, que controlavam a cidade de Quebec, e o grupo mais malévolo dos Cavaleiros Templários, apoiados nessa época pelos sulpicianos, que controlavam Montreal. Desde o dia da inauguração oficial de Montreal em 1624, o governador nomeado, Paul Chomedey de Maisonneuve, que em todas as suas ações e atitudes era um Cavaleiro Templário, recusou-se terminantemente a acatar qualquer ordem do senhor de Montmagny. Não surpreendentemente, o clero constituído da Cidade de Quebec tentou forçar as mulheres de Montreal a se juntar às freiras na que era então considerada a capital da Nova França. Finalmente, toda embarcação transportando colonizadores com destino a Montreal era obrigada a parar na cidade de Quebec e recebia a sugestão de não prosseguir viagem até o destino.

Quanto ao próprio Champlain, era ele um Cavaleiro de Malta ou alguma coisa mais? É interessante o fato de ele se concentrar no povoamento da cidade de Quebec e não no desenvolvimento de uma vila na ilha de Montreal. Certo, os penhascos da cidade de Quebec dominavam a foz do São Lourenço, mas a ilha de Montreal oferece estrategicamente uma área de escala natural para o centro do Canadá. Considerando que Champlain era um exímio estrategista militar, seguramente ele teria compreendido a importância de ter o controle dos dois pontos. Sua concentração externa na cidade de Quebec poderia ter o objetivo de desviar a atenção de outras atividades, mais secretas, que ocorriam em Montreal?

Talvez o verdadeiro propósito oculto pela decisão de de Monts de desistir da Acádia e pelo envio de Champlain para fundar a cidade de Quebec fosse a preservação desses segredos. Teriam os Cavaleiros de Malta recebido alguma informação que confirmasse que os refugiados do Graal haviam se deslocado para o interior e fundado colônias a oeste do meridiano de 64º? Os Cavaleiros de Malta e os Cavaleiros Templários tinham o mesmo propósito interior? A resposta a essas perguntas pode estar na idéia de que Champlain tomou uma posição estratégica para ser o guardião de tudo o que estava além da Acádia, deixando que outros descobrissem na sua própria época o que ele já conhecia, evidência do que talvez esteja em seu encontro com Richelieu e no quadro de Poussin que pode ter sido decorrência desse encontro, como veremos mais adiante.

Acádia

Durante aproximadamente o mesmo período, a posse legal da área conhecida como Acádia ficou envolta em tanta controvérsia e conflito quanto o resto da Nova França. Essa batalha em particular foi agravada pelo fato de que ela pôs em campos opostos um pai e seu filho. Até 1627, o governador da Acádia, Claude de La Tour, depois de receber informações vazadas da corte escocesa/inglesa, vivia atemorizado pela possibilidade de um ataque inglês. Infelizmente, seus medos logo se materializaram: no início da primavera desse ano, os irmãos Kirke atacaram a costa sul da Acádia, onde casualmente encontraram o governador, que acabara de deixar seu filho, Charles, no cabo Sable. Os Kirkes seqüestraram de La Tour, que cooperou e os guiou a vários povoados franceses. Para seu crédito, de La Tour não revelou a posição do forte no cabo Sable, onde vivia seu filho. Assim, Charles não foi capturado, mas o cabo Sable foi o único povoado francês que restou na Acádia. Com os ingleses assumindo o controle de todas as outras colônias, a Acádia recebeu oficialmente o nome de Nova Escócia com o objetivo de atrair um grande número de colonizadores escoceses liderados por Sir William Alexander. Alexander foi nomeado tenente-general hereditário do rei de todas as terras e mares situados aproximadamente entre as latitudes 43° e 47° norte.[17]

Depois da batalha pela Acádia, os três navios ingleses voltaram à Escócia com Claude de La Tour, que fez amizade com os irmãos Kirke durante a viagem. Ao chegar à Escócia, tudo indica que Claude fez amizade também com Sir William Alexander, penhorou lealdade ao rei da Inglaterra e casou com a dama de companhia da rainha Henrieta Maria. Aceitando um tanto apressadamente que a Acádia agora pertencia à coroa inglesa, de La Tour propôs que fosse concedida a ele e a seu filho uma baronia na Nova Escócia em troca da promessa de fidelidade de Charles ao rei Jaime I. Alexander aceitou esses termos e ofereceu baronias para o pai e para o filho desde a atual Yarmouth até Lunenburg, Massachusetts. Claude de La Tour, porém, lamentavelmente calculou mal a decisão do filho. Na ausência do pai, Charles havia consolidado o controle francês de todas as terras em torno do cabo Sable. Havia também fortalecido sua posição com os micmacs, que ainda controlavam a maior parte do interior, casando-se com a filha de um dos chefes dessa tribo.

Em 1630, três anos depois de ter partido da Acádia, Claude voltou para o forte do filho com o que ele julgava ser uma proposta atraente. Mas ao propor a oferta de baronia ao filho, este ficou estarrecido ao saber que o pai tomara o partido dos ingleses, os quais haviam queimado Port Royal e roubado as preciosas peles de seus navios. O filho simplesmente se recusou até a pensar na possibilidade de aderir aos ingleses. Claude, que já havia prometido que o filho o acompanharia na decisão, não teve outra alternativa senão forçar Charles à lealdade atacando seu forte. Dois dias depois, com o malogro da tentativa, Claude retirou-se. Seus laços tanto com os ingleses quanto com o filho estavam rompidos. Por fim, cedendo a pressões formais, Charles permitiu que o pai voltasse ao cabo Sable e vivesse numa casa construída fora do recém-construído forte São Luiz, em homenagem ao rei Luiz XIII, mas nunca mais permitiu que o pai entrasse no forte.*

---

* Bradley, *Holy Grail Across the Atlantic*, 281-84. Se alguma das teorias de Bradley ou de Joan Hope relacionadas com os refugiados Stuarts é verdadeira, é possível que o castelo em New Ross tenha abrigado seus últimos refugiados em 1653. Se o puritano Robert Sedgewick de Massachusetts

Voltando à Europa... a França e a Inglaterra estavam novamente em guerra, o que resultou num tratado que devolveu a Nova França e a Acádia à França. Essa seria a primeira de muitas transações pela posse dessa área do Novo Mundo. Assim, no verão de 1631, Charles de La Tour soube que Richelieu havia decidido nomeá-lo vice-governador da Acádia em retribuição à sua eterna lealdade. Ele agora se encontrava numa posição que sempre desejara e que acreditava merecer. Quando a Acádia foi devolvida aos franceses, William Alexander e os colonizadores escoceses foram obrigados a partir, sugerindo que houvera um nível mais elevado de negociações a respeito de um segredo guardado nessa região do Novo Mundo — um segredo que os franceses acreditavam poder reivindicar legalmente. Por contraste, quando os ingleses retomaram a Nova Escócia, os acadianos puderam viver em paz até 1755.

Há quem especule que William Alexander era na verdade o "testa-de-ferro" ou o representante não oficial da família real Stuart, a qual, por sua conexão com a Linhagem Sagrada e seu vínculo por casamento com a linhagem Sinclair, procurou refúgio na Acádia em torno desse período. Isso poderia explicar por que, durante algum tempo, as casas inglesa e francesa parecem ter concordado em simplesmente ter em comum a Acádia/Nova Escócia. Era evidente, porém, que toda a Nova Escócia estava extremamente exposta a ataques de múltiplas forças, a mais notória das quais era a constituída pelos protestantes puritanos ao sul.

Infelizmente para de La Tour, seu título resistiu apenas um ano. Ele lhe foi tomado por um primo de Richelieu, Isaac de Razilly, que tinha o mérito de ser um dos membros fundadores da Companhia dos Cem Associados. Richelieu deu a Razilly não apenas os fundos necessários para começar uma colônia na Acádia, mas também o título de governador. Em 1632, ele partiu da França com trezentos colonizadores e aportou em La Have, na costa sul da Acádia, onde construiu o forte Sta. Maria da Graça. Com ele vieram dois homens importantes que contribuíram enormemente para o desenvolvimento da Acádia: o primo de Razilly, Charles de Menu d'Aulnay, um homem nascido com título e prestígio, que se tornou um grande líder na Acádia, e Nicolas Denys, rude e grosseiro, com experiência na indústria da pesca. Denys não poderia ser mais oposto a d'Aulnay em seu modo de portar-se, mas deu início a vários negócios de sucesso no setor pesqueiro e madeireiro na Acádia, inclusive em Rossignol (atual Liverpool, Nova Escócia). Ele também escreveu um livro, *A*

---

não o destruiu por ódio pelos Stuarts, talvez os próprios colonizadores acadianos tenham feito todo o possível para eliminar qualquer sinal óbvio do abrigo interiorano.

Description and Natural History of the Coasts of North America, com muitas informações sobre a história inicial da região.[18]

Charles ficou furioso com a substituição e voltou imediatamente para a França a fim de defender sua posição diante de Richelieu. Surpreendentemente, Richelieu acomodou a situação sobre o governo da Acádia dividindo a província em partes iguais. Razilly e de La Tour, homens razoáveis, receberam em comum o título de governador e o monopólio de peles, e ainda o poder de fiscalizarem as práticas comerciais um do outro. Para surpresa de todos, os dois homens cooperaram e a Acádia desenvolveu-se. Charles de La Tour continuou atraindo pessoas para a Acádia como governador e Razilly construiu sua residência em La Have. Até 1635, de La Tour havia transferido sua sede do cabo Sable para a atual St. John, Nova Brunswick, e lá construiu o Forte La Tour, deixando o controle total da costa sul para Razilly.

Em 1635, Isaac de Razilly morreu inesperadamente, com a idade de quarenta e oito anos. Seu irmão, Claude, herdou todos os seus títulos relativos à Acádia. Como ele residia na França, porém, e lá queria permanecer, nomeou seu primo, exatamente Charles de Menu d'Aulnay, responsável pelos assuntos acadianos. Infelizmente, d'Aulnay odiava de La Tour e os dois se tornaram inimigos ferrenhos, que eram obrigados a ter um título em comum na Acádia. Charles de La Tour controlava as regiões do cabo Sable e St. John; d'Aulnay cuidava da área da costa sul, inclusive Port Royal e La Have.

Ao longo dos anos, d'Aulnay e de La Tour disputaram a Acádia acirradamente, pois um não confiava no outro. Eles se atacavam constantemente nos tribunais franceses e em seus fortes na Acádia. Em 1641, de La Tour recebeu informações de que d'Aulnay havia comparecido diante do cardeal Richelieu em Paris para acusá-lo de traição. Como ele não podia defender-se contra as acusações de d'Aulnay, o tribunal acatou as evidências deste último e, conseqüentemente, de La Tour recebeu ordens de renunciar ao seu título e posto na Acádia. Apesar de enfurecido com as acusações, numa demonstração de boa-fé, de La Tour entregou o forte São Luiz a d'Aulnay porque, em parte, esse era o porto mais difícil de defender. Essa meia medida revoltou d'Aulnay a ponto de ele queimar totalmente o forte, apesar de um decreto real determinar que ele devia ser ocupado permanentemente.

Até 1642, com a ajuda de vários sócios comerciais e nobres franceses, d'Aulnay havia destruído a reputação de La Tour na França e obtido o controle sobre toda a Acádia. Furioso, de La Tour deixou a Acádia e estabeleceu-se na cidade de Quebec, prometendo nunca mais voltar. A partir desse momento, essa região da Nova França cuidou de si mesma por outros cem anos. Nesse período, governada por homens como Razilly, ela prosperou e a população aumentou; os acadianos eram hábeis na recuperação de pântanos salgados que se espalhavam por todo o fértil e temperado vale Anápolis.

Nesse episódio, o que d'Aulnay poderia ter dito a Richelieu que levasse o cardeal a desconsiderar toda a lealdade e boa vontade que Charles de La Tour havia demonstrado durante anos — inclusive renegando seu pai em deferência ao trono francês? Talvez nunca saibamos com certeza, mas Richelieu era o titereiro supremo nesse jogo, manipulando os fios de cada jogador importante no Novo Mundo na primeira metade do século XVII.

O Cardeal Richelieu e a Duquesa d'Aiguillon

Embora às vezes parecesse que Richelieu era um bruxo, uma pergunta sempre ficou à espera de uma resposta: Como ele sabia o que acontecia na Nova França permanecendo em seu palácio a mais de três mil quilômetros de distância? A resposta não está com os líderes das várias colônias que surgiram em todo o Novo Mundo, mas com aquelas mulheres admiráveis que trabalhavam nos bastidores como freiras e enfermeiras na Nova França, pois elas eram os verdadeiros olhos e ouvidos da Linhagem Sagrada. O único denominador comum entre todos os atores na Nova França, incluindo as freiras, enfermeiras e líderes militares e religiosos, era uma senhora notável chamada Marie de Vignerot de Pontcourlay, marquesa de Combalet e duquesa d'Aiguillon, sobrinha do cardeal Richelieu.[19]

Nascida em Paris em 1604, Marie foi inicialmente prometida ao conde de Bethune, filho de Sully. Sendo um espírito independente, porém, em 1620 ela se casou com Antoine de Route, marquês de Combalet, morto dois anos depois no cerco de Montpellier. Na condição de viúva sem filhos, ela ingressou no convento carmelita em Paris, decidida a terminar seus dias em reclusão; mas quando Richelieu se tornou primeiro-ministro de Luís XIII, ela atendeu ao pedido dele de "fazer as honras do palácio do cardeal" e foi nomeada dama de companhia de Maria de Médici, viúva do rei Henrique IV e mãe de Luís XIII.[20]

No cumprimento dessa obrigação, Marie assumiu a tarefa de distribuir "a liberalidade de Richelieu e suas esmolas". Convencida da futilidade das honras mundanas, ela aparentemente se ocupava apenas em distribuir riquezas, sem procurar nenhuma satisfação que sua própria riqueza poderia proporcionar-lhe. Por suas virtudes e piedade, ela bem merecia ser descrita como uma grande cristã e verdadeira heroína, palavras que seus admiradores lhe atribuíam. Em seu famoso panegírico à duquesa, o grande escritor Esprit Fléchier declarou: "Foi uma mulher cuja caridade era sua virtude dominante."[21]

Ela fundou, dotou ou aumentou os recursos para instituições missionárias estrangeiras em Paris e em Roma, para a igreja e o seminário de São Sulpício, para os hospitais de Marselha e Argel, para o convento das carmelitas, para as Irmãs de São Vicente de Paulo e para todas as casas religiosas de Paris. Além disso, ela doou cinqüenta mil francos para a construção de um hospital geral em Paris, construído inicialmente em La Salpetrière. Benfeitora de São Vicente de Paulo, ela era vista como a alma das assembléias de caridade, das missões de evangelização e da maior parte das instituições criadas pelos seguidores de São Vicente. Ela foi inclusive responsável pelo financiamento do Collège des Bons-Enfants. Sua caridade também se estendeu para missões na China, pagando inclusive as despesas dos primeiros bispos enviados para lá.

Mas foram as colônias da Nova França que receberam o maior quinhão dos seus benefícios e da sua atenção. Ela teria sido a primeira a despertar o interesse do tio pela Nova França, levando Richelieu a ser o primeiro a enviar jesuítas para o Novo Mundo. Ela custeou a construção do Hôtel-Dieu (hospital) em Quebec e entregou a administração e manutenção da instituição às Religiosas Hospitalárias de Dieppe (remanescentes da Ordem dos Hospitalários de São João) depois de destinar-lhe uma renda anual de três mil francos. Missas ainda são celebradas diariamente no hospital para ela e para Richelieu; uma inscrição redigida por ela está sobreposta à entrada principal. Com Jean-Jacques Olier, ela idealizou a fundação de Montreal e convenceu o papa a aprovar a Sociedade de Notre Dame de Montreal, que foi criada em Paris com essa finalidade.[22] Finalmente, foi por intermediação dela que as primeiras ursulinas foram enviadas para a cidade de Quebec.

Quanto ao conhecimento de Richelieu sobre o que acontecia na Nova França, que melhor rede de informantes poderia haver do que o administrador francês e os representantes de cada uma das ordens religiosas que estavam envolvidas na colonização da Nova França? Richelieu sabia que podia controlar os cavaleiros e os nobres diretamente, valendo-se do senso de dever deles e dos seus egos individuais, contanto que ele pudesse receber secretamente informações das mulheres que em última análise eram devotadas à sua sobrinha — informações relacionadas com a existência de membros da Linhagem Sagrada na Nova França. Isso, por sua vez, garantia que quem vencesse esse jogo de xadrez, seja a cidade de Quebec (os Cavaleiros de Malta) seja Montreal (os Cavaleiros Templários), a França é que colheria os frutos.[23]

Por todos os atos de filantropia que realizava, a duquesa d'Aiguillon tinha acesso a muitas ordens femininas que haviam se instalado no Novo Mundo, pois por estranho que pareça, as mulheres no Novo Mundo eram aceitas na mesma condição que os homens. Marie Madelaine de Chauvigny, que passou à história como Madame de la Peltrie, fundou com uma noviça, Marie Guyart, o convento das ursulinas em Quebec em 1641,[24] sendo Guyart a primeira superiora da ordem no Novo Mundo. Aparentemente, durante suas orações ela teria ouvido as palavras, "Deves ir para lá e construir uma casa para Jesus e Maria".[25] Guyart ficaria conhecida como Marie de l'Incarnation por seu trabalho piedoso e dedicado entre os doentes e incapacitados. Ela teria escrito mais de doze mil cartas para suas companheiras depois de voltar para a França.

Outra mulher notável foi Jeanne Mance, a primeira missionária leiga e enfermeira na América, que chegou à ilha de Montreal em 17 de maio de 1642. Em 1645, ela abriu o primeiro hospital em Montreal e em 1650 tornou-se tesoureira da Sociedade de Notre Dame de Montreal.[26] Jeanne era chamada de Anjo da Colônia pelas pessoas que atendia. Sob sua administração eficiente, o hospital desenvolveu-se, e a colônia passou dos quarenta colonizadores originais para mil e quinhentos, apesar das enormes dificuldades. Mais de uma vez, sua coragem e habilidade para conseguir recursos, apoio e voluntários poupou a colônia da bancarrota financeira ou da destruição por parte dos iroqueses.

Marguerite Bourgeoys fora profundamente influenciada pela mesma ordem carmelita a que a duquesa d'Aiguillon pertencera. Foi através de Bourgeoys que Notre Dame de Bon Secours, a capela da peregrinação em Montreal, foi construída em 1657. Essa foi a primeira ordem religiosa fundada no Canadá. As irmãs trabalhavam na comunidade e algumas moravam e ensinavam entre os nativos nas encostas de Mont Royal. Entre as muitas preocupações de Marguerite Bourgeoys estavam as *filles du roi*, as meninas órfãs mandadas da França para ser esposas dos colonizadores. Ela cuidava delas até que encontrassem maridos, e por causa dos seus esforços, ficou afetuosamente conhecida como Mãe da Colônia.

Por todo esse envolvimento, não é de surpreender que a duquesa d'Aiguillon fosse pedida em casamento por príncipes, mas ela dizia que preferia permanecer viúva, pois assim podia dedicar-se inteiramente às suas obras de caridade. Quando foi nomeada duquesa d'Aiguillon, ela deu vinte e duas mil libras para criar uma missão voltada à educação dos pobres do ducado. Ela foi também protetora e patrocinadora de escritores do seu tempo, beneficiando Voltaire, Scudery, Molière, Scarron e Corneille, para mencionar apenas alguns. Corneille de fato dedicou sua tragédia neoclássica *Le Cid* à duquesa.[27] Depois da morte de Richelieu, que fez dela sua principal herdeira, ela se recolheu ao ducado de Petit-Luxembourg, publicou as obras do tio e continuou como benfeitora generosa das mais diversas entidades beneficentes até sua morte em 1675. Um dos seus últimos atos foi solicitar a criação da diocese de Quebec à assembléia geral do clero francês, obtendo do cardeal Mazarino, sucessor de Richelieu, uma pensão de mil e duzentas coroas para sua manutenção.

Ela atendeu ao último pedido do cardeal providenciando a conclusão da igreja e do colégio da Sorbonne, e também do Hotel Richelieu, que depois foi transformado na famosa Bibliothèque Nationale, à qual, curiosamente, a partir de 1950, foram confiados materiais contendo pistas da existência de uma Linhagem Sagrada: genealogias de famílias pouco conhecidas nos Pireneus; longas dissertações sobre a história dos Cavaleiros Templários e dos Cavaleiros de São João e Malta; informações sobre o catarismo, a "heresia religiosa do sul da França"; e muitos outros assuntos.

Assim, mesmo na morte, a duquesa providenciou para que a procura da Linhagem Sagrada continuasse. Ironicamente, vestígios da existência de uma Linhagem Sagrada foram encontrados num prédio originalmente construído por ordem de um homem, o cardeal Richelieu, que em torno de trezentos anos antes estava desesperado para descobrir esses indícios. Por que o cardeal Richelieu e a duquesa se empenharam tanto em descobrir a Linhagem Sagrada? Para restituir-lhe sua antiga glória ou para eliminá-la por completo? Talvez jamais cheguemos a conhecer a resposta.

Et in Arcadia Ego

Um dos indícios mais importantes do que havia na Nova França encontra-se no famoso, porém enigmático, quadro do grande artista Nicolas Poussin pintado de acordo com instruções expressas de Richelieu. Intitulado *Et in Arcadia Ego* (também conhecido como *Les Bergers d'Acadie* [Os Pastores da Arcádia]), ele ficou exposto na residência particular de Luís XIV em Versalhes até sua morte.[28] Muitos estudiosos recentes procuraram relacionar a cena idílica desse quadro a um local específico no sul da França. Entretanto, a geometria subjacente do quadro também pode ser aplicada à paisagem da Nova Escócia. Assim, é bem possível que Richelieu tenha dado a Poussin informações geográficas específicas, originalmente transmitidas pelo explorador e cartógrafo Samuel de Champlain.

Críticos de arte geralmente consideram Nicolas Poussin o maior pintor francês neoclássico do século XVII. Ele nasceu perto de Les Andelys, na Normandia, mas sabemos muito pouco a respeito de sua vida antes dos seus treze anos, embora alguns digam que suas habilidades foram reconhecidas numa idade muito precoce. A tradição sugere que ele passou a maior parte do seu tempo em Paris estudando a pintura dos mestres da Renascença. Sua primeira incumbência significativa foi ilustrar as *Metamorfoses* de Ovídio, uma série baseada em grande parte no conceito de transformação, para o poeta italiano Marino. Mas foi em Roma, em 1624, que Poussin conheceu dois patronos que trabalhariam para sempre a seu favor: Marcello Sacchetti e o cardeal Barberini, predecessor de Richelieu. Durante esse período, Poussin se transformou, como qualquer outro pintor clássico sério, num buscador da verdade e da luz, e em 1629 completou sua primeira versão de *Os Pastores da Arcádia,* que hoje está em Chatsworth House, Derbyshire, Inglaterra.* (Ver fig. 3.6.)

Dessa data até aproximadamente 1633, parece que Poussin se fixou em temas da mitologia clássica e de lendas antigas, o que o levou a produzir cenas bíblicas como *A Adoração do Cordeiro de Ouro.* Em 1640, ele viajou para Paris por ordens expressas de Richelieu, e lá pintou seu segundo e mais famoso *Os Pastores da Arcádia,* entre 1640 e 1642 (fig. 3.7, página 129). Ao mesmo tempo, Poussin tornou-se amigo de Fréart de Chantelou, superintendente francês das ameias reais, de quem recebeu a encomenda de uma série de quadros sobre os sacramentos. Poussin concluiu duas séries desses quadros nesse período.

Essa repetição do tema e duplicação do motivo pode ter sido resultado de uma transformação profundamente religiosa e moral de Poussin. Durante os anos 1640, ele passou a escolher heróis mitológicos um tanto amorfos que não demonstravam emoções humanas e seu estilo assumiu um tom rígido e austero. Ao mesmo tempo, suas paisagens tornaram-se geométricas e mais clássicas. No geral, seus quadros deixavam transparecer subjetividade e frieza. Talvez a saúde de Poussin estivesse se deteriorando e ele estivesse desesperadamente em busca do verdadeiro espírito de Cristo e do sentido da vida. Ou talvez ele soubesse muito mais a respeito dos mistérios e segredos do Novo Mundo do que quisesse partilhar com seu público. Estaria Poussin chocado e amedrontado

---

* Lionel Fanthorpe e Patrícia Fanthorpe, *The Secrets of Rennes-le-Château* (York Beach, Maine: Weiser, 1992), 59–64. Quando os Fanthorpes pesquisaram o contexto do quadro de Poussin, eles descobriram um subenredo misterioso relacionado com informações errôneas referentes ao número de quadros terminados por Poussin sobre o tema de *Os Pastores da Arcádia.* As pegadas nesse enredo levam de volta a Shugborough Hall, Staffordshire, e ao lar do Shepherd Monument e de Lorde Anson.

Fig. 3.6. A versão de 1629 de Et in Arcadia Ego (também conhecido como Os Pastores da Arcádia), de Nicolas Poussin. Reproduzido com permissão do Duque de Devonshire e do Chatsworth Settlement Trustees.

Fig. 3.7. Versão de Et in Arcadia Ego de 1640-42. Observe que a pastora parece estar grávida e dependendo do jovem pastor/cavaleiro para apoiar-se, como se ele fosse seu guardião. Reproduzido por cortesia do Museu do Louvre, Paris.

por saber a respeito da Linhagem Sagrada e do desejo de Richelieu de controlar essa informação? Sabemos que ele havia sido iniciado na Ordem Maçônica Francesa (um auto-retrato posterior mostra-o claramente usando um anel maçônico). Talvez as manipulações de Richelieu ofendessem seu novo senso de inspiração maçônica de harmonia cristã e amor fraternal.

Poussin não procurava simplesmente pintar a superfície de sua tela. Sob a tranqüilidade rígida, externa, clássica de sua obra posterior, é possível ver simbolismo cristão oculto, especificamente na versão mais recente de *Os Pastores da Arcádia*. A mulher e os dois homens examinando o túmulo podem representar Maria Madalena, São João e São Pedro no sepulcro de Cristo vazio na primeira manhã de Páscoa. A figura de pé com os braços abertos pode simbolizar o próprio Cristo ressuscitado. Ele usa um laurel, o que remete para a coroa de espinhos. Também evidente é o batismo simbólico na imagem dos pés da mulher imersos na água. Poderia a figura feminina, a pastora, ser Maria Madalena, que ungiu os pés de Cristo?

Na versão anterior do quadro, de 1629, o pastor mais próximo do túmulo escreve nele algumas palavras com a mão direita, enquanto uma quarta figura um tanto afastada senta-se a distância à direita das outras pessoas. Talvez, então, a figura sentada de costas para nós simbolize o Cristo ressuscitado, que havia advertido Madalena a não tocá-lo porque ele ainda não alcançara o estado de graça. Atrás do túmulo avulta um rochedo escuro que pode representar uma das colunas do templo. A diferença mais importante entre as duas versões dos quadros é a forma e posição das tumbas. A primeira versão mostra a tumba com sua escrita como num "rolo", ao passo que na segunda versão a tumba assumiu uma forma geométrica específica comum a um sepulcro de pedra.

Com o segundo quadro, terá Poussin dado a idéia de que a geometria mais simples devia ser aplicada a um local específico, um local que ele conheceu durante seus dois anos em Paris através do seu relacionamento com Richelieu, com Nicholas Fouquet (que era ministro das finanças de Luís XIV) e com de Chantelou?[29] Faz sentido que a primeira versão de Poussin de *Os Pastores da Arcádia* não era específica em termos de localização geográfica. Mas como o tema havia atraído o interesse de Richelieu, que podia ajudar Poussin a situar a alegoria num ponto específico na terra, o segundo quadro pode muito bem ter tido um ambiente particular.

A pintura de Nicolas Poussin de fato transcendeu a geometria clássica que a maioria dos mestres da Renascença impunha às suas composições. Durante a Renascença havia dois sistemas básicos à disposição do artista.[30] O primeiro se baseava na explicação do ato de criação apresentada no *Timeu* de Platão, que em geral implica dividir a tela em proporções "divinas" específicas. O segundo sistema derivava da tradição maçônica mais antiga, e basicamente adota uma aplicação da geometria sagrada e um equilíbrio ou concentração de dois círculos em um — uma completude do quadrado. Esse sistema parece ter sobrevivido até hoje, mas muitas vezes está envolto em um ar de mistério e, quando usado, é atribuído a praticantes de magia porque inclui o pentagrama. Na opinião da grande maioria, Poussin pintou seus quadros de acordo com o sistema timeano — e de fato, historiadores da arte convencionais descobriram evidências disso, mas existem também em sua obra evidências de um sistema subjacente, de caráter geométrico-maçônico.

Poussin não somente empregou a geometria pentagonal na fase inicial de sua pintura, segundo o sistema maçônico, mas também incorporou outros princípios de geometria sagrada, como a Média Áurea, em todo o esquema de sua tela. Em termos simples, a média áurea é a divisão de uma unidade de comprimento em duas partes, de modo que a razão da parte mais curta para a parte mais longa é igual à razão da parte mais longa para o comprimento total. Em vez da razão "racional" comum de 1:2, a média áurea é 1:1,6. Adotando essa razão, Poussin centrou seu quadro na testa da pastora e no meio da testa ou terceiro olho do guardião da pastora.³¹ Isso sugere que Poussin, de modo verdadeiramente singular, empregou não só dois sistemas de disposição entremeados, o timeano clássico e o menos comum maçônico, em sua composição, mas também desenvolveu duas escalas relativas dentro dela: um círculo exterior e um círculo interior, através da prática esotérica da "quadratura do círculo".

Surpreendentemente, aplicando o que sabemos a respeito daqueles "agentes secretos", homens como Cartier e Champlain, que exploraram o Novo Mundo durante os séculos XVI e XVII, podemos distinguir um terceiro padrão subjacente em *Et in Arcadia Ego* de Poussin. Reduzindo o quadro para ilustrar as relações básicas entre as quatro figuras e sobrepondo-o a um mapa preciso do litoral nordeste da América do Norte (ver fig. 3.8), vemos que o limite oeste do quadro corresponde à extensão das explorações de Champlain ao centro do Novo Mundo e todo o quadro parece ajustado a um padrão de grade que reflete os meridianos templários.

Examinando esse padrão de grade mais atentamente, podemos ver que o centro do quadro incide sobre a área que inclui Green Oaks, Nova Escócia, que divide o quadro horizontalmente a 45°15' de latitude norte e vertical-

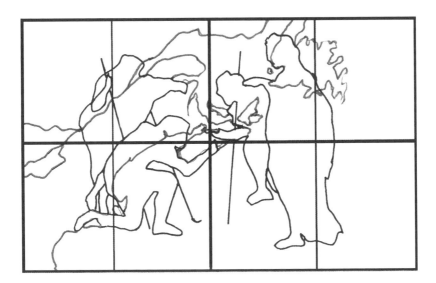

Fig. 3.8. Diagrama representando Os Pastores da Arcádia sobreposto a um mapa da Nova França. Observe o padrão de grade formado pelos meridianos longitudinais. Desenho original de William F. Mann.

mente a 63º57' de longitude oeste. A importância dessa localização parece confirmada pelas duas figuras que aparentemente "conhecem o segredo" — pois estão apontando para o local da colônia da "rosa" em Green Oaks — em contraste com as outras duas figuras que parecem espreitar sobre os ombros das duas primeiras, tentando obter um vislumbre do conhecimento delas. Poderiam as duas últimas figuras, as que espreitam sobre os ombros das outras, representar Maria Madalena e Jesus Cristo, sugerindo assim que os guardiães de um antigo conhecimento eram essenciais para a transferência da Linhagem Sagrada para o Novo Mundo? Poderia o modo como a linha rosa norte-sul divide o quadro em dois denotar um padrão de colonização que se estendeu para o oeste a partir da primeira colônia da "rosa" instalada na Nova França, em Green Oaks?

Ao examinar o mapa sotoposto ao quadro, observe como a Nova Escócia atual se situa no espaço entre a figura ajoelhada e a que parece inclinar-se diante dela. Talvez a figura ajoelhada queira representar São João Batista, pois ela olha diretamente para a atual St. John, Nova Brunswick, fundada por La Tour antes de 1640. Podemos também ver como a ilha Príncipe Eduardo e o cabo Breton, quando combinados, criam um conjunto impressionante de asas para o pastor que está apoiando fisicamente alguém que parece ser uma pastora grávida. Considerando que as cores dessa figura de apoio são vermelho e branco na pintura, podemos presumir que ela seja uma representação simbólica dos Cavaleiros Templários. Estaria Poussin representando um "anjo da guarda" (ou talvez um diabo) que sustenta e no entanto se esconde atrás da veneração da deusa? Se esse for o caso, não surpreende ver a deusa posicionada de modo a sugerir que ela veio do mar: seus pés e a parte inferior do corpo se situam no oceano Atlântico, relembrando a tradição de que a dinastia merovíngia teve origem na união de um ser humano do sexo feminino com uma criatura aquática misteriosa. Estar ela grávida também sugere que descendentes da Linhagem Sagrada atravessaram o oceano para refugiar-se no Novo Mundo. Lembre que a principal função da mulher merovíngia era perpetuar a linhagem real, algo que é sugerido pelo uso que o Duque du Berry faz do simbolismo em seu *Très Belles Heures*.

Seguindo o padrão de meridianos longitudinais a oeste da Nova Escócia, a linha rosa saliente seguinte passa onde o cajado da figura efêmera, com aparência de Cristo, cruza a linha transversal latitudinal que divide o quadro pela metade, correspondendo à linha de visão da figura ajoelhada. Encontramos aqui a área em torno do lago Memphremagog — mais especificamente, Hatley Corners. É aqui que foram encontradas evidências de uma segunda colônia do Graal instalada sobre os fundamentos metafóricos de uma Nova Jerusalém, um novo Templo de Deus. Afinal, mesmo a Igreja Católica Romana considerava João Batista como o verdadeiro fundador da fé cristã. Mais: podemos lembrar que os maçons celebram o nascer do sol na montanha Owl's Head no dia 24 de junho, dia festivo de João Batista. Se, como se mostrou, a única figura no quadro com pernas cruzadas e braços estendidos pretende representar Cristo, Poussin deve estar sugerindo em termos geográficos bastante precisos que durante os anos 1640, pelo menos, a essência de Deus representada pela figura com aparência de Cristo, posicionada de pé e de pernas cruzadas atrás da figura ajoelhada, podia ser encontrada tanto na cidade de Quebec como em Montreal. Talvez o príncipe Henry Sinclair e seus Cavaleiros Templários tivessem transportado para essa área alguma coisa ainda mais tangível relacionada com o próprio Cristo. Talvez, como especulamos anteriormente, os Cavaleiros Templários tivessem descoberto um registro genealógico da Sagrada Família ou mesmo os próprios ossos de Cristo. De certo modo, isso explicaria a intriga e astúcia praticadas pelas várias facções tanto na Nova como na Velha França.

Os limites de *Os Pastores da Arcádia* e os pontos onde eles incidem no mapa da Nova França sustentam o simbolismo no quadro em si. Poussin claramente não poderia ter manipulado essa composição de modo que o limite esquerdo correspondesse ao meridiano templário de 80º de latitude oeste se ele não tivesse recebido um mapa preciso contendo esses meridianos. Considerando o momento da composição do quadro em relação à morte de Champlain e do cardeal Richelieu, é razoável supor que sua pintura terminaria na última linha rosa conhecida no Novo Mundo naquela época. Mais: a base do quadro pára aproximadamente no ponto onde tanto Charleston Harbor como as Bermudas estão posicionadas, dois pontos geográficos que seriam conhecidos do círculo interior francês de navegação da época. Basta apenas lembrarmos a posição das duas rosas no Cavaleiro de Westford e os dois unicórnios no mapa de Desceliers para ver outras manifestações desse conhecimento. Como eles, ali está, na extremidade ocidental do lago Ontário, o Niagara Escarpment e a grande parede de calcário sobre a qual as cataratas do Niágara se precipitam. Também ali está a fronteira ocidental da nação algonquina, os aliados declarados de Champlain e dos franceses, e ali está a borda ocidental da Carolinian Forest, onde o carvalho negro e o sassafrás representados na Capela de Rosslyn são substituídos pelas pradarias ocidentais.[32] Finalmente, precisamos reconhecer que os que controlavam a confluência dos rios São Lourenço e Ottawa, em Montreal, também controlavam a passagem para o território conhecido como

Hurônia. Tudo isso sugere que Montreal representava uma espécie de encruzilhada espiritual e que nas fronteiras externas da colônia em si uma relíquia ou talismã poderoso poderia ser necessário para santificar e proteger a "porta" para um outro mundo, para o santuário interior do templo natural.

Montreal

Francine Bernier escreveu um livro fascinante intitulado *The Templars' Legacy in Montreal: The New Jerusalém*. Servindo-se de várias fontes, inclusive de material inicialmente trabalhado por Gérard Leduc, Bernier apresenta a teoria bastante atraente de que Ville Marie — como era conhecida Montreal no início do século XVII — era um preceptório templário antes de sua fundação oficial em 1642.[33] Para fundamentar essa posição, ela oferece inúmeras evidências convincentes, inclusive a descoberta de uma pedra fundamental original com uma cruz templária esculpida sob a cripta da capela de Notre Dame de Bon Secours. A capela pertence à Congregação de Notre Dame, fundada pela freira Marguerite Bourgeoys em 1675, e tanto figurativa como fisicamente pode ter sido construída sobre antigas fundações templárias.[34] Do forte original construído nesse local, restam apenas duas torres de pedra de 1685, mas significativamente elas se assemelham às colunas maçônicas Jaquin e Booz que sustentam a entrada do Arco Real para o Templo de Salomão.

Outra evidência da associação da cidade com os templários inclui a identificação de cruzes templárias em alguns dos primeiros mapas ou plantas de Montreal, denotando, sem dúvida, a presença de antigas estruturas templárias. Outro indício é o velho seminário de São Sulpício, construído pela Companhia de São Sulpício em 1684 na Rua Notre Dame, contíguo à basílica de Notre Dame.[35] O que isso sugere é que a Sociedade de Notre Dame de Montreal, a fundadora, era de fato uma ramificação ou subdivisão da Companhia do Santíssimo Sacramento, o núcleo lendário dos Cavaleiros Templários. Encontram-se indícios também nos altares e estátuas esculpidos ainda preservados na capela do Seminário Maior de São Sulpício. Mais: é registro histórico que dos onze membros originais da Sociedade de Notre Dame de Montreal, seis eram integrantes da Companhia do Santíssimo Sacramento. Como qualquer leitor de *O Santo Graal e a Linhagem Sagrada* pode entender, Montreal foi fundada por uma sociedade da "rosa", que tinha ligações com o seminário de São Sulpício, onde o padre francês Berenger Saunière teria depositado aqueles documentos providenciais e úteis que ele havia descoberto em Rennes-le-Château.

Embora reunamos indícios para explicar a fundação da cidade, a batalha subseqüente para tomar posse dela e mantê-la sob controle nunca foi totalmente compreendida. Originalmente, a *seignurie* de Montreal pertenceu em parte à Companhia dos Cem Associados e em parte a Jean de Lauson, assistente do delfim e futuro governador da Nova França. Como um dos membros fundadores da Companhia dos Cem Associados, Lauson comprou a ilha de Montreal em 1636. Por sua vez, ele a vendeu a dois outros membros da Companhia do Santíssimo Sacramento: Pierre Chevrier, barão de Fancamp, e Jerome Le Royer de La Dauversière, que por fim se tornaram membros da Sociedade de Notre Dame de Montreal.[36] Quem foram os membros fundadores dessa influente sociedade? Ninguém mais do que de La Dauversière e Jean-Jacques Olier, fundador da Ordem Francesa de São Sulpício, cujos ensinamentos são muito próximos dos ensinamentos esotéricos do apóstolo João.

Olier foi o quarto de oito filhos do piedoso Jacques Olier, conde de Verneuil, e de Marie Dolu, senhora d'Ivoy, da nobre família du Berry. Seu pai, que era conselheiro no Parlamento de Paris e secretário do rei Henrique IV à época, deu-lhe o nome Jean-Jacques em homenagem a João, um dos apóstolos prediletos de Jesus. Olier aparentemente baseou a obra de sua igreja de São Sulpício sobre a filosofia de Santo Agostinho, segundo a qual a Igreja tem tanto um ensinamento exotérico quanto um ensinamento esotérico superior que estava disponível a uma elite interna. Desse modo, o estabelecimento de uma Nova Jerusalém em Montreal podia ser percebido como uma tentativa de restabelecer uma Igreja mais esotérica baseada nos mistérios sagrados e nos ensinamentos secretos de Cristo.[37] Alguma surpresa que os antigos franciscanos recoletos dessem o nome de Ville Marie à Colônia Sagrada? Em última análise, embora muitos dos primeiros sulpicianos fossem educados na França por franciscanos recoletos e jesuítas, a potencial existência de uma nova Igreja baseada em ensinamentos místicos trouxe para a linha de frente da luta pela Nova França as atividades secretas dos quase fanáticos jesuítas de vestes negras.

Os Vestes Negras

Historicamente, a Sociedade de Jesus (os jesuítas), foi fundada em 1540 por Inácio de Loyola com o nome de Companhia de Jesus. Inácio foi originariamente um soldado espanhol basco. Com outros seis estudantes espanhóis e franceses da Universidade de Paris, ele iniciou o que hoje se tornou a maior ordem religiosa na Igreja Católica Romana. O termo jesuíta foi aplicado à sociedade pela primeira vez em 1544, mas o nome da ordem foi mudado para Sociedade de Jesus pelo papa Paulo III.[38] O objetivo declarado dos jesuítas era fortalecer a fé católica em todos os países para conter a expansão do protestantismo. Assim, eles se tornaram os principais instrumentos do movimento da Contra-Reforma, havendo estudiosos que sustentam que a preservação da fé católica na França e em outros países deveu-se em grande parte aos esforços deles. Como resultado de sua missão, a começar nos séculos XV e XVI, os jesuítas ficaram popularmente conhecidos como a polícia secreta do Vaticano e como professores e mestres da Europa e além. Desse modo, nada os deteria na erradicação de qualquer vestígio da Linhagem Sagrada e na eliminação de qualquer sistema de conhecimento que ameaçasse os ensinamentos fundamentais da Igreja.

Embora seu principal objetivo no Novo Mundo fosse a conversão religiosa dos aborígines, eles também contribuíram enormemente para a exploração e mapeamento da América do Norte. Os primeiros missionários que chegaram com Champlain na cidade de Quebec em 1615 eram quatro franciscanos recoletos que vieram para o Novo Mundo a pedido do cardeal Richelieu. Um dos quatro originais, frei d'Olbeau, começou suas atividades convertendo os montagnais, que ocupavam a área às margens do rio Saguenay. Outro, frei Le Caron, subiu os rios São Lourenço e Ottawa para levar a fé para o coração de Hurônia. Uma vez mais, encontramos a mão de Richelieu na Nova França, agora sob a capa da conversão religiosa.

Os outros dois recoletos permaneceram na cidade de Quebec para dar assistência aos colonizadores e aos índios das proximidades, sempre tentando vencer a barreira religiosa em torno de Montreal. Durante dez anos esses quatro franciscanos fizeram repetidas viagens para regiões inóspitas, abriram escolas para os jovens nativos e atraíram auxiliares da França. Mas, diz a história, os quatro não conseguiram realizar seu importante trabalho sem ajuda, e por isso procuraram o apoio oficial dos jesuítas, em conseqüência do que o padre Brebeuf, hoje de má fama, e o padre Lallemant embarcaram para o Canadá em 1625.

Um relato não confirmado situa os jesuítas na Arcádia já em 1611. Sabemos com certeza que em 1629 eles estavam na ilha Royale — cabo Breton — onde instalaram a primeira missão e capela jesuíta em Sipo, um termo micmac para um lugar de encontros, depois chamado de forte de Sta. Ana.[39] Mais tarde naquele ano, um navio partiu da França levando numerosos missionários jesuítas, mas ele naufragou em algum ponto nas proximidades de Canso e quatorze padres pereceram. Entre os anos de 1630 e 1632, quando os ingleses detinham a posse da Nova França, os jesuítas foram obrigados a abandonar suas atividades e voltar para a França. Quando os franceses recuperaram o controle da área em julho de 1632, porém, eles voltaram para Sta. Ana, onde continuaram a instruir os micmacs até 1641, quando a missão em Sta. Ana foi fechada.

Um tanto surpreendentemente, de 1632 a 1673, com a conversão religiosa da nação algonquina, parece que os jesuítas obtiveram o controle de toda a Nova França, com exceção da colônia estabelecida em Montreal. Assim, durante mais de cinqüenta anos eles foram a fonte principal para auxiliar com qualquer conhecimento sobre a fronteira canadense. Quase tudo o que sabemos com relação às suas atividades encontra-se nos muitos volumes de *Relations*, uma obra avultada que reuniu os relatos dos missionários que trabalhavam no Canadá. Esses padres mantinham os administradores franceses meticulosamente informados dos acontecimentos que ocorriam nas muitas regiões do Novo Mundo, especialmente em torno dos Grandes Lagos e entre o rio São Lourenço e a baía de Hudson, onde os ingleses faziam grandes tentativas de infiltrar-se no comércio de peles por meio da recém-instalada Companhia da Baía de Hudson. Eles também eram basicamente responsáveis pela prevenção de qualquer penetração real ao sul pelos holandeses e seus aliados iroqueses até em torno de 1648 — em grande parte por sua influência espiritual entre os huronianos.

Dos muitos centros espirituais instituídos pela ordem, o mais famoso é a missão francesa de Ste. Marie entre os huronianos, localizada perto da atual Midland, Ontário (uma localização importante na medida em que, a 44º45' de latitude norte e 79º57' de longitude oeste, ela corresponde à linha rosa definida pela borda esquerda do quatro de Poussin de 1640-42). Iniciada em 1615 pelos recoletos que acompanharam Champlain em seu deslocamento para o interior, a missão recebeu novo impulso em 1634 com a chegada de três padres. Em 1638 o padre Lallemant chegou como novo superior e até 1639 havia treze padres ativos entre os huronianos e os índios petuns. Lallemant havia planejado uma missão auto-suficiente em agricultura, fortificada e com seu centro localizado em Hurônia, com acesso fluvial fácil a Quebec. Ela serviria de abrigo para outros padres já instalados na região e acabou se tornando o núcleo de uma comunidade cristã huroniana. A estrutura foi dedicada à Virgem Maria e por isso recebeu o nome de Ste. Marie, ou Notre Dame de la Conception.[40] Pelo fim dos anos 1640, com sua missão entre os huronianos (St. Joseph), os jesuítas de Ste. Marie mantinham também missões entre os petuns (Les Apôtres), os nipissings (St. Esprit), os ojibwas e ottawas (St. Pierre) e alguns grupos algonquinos na baía Georgiana (St. Charles).

Em 1648 os iroqueses iniciaram uma série de ataques devastadores contra os huronianos e um ano depois contra os huronianos e os petuns. Nesses ataques, cinco padres jesuítas que trabalhavam fora da missão foram mortos, inclusive Brebeuf e Lallemant, que não suportaram as torturas atrozes praticadas pelos iroqueses. Os iroqueses, vendo a determinação e coragem dos padres torturados, comeram seus corações depois de mortos, fato que tornou os dois padres merecedores do título de mártires. Na primavera de 1649 a missão foi fechada e Ste. Marie queimada por seus ocupantes para impedir que caísse nas mãos dos iroqueses, o que seria uma profanação. Alguns huronianos que escaparam da fúria dos iroqueses refugiaram-se na ilha Manitoulin e outros na Île-Saint-Joseph (ilha Cristã) na baía Georgiana, onde uma nova Ste. Marie foi construída e ocupada durante um ano. Depois de outras derrotas dos huronianos e dos petuns, e após uma escassez de alimentos em decorrência de um inverno rigoroso, a missão foi transferida para Quebec em 10 de junho de 1650. Por isso, o objetivo secreto dos jesuítas, descobrir os verdadeiros descendentes dos Refugiados do Graal e o Tesouro Templário remanescente, teria de esperar.

Em 1657, o papa submeteu todos os missionários ativos na Nova França à jurisdição do arcebispo de Ruão, que imediatamente nomeou o superior dos jesuítas de Quebec como seu vigário geral. Essa disposição continuou até junho de 1659, quando o bispo François de Laval veio para Quebec como primeiro vigário apostólico da Nova França, nomeado pelo papa Alexandre VII. Laval permaneceu em Quebec até 1662, quando voltou para a França, deixando as missões entre os índios a cargo dos jesuítas. Em 1663 foi fundado o seminário diocesano de Quebec, com o título de Missões Estrangeiras, e nessa ocasião os jesuítas retomaram as missões iroquesas ao sul do lago Ontário e fundaram, ao sul de Montreal, a missão permanente de La Praierie de la Madeleine (Priorado da Madalena), sugerindo que haviam descoberto alguma coisa relacionada com a antiga colônia do Graal localizada na área de Memphremagog.

Foi nessa área que René Goupil e o padre jesuíta Isaac Jogues foram mortos pelos mohawks em 1642 e 1646, respectivamente. Além disso, esse era também o domicílio de Catherine Tegakwitha, misteriosamente chamada de Lírio do Canadá pelo papa Leão XII. Ela era também conhecida como a Genoveva da Nova França.[41] Curiosamente, depois de sua morte natural, a Igreja procurou beatificá-la com os assassinados Goupil e Jogues. O papa Leão XII declarou que ela nascera na mesma aldeia onde os dois homens foram mortos, mas não apresenta a justificativa para considerá-la mártir. Catherine nasceu em 1656, dez anos depois do assassinato do padre Jogues. Consta que o pai dela era um dos chefes do clã turtle e a mãe uma algonquina. A verdadeira razão para que a Igreja reconhecesse Tegakwitha seria talvez que ela era uma descendente conhecida da Linhagem Sagrada?

A expansão das missões para o interior continuou entre 1660 e 1680, com o padre Allouez chegando até o lago Superior, onde fundou duas comunidades em 1665. Em 1673, aliando-se com os exploradores franceses Saint-Lusson e Cavelier de la Salle, outros jesuítas se estabeleceram nas margens ocidentais do lago Huron e dois anos depois se embrenharam nas selvas até a baía de Hudson. Em 1668 o padre Marquette cravou a cruz em Sault Ste. Marie e no mesmo ano instalou uma nova missão na baía Chequamegon perto da extremidade ocidental do lago Superior. Quando os índios huronianos entre os quais ele trabalhava fugiram depois de vários ataques dos sioux, ele os seguiu e transferiu a missão para a costa norte do Straits of Mackinac, localizado entre os lagos Michigan e Huron.

Mas coube ao recém-chegado Louis Joliet e ao irrefreável padre Jacques Marquette aprofundarem-se no interior até o meridiano templário seguinte, descoberto a 87º57' de longitude oeste. Localizado no atual Oak Park, um subúrbio de Chicago no lago Michigan, foi onde esses dois padres jesuítas confirmaram a existência de uma antiga linha rosa representando a ponte entre os Grandes Lagos e a bacia do rio Mississippi. Muito à semelhança do que Champlain havia encontrado na Acádia em Green Oaks (páginas 41-42), esses dois homens reconheceram que os meridianos eram identificados pelos carvalhos que haviam sido plantados para orientá-los ao longo do caminho!

Joliet e Chicago

Louis Joliet nasceu em 1645 na cidade de Quebec, onde estudou no seminário dos jesuítas. Em 1667 ele foi para a França, talvez porque seu pai estivesse a serviço da Companhia dos Cem Associados.[42] Para surpresa de todos, que inicialmente esperavam que ele estudaria para tornar-se padre jesuíta, durante sua permanência na França Joliet estudou cartografia e navegação e no ano seguinte voltou para a Nova França para trabalhar como comerciante de peles.

Havia nessa época rumores a respeito de um grande rio ao sul no Novo Mundo que, na expectativa dos franceses, os conduziria ao Pacífico. Os superiores de Joliet na Cidade de Quebec o enviaram à procura desse rio, e o padre

Jacques Marquette foi escolhido como capelão e missionário da expedição. Em 1673, esses dois homens, acompanhados de cinco outros, saíram de viagem para descobrir o que seria conhecido como o extraordinário Mississippi. Eles seguiram o lago Michigan até Green Bay, subiram o rio Fox, passaram para o Wisconsin e daí navegaram até o Mississippi. Os primeiros índios que encontraram foram os illinois, que foram extremamente amigáveis com os exploradores.

Quanto mais eles desciam o Mississippi, mais se convenciam de que ele corria para o Golfo do México e não para o Pacífico, mas continuaram até chegar quase à boca do Arkansas. Ali, aborígines amigos informaram que o mar ficava a apenas dez dias de distância, mas que também encontrariam nativos hostis pela frente. Os exploradores perceberam ainda que os índios possuíam mercadorias espanholas — mais um sinal de conflito potencial para eles. Não querendo cair presas dos índios ou dos espanhóis, eles resolveram voltar para uma das missões jesuítas ao longo do caminho através de uma rota

Fig. 3.9. Mapa de Louis Joliet de 1675 do que são atualmente as províncias de Quebec e Ontário. Observe no ângulo superior esquerdo a frase "les Massagé", identificando a localização dos índios massassaugas. Reproduzido por cortesia da John Carter Brown Library, Providence, Rhode Island.

mais fácil em direção à nascente do rio Illinois e do rio Chicago até o lago Michigan.[43]

Em outubro de 1674, Marquette voltou para o rio Illinois com a intenção de viver e pregar entre os povos nativos da região. Ele não conseguiu chegar à aldeia nesse ano, porém, e foi obrigado a passar o inverno perto de uma área que os nativos conheciam como Chicagoa.[44] Chegando no Illinois em torno da Páscoa de 1675, ele pregou a um grande número de chefes e guerreiros, mas a essa altura sua saúde havia se deteriorado. Ele resolveu voltar para o norte, mas morreu de disenteria antes de alcançar a missão na qual pretendia dedicar seus últimos dias.

Nesse ínterim, em 1675 Joliet produziu um mapa bastante singular (ver fig. 3.9) representando grande parte do que são hoje as províncias de Quebec e Ontário. Curiosamente, há nesse mapa uma anotação que sugere que Joliet tinha conhecimento de pelo menos uma região onde os refugiados do Graal haviam sido absorvidos pela cultura nativa. Ao longo do atual meridiano longitudinal de 79º57', a 45º15' de latitude norte, perto de Parry Sound na costa oriental da Baía Georgiana, encontramos Rose Point, um abrigo natural e ermo escondido pela ilha Parry. Uma observação de Joliet diz que os índios massassaugas viviam nesse local. De modo semelhante à história da tribo micmac perdida (página 56), a lenda local sustenta que uma tribo massassauga desapareceu das margens do lago Ontário no início do século XVII. Os huronianos seguramente teriam sabido da existência dessa tribo "perdida", mas por alguma razão não passaram essa informação aos jesuítas que ocupavam as missões. Ou passaram? Poderia a missão jesuítica mais importante no Novo Mundo, Ste. Marie entre os huronianos, ter sido dedicada não à Virgem Maria, mas a Maria Madalena e à Linhagem Sagrada? Afinal, ela estava posicionada na mesma linha rosa antiga.

Lamentavelmente, o diário de Joliet e o mapa de sua expedição no Mississippi perderam-se quando sua canoa emborcou nas corredeiras do Montreal. O único registro que restou dessa expedição é um breve diário supostamente escrito por Marquette. Em 1679 Joliet viajou em nome das mesmas autoridades em direção à nascente dos rios Saguenay e Rupert para espionar as posições britânicas em torno da baía de Hudson,[45] e em 1694 ele explorou a costa de Labrador, onde visitou os inuítes. Mais uma vez ficamos com a impressão de que ele tinha conhecimento pelo menos dos dois cantos ao norte da charada de Desceliers. Ele morreu em 1700, e o domínio dos jesuítas além da nova fronteira morreu com ele. Nessa época os britânicos começaram a exercitar seus músculos ao norte e ao sul da Nova França. Ainda um mistério, depois de toda essa exploração, foi o que de fato aconteceu aos remanescentes das colônias do Graal e ao tesouro templário, fosse ele o que fosse.

4

Fundamentos do Novo Mundo

Vimos no capítulo 1 que o trabalho em pedra na Capela de Rosslyn contém muitas imagens maçônicas, sugerindo uma ligação entre a franco-maçonaria, os refugiados do Graal e o conhecimento secreto de antigos meridianos no Novo Mundo, e que essas evidências deviam-se ao envolvimento direto de Sir William St. Clair, o terceiro e último St. Clair, duque de Orkney e neto do príncipe Henry Sinclair, que foi o fundador da colônia templária em Green Oaks, Nova Escócia, no século XIV. No presente capítulo examinamos o papel da franco-maçonaria e das sociedades secretas no Novo Mundo e no jovem Estados Unidos da América, baseando-nos na teoria de que a descoberta dos templários em Jerusalém, em última análise seu tesouro, era um conhecimento antigo desenvolvido antes do dilúvio — conhecimento ainda preservado no ritual maçônico — e de que aqueles que controlavam o território do Novo Mundo teriam a capacidade de controlar também a energia dos antigos meridianos e o tesouro remanescente preservado ao longo deles. Nosso exame do papel da franco-maçonaria começa com os Stuarts, os primeiros reis do Reino Unido diretamente responsáveis pela propagação da Franco-maçonaria de Rito Escocês, a forma mais proeminente nas Américas até os dias atuais, e nos conduz através do primeiro século dos Estados Unidos da América.

Começando com Jaime VI, a dinastia Stuart reinou na Inglaterra e na Escócia de 1603 a 1714, um período que testemunhou a expansão da cultura cortesã na Bretanha, mas que também passou por momentos de grande conturbação e instabilidade, para as quais muito contribuíram a peste, incêndios e guerras. Essa foi também uma época de debates religiosos acirrados e de uma política radical entre católicos e protestantes, os dois grupos concorrendo igualmente para uma sangrenta guerra civil na metade do século XVII. O resultado dessa guerra entre a Coroa Real (os Cavaliers/Cavaleiros) e o Parlamento (os Roundheads/Cabeças Redondas) foi uma vitória para o Parlamento e para o Lorde Protetor Oliver Cromwell, e se consumou na execução do rei Carlos I em 1649.[1] Depois desse evento ignóbil, a Inglaterra viveu um curto período republicano, até que, por acordo, a coroa foi devolvida a Carlos II (ver fig. 4.1) em 1660, embora com bem menos poderes e com maiores limitações.[2]

O próprio Carlos II era adepto da tolerância religiosa e apoiava as artes liberais e as ciências. Ele fundou e patrocinou a Royal Society [Real Sociedade] em 1660 para promover a pesquisa científica[3] e incentivou um programa de reconstrução que incluiu amplas reformas no castelo de Windsor, um enorme mas incompleto novo palácio em Winchester e a construção do Observatório de Greenwich. Carlos foi também patrono do grande arquiteto Christopher Wren, responsável pelo projeto e pela reconstrução da Catedral de São Paulo, do Chelsea Hospital e de outros edifícios depois do Grande Incêndio de Londres em 1666.

Nessa época o Parlamento era menos do que tolerante com relação à religião — particularmente com o catolicismo. O Ato da Uniformidade de 1662 impunha o uso do Livro da Oração Comum e instava que o clero aceitasse a doutrina anglicana. A Lei do Teste de 1673 excluía católicos romanos de ambas as Casas do Parlamento. Uma conseqüência do Complô Papista de 1678 — assim chamado com base na alegação de que padres jesuítas, a rainha e o ministro de finanças estavam conspirando para assassinar o rei — foi o impedimento do ministro de finanças e a apresentação de um Ato de Exclusão que pretendia excluir da sucessão o irmão mais novo de Carlos, Jaime, que se convertera ao catolicismo romano.

A política externa da Inglaterra sob Carlos II caracterizava-se por um equilíbrio oscilante de alianças com os franceses e os holandeses. Em 1670, o rei assinou secretamente o Tratado de Dover, pelo qual ele se declarava católico e afirmava que a Inglaterra concordava em unir-se à França contra os holandeses. Em contrapartida, Carlos receberia subsídios do rei da França que lhe dariam condições de manobrar o Parlamento. Considerações de ordem política contiveram Carlos de demonstrar publicamente uma mudança de fé; em lugar disso, ele promulgou uma Declaração de Indulgência, que suspendia as leis penais contra católicos e não-conformistas. Diante da oposição do Parlamento Anglicano, porém, Carlos foi finalmente obrigado a cancelar a Declaração em 1673.

Fig. 4.1. *Rei Carlos II da Inglaterra*, de autoria de John Michael Wright, ca. 1660-1665. Observe as duas colunas do templo ao fundo. Reproduzido por cortesia da National Portrait Gallery, Londres.

Como ficou claro que o casamento de Carlos com Catarina de Bragança não produziria herdeiros legítimos (embora ele tivesse vários filhos ilegítimos) e que a posição do seu irmão católico romano Jaime como herdeiro necessário levantava a perspectiva de um rei católico, tornou-se de suma importância a manipulação religiosa das duas irmãs de Jaime, Ana e Maria.[4] Com a ingerência de vários protestantes eminentes como Henry Compton, depois bispo de Londres, as jovens foram não só obrigadas a participar dos serviços protestantes, mas também a receber instrução religiosa protestante. Por fim, foram feitos arranjos para que Maria casasse com o holandês Guilherme de Orange (ver fig. 4.2), um anticatólico fanático.

Pouco antes da morte de Carlos, em 1685, ele se declarou católico romano e passou a coroa a seu irmão Jaime II. Mas em seu leito de morte, as simpatias católicas do rei e seu permanente desejo de governar sem a participação do Parlamento levaram o Parlamento a pedir a Guilherme de Orange e Maria que assumissem o trono. Depois da derrota de Jaime II na Batalha do Boyne em 1690, infligida por Guilherme de Orange, Jaime voltou para a França e instalou sua corte no exílio em St. Germain, onde ficou até sua morte em 1701. Luís XIV, o Rei Sol, reconheceu posteriormente o meio-irmão de Ana, James Francis Edward, como Jaime III, Príncipe de Gales. Na Inglaterra, Guilherme e Maria de Orange governaram como monarcas co-regentes e defensores do protestantismo.[5]

Ana, irmã de Maria, por fim casou-se com o príncipe Jorge da Dinamarca, uma união arranjada em segredo por Carlos II com a anuência do rei Luís XIV da França, que esperava uma aliança anglo-dinamarquesa contra Guilherme de Orange e os holandeses. Essa aliança nunca se concretizou, mas depois da morte de Maria, e de Guilherme em 1702, sem deixar herdeiros, o trono passou para Ana. Jaime III era o único pretendente ao trono, mas os ingleses já haviam sofrido sob a regência de monarcas católicos, da dinastia Stuart, e agora queriam uma rainha protestante.[6] Assim Ana se tornou a última monarca Stuart e foi a primeira rainha casada a governar a Inglaterra sozinha.

Com sua morte em 1º de agosto de 1714, também sem deixar filhos, a linha direta de ascendência foi rompida. Como ela havia sido uma protestante professa e o Parlamento temia que, sem herdeiros, o trono poderia voltar para mãos católicas, antes mesmo que ela morresse os parlamentares decidiram que o sucessor seria seu parente protestante mais próximo. Esse parente era Jorge I, filho de Sofia, neta de Jaime I e membro da Casa Alemã de Hanover.

Vozes diziam que Jorge I não só tinha direito de sangue ao trono de Davi através de sua linha de descendência dos Stuarts, mas também podia considerar-se descendente dos reis plantagenetas e normandos. Ele estava com cinqüenta e quatro anos quando subiu ao trono, e como percebeu que fora escolhido apenas para evitar o reinado dos Stuarts católicos, nem sequer se preocupou em aprender inglês. Quando a linha hanoveriana assumiu o trono da Inglaterra, os partidários dos Stuarts foram obrigados a esconder-se. Foi

Fig. 4.2. O rei holandês Guilherme de Orange, que se casou com a protestante Maria, herdeira do trono da Inglaterra. Quadro de John Michael Wright, reproduzido por cortesia da National Portrait Gallery, Londres.

nessa época que eles ficaram conhecidos como jacobitas, em homenagem a Jaime (Jacob em latim). As tentativas dos jacobitas entre 1708 e 1745 de reconduzir a Casa de Stuart ao trono da Bretanha foram ao mesmo tempo historicamente importantes e fonte de muita inspiração literária romântica. Os jacobitas talvez tivessem um falso senso de otimismo na época ao contar com o apoio de ultramar e da população da Escócia. Os escoceses da Baixa

Escócia, mais ricos, em geral estavam satisfeitos em aceitar um governo com o qual de fato não concordavam em troca de prosperidade financeira. No entanto, os jacobitas escoceses causaram desconforto suficiente para o governo de Londres, e por isso o Parlamento aprovou várias leis que aboliram o sistema de clãs e proibiram o uso do *tartan*, alterando assim significativamente o modo de vida das Terras Altas.

Em parte por seu desinteresse em aprender a língua inglesa, Jorge I foi impopular entre o povo inglês e enfrentou oposição violenta tanto por parte dos católicos escoceses como também de alguns dos antigos tóris ingleses que apoiavam o exilado Jaime. Os países católicos Espanha, Itália e, naturalmente, França também apoiavam os Stuarts. Em março de 1708, o rei Luís da França autorizou a partida de uma frota de seis mil homens acompanhados pelo príncipe de Gales com destino a Firth of Forth na Escócia. A invasão, porém, foi prejudicada pelo mau tempo e por um total desestímulo por parte dos marinheiros franceses. Quando os navios ingleses chegaram à cena na Escócia, a frota foi impedida de aportar e a invasão foi abortada. Jaime desistiu de outras tentativas de voltar à sua terra até a famosa revolta de 1715.

A segunda invasão, em 1715, parecia certa da vitória antes mesmo de começar. Depois de desfraldar o estandarte real em Braemar com o apoio de nobres escoceses, o comandante da invasão, conde de Mar, logo assumiu a liderança de um exército de doze mil homens. Um mês depois ele ocupou Pert e Inverness e controlou parte da costa, o que possibilitou receber ajuda da França. Ao sul de Tay, porém, ele descobriu que quase todas as cidades mantinham-se leais ao governo da Inglaterra e que os proprietários de terra *whigs* da região começavam a reunir forças contra ele. Para piorar a situação ainda mais, desejando formar uma aliança com a Inglaterra depois da morte de Luís, a França deixou de dar seu apoio. O próprio Jaime chegou em Peterhead em 22 de dezembro e, desanimado por ver suas tropas derrotadas, partiu de Montrose em 4 de fevereiro de 1716, deixando seus partidários à própria sorte.

Posteriormente os franceses expulsaram Jaime III em decorrência da assinatura do Tratado de Utrecht, que sancionou a aliança da França com a Inglaterra. Jaime recorreu à proteção do papa, o único a ainda reconhecê-lo como rei, e estabeleceu uma pequena corte em Roma. Visto que ele próprio era membro da Linhagem Sagrada, esse reconhecimento pelo Vaticano era em si bastante peculiar[7] no sentido de que se o Vaticano reconhecesse o direito divino da Linhagem Sagrada, a própria Igreja perderia de certo modo seu poder. Ele encontrou uma esposa na princesa polonesa Clementina Sobieski. Apesar de ser mantida prisioneira por algum tempo pelo imperador da Áustria, ela finalmente fugiu para juntar-se a Jaime em Roma. Em 31 de dezembro de 1720, ela deu à luz um filho, Carlos Eduardo, que mais tarde foi romanceado como Bonnie Prince Charlie (ver fig. 4.3).

Bonnie Prince Charlie

Depois de levantar a bandeira dos Stuarts pela primeira vez em Glenfinnan, Escócia, em 19 de agosto de 1745, o príncipe iniciou a que se tornaria conhecida como '45 — a última revolta jacobita.[8] E assim, numerologicamente, o número 45 aparece novamente. É sabido que os Cavaleiros Templários medievais seguiam crenças numerológicas, usando-as para inspirar muitos dos seus empreendimentos. Como vimos, o número 45 é muito significativo como coordenada de latitude norte. No Novo Mundo, a colônia de Green Oaks, Nova Escócia, localiza-se a 45º17' de latitude norte. Quanto à data de 19 de agosto de 1745, descobrimos que numerologicamente os números que formam a data — 1 + 9 + 8 + 1 + 7 + 4 + 5 — totalizam 35, que fica reduzido a 3 + 5, ou 8, o símbolo do infinito. Talvez em sua escolha da data para erguer o estandarte do seu pai, Bonnie Prince Charlie estivesse invocando a idéia de que a dinastia Stuart se perpetuaria para sempre.

Entre os partidários de Charlie contavam-se trezentos do clã Macdonald e setecentos do clã Cameron. Esses rebeldes logo assumiram o controle de Edimburgo e até setembro de 1745 haviam derrotado o exército do rei em Prestonpans. Várias vitórias se sucederam e o exército de Bonnie Prince Charlie aumentava, chegando num momento a somar mais de seis mil homens. Entusiasmados com as vitórias, eles cruzaram a fronteira com a Inglaterra, chegando a 200 quilômetros de Londres. Infelizmente, a apatia dos católicos ingleses e a falta de apoio francês aliada à força do exército do rei inglês forçaram os jacobitas a voltar para a Escócia.

À batalha decisiva de Culloden Moor, perto de Inverness, seguiu-se uma derrota esmagadora do exército jacobita imposta pelo Carniceiro de Cumberland, Guilherme Augusto, duque de Cumberland. A batalha durou em torno de uma hora apenas, mas o desfecho foi um massacre geral de escoceses — inclusive o assassinato de pessoas não envolvidas na revolta jacobita. Milhares foram mortos e a Batalha de Culloden ficou registrada como uma das mais sangrentas da história da Escócia. Com isso, a revolta foi sufocada e Bonnie Prince Charlie se tornou um fugitivo caçado. Ele passou os cinco meses seguintes escondendo-se nas Terras Altas e ilhas distantes da Escócia, até chegar à segurança da França. Da ilha de Skye, o clã MacKinnon ajudou o príncipe

FUNDAMENTOS DO NOVO MUNDO   149

Fig. 4.3. *Bonnie Prince Charlie*, de Sir John Pettit, 1892. Reproduzido por cortesia da Paul V. Gavin Library, Chicago.

a atravessar o Canal Inglês. Por ajudar o príncipe a fugir, há quem diga que o clã recebeu a receita secreta do príncipe para fazer o licor drambuie!

A tentativa malograda de Bonnie Prince Charlie de recuperar os tronos escocês e inglês para os Stuarts teve um impacto de amplas conseqüências e longa duração sobre a cultura escocesa, inclusive sobre a maçonaria, e resultou em mais repressão dos ingleses sobre os escoceses. Partidários jacobitas ou foram executados ou obrigados a emigrar e suas terras transferidas para Jorge II, que as distribuiu para os seus seguidores. A infame Highland Clearances [Desocupação das Terras Altas] ocorreu quando os proprietários de terras julgaram mais vantajoso criar ovelhas em terras que sempre haviam sido usadas para agricultura. A conseqüência foi que muitos habitantes da Alta Escócia perderam suas casas, o que provocou uma onda de emigração escocesa para o Novo Mundo. Muitos escoceses cruzaram o Atlântico com destino à Nova Escócia, e de modo particular à ilha do Cabo Breton, onde as colinas onduladas lhes lembravam sua terra natal.

O próprio Bonnie Prince Charlie passou o resto da sua vida na Europa, mantendo muitos negócios e tornando-se alcoólatra. Ele por fim se estabeleceu em Roma como duque de Albany e morreu em 31 de janeiro de 1788, sem deixar herdeiro, assinalando o fim da linhagem Stuart.

Alternativamente, segundo *Bloodline of the Holy Grail: The Hidden Lineage of Jesus Revealed*, de Laurence Gardner, em 3 de abril de 1784, o papa Pio VI anulou o casamento de Carlos III e sua esposa Louise, supostamente pela incapacidade de Louise de gerar um herdeiro e por seu envolvimento público com um amante de nome Alfieri. Diz a história que Carlos casou com Marguerite Marie Therese O'Dea d'Audibert de Lussan, condessa de Massillan, em novembro de 1785 em Roma. Em novembro do ano seguinte, Marguerite deu à luz um filho, Edouard Jacques Stuardo — Eduardo Jaime Stuart — que ficou conhecido como conde Stuarton.[9] A linhagem Stuart, então, supostamente subsistiu e aparentemente continua com o atual príncipe Michael of Albany, presidente do Conselho Europeu de Príncipes, fundado em 1946 e reconhecido por todas as casas reais européias, exceto pela Casa de Windsor.

Franco-Maçonaria de Rito Escocês

Dessa história dos Stuarts, o que sabemos com segurança é que durante sua estada na França, os Stuarts estavam profundamente envolvidos na difusão da franco-maçonaria. De fato, eles são em geral considerados a origem da forma conhecida como Franco-Maçonaria de Rito Escocês, que prometia iniciação em grandes e profundos mistérios que supostamente haviam sido preservados e transmitidos na Escócia. Embora em seus últimos dias ele fosse visto com desconfiança tanto por seguidores como por inimigos, o príncipe Charlie foi um dos principais perpetuadores da franco-maçonaria escocesa e, mais especificamente, da idéia de que a franco-maçonaria havia se desenvolvido a partir de raízes templárias mais antigas. É sabido que em seus últimos anos, Charlie encontrou-se com o embaixador americano na França, Benjamin Franklin, e discutiu esses assuntos com ele.

Quando o Jovem Pretendente, como o príncipe Charlie veio a ser conhecido, foi desastrosamente derrotado na Batalha de Culloden Moor, a maioria dos franco-maçons jacobitas dos postos mais elevados foi presa ou executada. Alguns meses depois, Charles Radclyffe, um exilado Stuart que anteriormente havia assumido o título de duque de Derwentwater e supostamente exerceu a função de grão-mestre do Priorado de Sião, foi decapitado na Torre de Londres. Com toda probabilidade, foi Charles Radclyffe que originalmente promulgou, se não a idealizou por inteiro, a Franco-Maçonaria de Rito Escocês.[10]

Na época de Radclyffe, em 1737, um eminente jacobita inglês, maçom e tutor escocês do príncipe Carlos Eduardo Stuart, Andrew Ramsay (conhecido como Cavaleiro Ramsay), pronunciou o que veio a ser conhecido como a Oração de Ramsay.[11] Esse discurso declarava que a franco-maçonaria tivera origem entre "Cavaleiros Cruzados" que haviam se reunido em "lojas de São João". Além disso, Ramsay afirmava que a Escócia fora fundamental na preservação da maçonaria desde as Cruzadas até aquele momento. Embora Ramsay evitasse ao máximo usar a palavra "templário" em seu pronunciamento, parece que o papa Clemente XII relacionou os fatos. Em 1738, aproximadamente trezentos anos depois da construção da Capela de Rosslyn, o papa Clemente XII (que, ironicamente, tinha o mesmo nome que o pontífice que havia condenado os Cavaleiros Templários por volta de quatrocentos anos antes) condenou a franco-maçonaria com base no argumento de que ela procedia dos Cavaleiros Templários medievais.[12]

Essa associação levanta a questão de quem realmente surgiu primeiro, a franco-maçonaria ou os Cavaleiros Templários. Em sua oração, Ramsay mencionou que a franco-maçonaria foi criada numa antiguidade remota, mas que foi revitalizada na Terra Santa pelos Cruzados ("nossos ancestrais"), que haviam se unido na Palestina para uma causa nobre. De fato, segundo Ramsay, a franco-maçonaria havia conseguido "preservar seu esplendor entre aqueles escoceses a quem os reis da França confiaram durante muitos séculos a proteção de suas pessoas reais".[13] Se foi isso o que realmente aconteceu, os Sinclairs de Rosslyn efetivamente suprem o elo que falta para unir a Linhagem Sagrada e o tesouro templário do Novo Mundo com suas origens no Velho Mundo. A maioria dos estudiosos da maçonaria, porém, não está inclinada a acreditar nessa ligação devido à insuficiência de evidências históricas. Podemos apenas especular que Ramsay — que fora agraciado com um diploma de nobreza, fora investido Cavaleiro de São Lázaro e recebera uma baronia de Jaime III — foi inspirado pelas muitas referências a ordens medievais na cerimônia de investidura como cavaleiro.

Significativamente, foi o nobre alemão barão von Hund und Altengrotkau, Karl Gottheld, que afirmou que nobres escoceses exilados em Paris, inclusive o próprio Bonnie Prince Charlie, haviam-no iniciado numa Ordem Maçônica Templária em 1742,[14] e foi ainda mais longe declarando que "todo maçom é um templário". Von Hund dizia que fora autorizado a reformar a maçonaria restituindo-a às suas raízes templárias. No âmbito de uma forma da maçonaria especulativa inicial conhecida como Observância Estrita, ele introduziu o grau mais elevado, o Cavaleiro Templário, que acabou propagando-se em toda a Europa.[15] O princípio básico da Observância Estrita era que ela havia procedido diretamente dos Cavaleiros Templários medievais. Os que a seguiam acreditavam que se o tesouro templário fosse finalmente encontrado, ele podia ser legalmente reivindicado em nome da Franco-maçonaria Escocesa e da dinastia Stuart.

Em toda essa história, o mais certo é que a maçonaria especulativa escocesa (enquanto distinta da maçonaria operativa tradicional, baseada no ofício) precede no tempo a maçonaria especulativa inglesa. Sabemos que a Capela de Rosslyn, construída por um escocês, foi começada em 1440 e inclui muitos entalhes que representam os vários graus e rituais próprios da franco-maçonaria. Em 1483, o burgo de Aberdeen registrou envolvimento na solução de uma polêmica entre seis "maçons da loja" — não "pedreiros", nem "artesãos", mas "maçons da loja". Em seu livro *The Secret Scroll*, Andrew Sinclair inclusive afirma que na Kilwinning Lodge Nº 38 em Kirkwall, nas ilhas Órcades, está preservado um pergaminho maçônico que serve de chave para todos os segredos maçônicos.[16] (Ver fig. 4.4.) Embora ainda não tenha sido decifrado a contento, o pergaminho foi datado da Idade Média. Sinclair está convencido de que o pergaminho é uma espécie de mapa do tesouro maçônico, expondo um antigo código que oferece pistas fundamentais na busca do Santo Graal.

Significativamente, os Stuarts da Escócia difundiram a franco-maçonaria especulativa na Inglaterra do século XVII, com o próprio Carlos II tornando-se maçom e patrono da Real Sociedade. Em 1583, William Schaw foi nomeado pelo rei Jaime VI mestre de obras e inspetor geral. Em 1598 ele enunciou o primeiro dos hoje famosos Estatutos de Schaw, definindo os deveres dos membros para com sua loja.[17] Esse estatuto tratava de questões de maçonaria operativa, como a aplicação de penalidades por trabalho malfeito e a proibição de trabalhar com pedreiros não qualificados. Mas é seu segundo

FUNDAMENTOS DO NOVO MUNDO 153

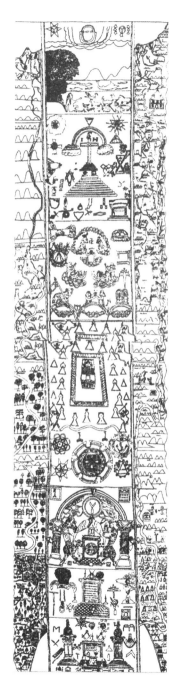

Fig. 4.4. Representação do pergaminho de Kirkwall, encontrado nas ilhas Órcades. Extraído de Kirkwall, Kilwinning Nº 38, "The Story from 1736", com permissão do Shetland Times Limited.

estatuto, elaborado em 1599, o mais importante para o mundo da maçonaria especulativa que existe até hoje, pois esse documento faz a primeira referência velada à existência de conhecimento esotérico na esfera da arte da cantaria. Ele também revela que a Loja-mãe da Escócia, Lodge Kilwinning Nº 0, existia naquela época.* O regulamento de Schaw também determinava que todas as lojas mantivessem registros minuciosos das reuniões, que se reunissem em datas específicas e que testassem os membros na "Arte da Memória".

O registro mais antigo conhecido de uma iniciação maçônica é o de John Boswell, senhor de Auchenleck, que foi iniciado na Loja de Edimburgo, segundo as atas da loja de 8 de junho de 1600. Embora essa loja em particular fosse operativa, parece que Boswell é exemplo de uma das primeiras iniciações especulativas, o que reforça a teoria de uma transição da maçonaria operativa para a especulativa, pelo menos na Escócia: visto que não-pedreiros, considerados especulativos, estavam claramente sendo iniciados desde essa época na Inglaterra, alguns historiadores acreditam que a franco-maçonaria estava em transição nesse ponto da maçonaria pura, operativa, para a franco-maçonaria não-operativa ou especulativa. Alguém poderia argumentar que por essa época a Inglaterra copiou a estrutura maçônica escocesa e iniciou uma forma inteiramente especulativa de franco-maçonaria com uma semelhança meramente alegórica com lojas operativas escocesas muito mais antigas. Essa visão tem definitivamente mérito quando consideramos que um número incomum de grão-mestres antigos de lojas inglesas eram escoceses e não ingleses.

Os registros mais antigos de iniciação na Inglaterra são os de Sir Robert Moray em 1641 e de Elias Ashmole em 1646.[18] Ashmole era um escritor e estudioso de renome e conhecia grandes pensadores da época, como Robert Boyle, Sir Robert Moray, Christopher Wren e o Dr. John Wilkins — os fundadores da Real Sociedade, a qual exerceria um papel importante no surgimento da ciência moderna simultaneamente à perpetuação de um fascínio subjacente

---

* Quando a Grande Loja da Escócia foi finalmente constituída em novembro de 1736, a questão da antiguidade de Kilwinning foi novamente levantada. Como no tempo de William Schaw, e em parte porque faltavam atas de Kilwinning anteriores a 1642, a Loja de Edimburgo era considerada a primeira loja da Escócia, com Kilwinning vindo em segundo lugar. Seus membros, porém, não conseguiam adaptar-se a essa situação, e em 1743 a loja separou-se da Grande Loja em Edimburgo e reassumiu sua condição como autônoma. No restante do século XVIII, Kilwinning seguiu persistentemente uma política de independência maçônica e seus membros evidentemente gozaram de um status mítico crescente que ultrapassou as fronteiras da Bretanha. Nos sessenta e três anos seguintes, a loja facultou números para lojas que ainda conservam seu nome, até que finalmente, em 1806, ela foi convencida a reintegrar-se à Grande Loja se aceitasse ser reconhecida com o número honorário 0 no rol de lojas, que os irmãos ainda acrescentam orgulhosamente ao nome Kilwinning, "Loja-mãe da Escócia."

por crenças mais esotéricas. Uma das primeiras realizações da Sociedade foi a construção de um novo Observatório Real, que acabou localizando-se na área rural do Castelo de Greenwich. O efeito imediato foi a definição do Primeiro Meridiano de Greenwich sob a orientação de Sir Christopher Wren em 1675, para grande dissabor dos franceses, que consideravam o Meridiano de Paris de 1666 como base de uma linha rosa mais antiga.[19]

Segundo o historiador da maçonaria Robert Lomas, é grande a quantidade de material com sugestões de que a Real Sociedade de Londres, externamente constituída para estudar os mecanismos da natureza, tinha origens maçônicas secretas.[20] Com fundadores como Robert Boyle, Christopher Wren, e seu patrono real, Carlos II, é hoje evidente que os dois princípios mais importantes da franco-maçonaria, a geometria sagrada e a alegoria moral, exerceram um papel fundamental na formação da Real Sociedade. Antes de obter a chancela real em 1662, a sociedade era conhecida como Colégio Invisível e num certo momento foi dirigida por Sir Francis Bacon.

Bacon era um utopista que esperava iluminar a religião e expandir a educação e o conhecimento da ciência, e assim criar a Nova Jerusalém. Bacon propôs um modelo para a nova Idade de Ouro no romance alegórico *Nova Atlântida*, sua obra magna, publicada em 1627, pouco depois da fundação das colônias inglesas no Novo Mundo. A obra descreve a criação de um instituto científico nas colônias americanas segundo as orientações do Colégio Invisível recomendadas nos manifestos rosacrucianistas. Bacon expressou suas idéias sobre esse assunto diversas vezes, afirmando que o Novo Reino na Terra (Virgínia) exemplificava o Reino do Céu. Ele foi mais explícito num discurso ao Parlamento, quando pediu a construção da "Casa de Salomão" nas colônias.[21] Nessa clara referência ao Templo do Rei Salomão numa Nova Jerusalém, Bacon dizia que a fundação das colônias na Virgínia em 1606 era um ato espiritual e também político. Mesmo considerando o possível sensacionalismo dessas idéias, a teoria mais consolidada sobre Bacon sugere que ele realmente foi o autor das obras de Shakespeare e que seus manuscritos originais achavam-se numa cripta em Oak Island, Nova Escócia, onde foram guardados pelos primeiros corsários e maçons que corroboravam o extremo ódio que Bacon nutria contra os espanhóis pelo apoio que davam à Igreja Católica e às suas políticas.

De modo semelhante, o problema dos partidários hanoverianos com a franco-maçonaria escocesa devia-se ao fato de que ela estava associada à causa jacobita e, assim, representava uma ameaça concreta à estabilidade da sua própria linha real. Uma conseqüência disso foi que em 1717, seguidores da casa de Hanôver, que já eram franco-maçons especulativos, fundaram a Grande Loja de Londres, exigindo que seus membros renunciassem a todo ensinamento transmitido pela franco-maçonaria escocesa. Nos primeiros anos, as atividades da Grande Loja consistiram simplesmente numa festividade anual durante a qual eram eleitos o grão-mestre e os vigilantes, mas em 1721 outras reuniões foram realizadas e a Grande Loja começou a operar como um corpo normativo. Ela foi devidamente constituída em 1725, e em 1730 reunia mais de uma centena de lojas subsidiárias, inclusive uma na Espanha e uma na Índia. Por essa época, a loja também publicou um Livro de Constituições, havia começado a operar um fundo caritativo central e já havia atraído um amplo espectro da sociedade para suas lojas, inclusive chefes de várias casas reais.

Fazendo uma síntese neste ponto, precisamos perguntar o que contribuiu para que os ingleses e hanoverianos rejeitassem a franco-maçonaria escocesa. Infelizmente, os grão-mestres hereditários da franco-maçonaria escocesa, os St. Clairs (Sinclairs), tinham uma história muito embaraçosa para os franco-maçons ingleses: eles haviam apoiado as Casas de Guise e de Lorena contra a Casa real de Valois da França e haviam aplaudido a coroação de Carlos II contra a vontade do Lorde Protetor Oliver Cromwell. Em 1650, durante a Guerra Civil, o Castelo de Rosslyn havia pago o preço por essa provocação sendo destruído pelo general Monk (fig. 4.5.), mas felizmente Cromwell, ele próprio um franco-maçom, interveio e salvou a Capela de Rosslyn. Ainda assim, tesouros literários e históricos raros foram destruídos pelas tropas de Monk, que também transformaram a capela em cavalariça.

Estabelecida, a franco-maçonaria especulativa inglesa começou a prosperar, especialmente entre os militares britânicos. Segundo os autores de *The Temple and the Lodge*, depois de 1732 a franco-maçonaria se difundiu rapidamente no exército britânico na forma de lojas regimentais de campo. Antes da Guerra Franco-Indígena, faziam parte da franco-maçonaria inglesa membros dos escalões superiores do comando e da administração militares britânicos — figuras proeminentes como o duque de Cumberland, filho mais jovem de Jorge II; o general Sir John Ligonier, comandante supremo das forças britânicas na época; o conde de Abercorn e o conde de Dalkeith. Era também seu integrante o general-de-divisão Jeffrey Amherst, que teve papel decisivo na Revolução Americana e que, com o duque de Cumberland, seria vergonhosamente associado ao saque de Havana em 12 de agosto de 1762 e à especulação de que o tesouro pilhado foi depositado em criptas existentes em Oak Island.[22]

FUNDAMENTOS DO NOVO MUNDO 157

Fig. 4.5. Ruínas do Castelo de Rosslyn. Fotografia de William F. Mann.

A franco-maçonaria se difundiu tão rapidamente na América do Norte britânica quanto havia se espalhado na Europa. Ela foi introduzida nas colônias americanas por franco-maçons individuais, alguns dos quais organizaram novas lojas por "direito imemorial". Algumas licenças também foram obtidas das Grandes Lojas da Inglaterra e da Escócia. Em 5 de junho de 1730, o duque de Norfolk outorgou a Daniel Coxe, de Nova Jersey, uma das primeiras delegações maçônicas de que se tem notícia nas colônias americanas, nomeando-o grão-mestre interino de Nova York, Nova Jersey e Pensilvânia, e autorizando-o a criar lojas a seu próprio arbítrio. Em 31 de agosto de 1733, Henry Price fundou em Boston uma das primeiras lojas coloniais oficiais com alvará da Grande Loja-Mãe da Inglaterra. Em junho de 1738, o major britânico Erasmus James Philipps voltou de Boston para Annapolis Royal, Nova Escócia, com poderes concedidos por Henry Price para inaugurar uma loja em Annapolis Royal, ele próprio designado como primeiro mestre.[23] Essa foi a primeira loja fundada sob os auspícios da Grande Loja da Inglaterra no que é hoje o Canadá, e a quinta na ordem de precedência de lojas licenciadas de Massachusetts.

Nesse ínterim, os maçons europeus passariam por uma nova divisão: Em 1751, foi criada na Irlanda uma Grande Loja concorrente da Grande Loja da Inglaterra — A Mais Antiga e Venerável Fraternidade de Maçons Livres e Aceitos. Seus membros fundadores autodenominavam-se Antigos e formaram sua própria loja para restabelecer a antiga obrigação suprimida pelos ingleses que conclamava todos os maçons "a ser fiéis a Deus e à Santa Igreja".[24] A supressão inglesa dessa obrigação havia eliminado toda e qualquer discriminação baseada nas preferências religiosas dos membros, possibilitando assim a admissão de seguidores de vários credos. Os Antigos das novas lojas irlandesas formavam, ao contrário, um corpo especificamente cristão com constituições que continham muitas referências cristãs. Significativamente, muitas lojas formadas em regimentos britânicos estacionados na América foram de fato autorizadas pela Grande Loja da Irlanda, que compreendia aproximadamente os mesmos graus superiores da franco-maçonaria escocesa.

Nessa época, muitas lojas também praticavam o grau do Arco Real no contexto dos três primeiros graus da franco-maçonaria inglesa. Em termos gerais, o Arco Real é o quarto nível de conhecimento que deve ser alcançado por um Mestre Maçom de 3º grau caso ele queira prosseguir até o nível de Cavaleiro Templário. A Jóia do Arco Real do Companheiro Maçom é um triângulo duplo que representa o Selo de Salomão/Estrela de Davi dentro de um círculo dourado. Na base há um pergaminho com a frase *Nil nisi clavis deest* (Nada além da chave é necessário), c abaixo desta está o Triplo Tau (três *Ts* dispostos perpendicularmente — dois colocados horizontalmente de uma ponta a outra e um posto verticalmente no meio, de modo que as três "hastes" se encontram), o que significa Deus, o Templo de Jerusalém (Templum Hierosolyma), *Clavis ad thesaurum* (chave do tesouro), *Theca ubi res pretiosa deponitur* (lugar onde está escondida uma coisa preciosa) ou *Res ipsa pretiosa* (a própria coisa preciosa).[25] Em termos simples, a chave leva a um Templo de Jerusalém que guarda um "tesouro" — ou talvez a sabedoria e a verdade obtidas através da descoberta do Templo sejam, em si mesmas, o tesouro.

A conseqüência de todas essas maquinações no contexto da maçonaria foi que a aristocracia inglesa do século XVIII conseguiu encontrar mais uma vez inúmeras peças aparentemente perdidas do quebra-cabeça templário — especificamente enquanto se relacionam com o restabelecimento de antigos meridianos — que haviam sido introduzidos veladamente em rituais esotéricos da Maçonaria Escocesa, Irlandesa e Inglesa e que sugeriam fortemente que espécie de tesouro estava realmente oculto no Novo Mundo.[26] Mas apenas os que ocupavam os escalões superiores dessas fraternidades é que chegaram a saber que eram os guardiães um tanto inconscientes de um conhecimento antigo e que somente por meio de uma aplicação operativa do seu ritual eles poderiam identificar a localização de linhas rosas no Novo Mundo que apontavam para o tesouro templário remanescente. Antes de iniciar uma busca controlada "daquilo que estava perdido", porém, os ingleses tiveram de tomar dos franceses o controle da Nova França e quebrar de uma vez por todas as alianças francesas com nativos americanos — pois os nativos, os métis e os acadianos juntos possuíam a maior peça do quebra-cabeça relacionado com as primeiras explorações do interior do continente empreendidas pelo príncipe Henry Sinclar e seu círculo interior de Cavaleiros Templários.

A Guerra Franco-Indígena

Muitos historiadores americanos atuais consideram a Guerra Franco-Indígena um confronto prolongado, estendendo-se de 1689 até 1763, entre a Bretanha e a França pelo controle da América do Norte. De muitos modos, porém, esse conflito significou uma série de guerras independentes travadas tanto no Velho como no Novo Mundo no decorrer do mesmo período: Guerra do Rei Guilherme, de 1689 a 1697; Guerra da Rainha Ana, de 1702 a 1713, e Guerra do Rei Jorge, de 1744 a 1748. Todas essas guerras não conseguiram produzir uma solução para as contínuas e dolorosas hostilidades em torno da religião e da liberdade. Sem levar em conta aspectos com que as guerras deviam ou não relacionar-se, uma coisa é certa: A maioria dos oficiais britânicos e franceses envolvidos nesses confrontos simpatizava com a maçonaria.

Embora fosse travada nas colônias americanas, a Guerra do Rei Jorge foi parte de um conflito mais amplo do século XVIII na Europa e recebeu esse nome apenas porque aconteceu durante o reinado desse monarca. Na fase européia da guerra, de 1740 a 1748, a Prússia, a França e a Espanha aliaram-se contra a Áustria e a Inglaterra na Guerra da Sucessão Austríaca. A etapa colonial da guerra desenrolou-se desde o Canadá até o mar do Caribe, com os ingleses lutando contra os franceses e os espanhóis.

Embora expedições inglesas importantes contra Cartagena, uma fortaleza espanhola na costa caribenha da América do Sul, e Santo Agostinho, na costa atlântica da Flórida, fracassassem, o principal evento da guerra foi a captura em 1745 da fortaleza francesa de Louisbourg, na ilha do cabo Breton, por uma frota inglesa e um exército de colonos da Nova Inglaterra. Esse forte foi construído para proteger a entrada sul para o golfo de São Lourenço e de sua localização estratégica os franceses esperavam recapturar Acádia, que haviam perdido anteriormente na Guerra da Rainha Ana. No Tratado de Paz de Aix-la-Chapelle, que pôs fim à guerra em 1748, Louisbourg foi devolvida aos franceses. Essa, porém, acabou sendo uma mera trégua antes do confronto final em que os franceses perderam a Nova França (o que seria o Canadá) para os ingleses na Guerra Franco-Indígena. Coincidentemente, segundo o historiador maçom Reginald Vanderbilt Harris, foi logo depois do Tratado de Aix-la-Chapelle que o 29º Regimento de Infantaria, os "Fuller's", foi transferido para a nova colônia de Halifax e que o grau ou ordem de Cavaleiro Templário foi conferido pela primeira vez em solo norte-americano.[27]

Uma das principais causas da Guerra Franco-Indígena foi o fato de que à medida que as colônias britânicas foram aumentando sua população e prosperando, seus cidadãos começaram a voltar os olhos para as ricas terras além dos montes Apalaches em busca de novas oportunidades para colonização e crescimento econômico. Os franceses, que se arrogavam o direito de posse às bacias dos rios Mississippi e São Lourenço, incluindo os Grandes Lagos e o vale do Ohio, conseqüentemente ficaram preocupados com os avanços ingleses nessa região. Por isso, puseram-se a instalar inúmeras defesas, inclusive Crown Point no lago Champlain e fortes nos rios Wabash, Ohio, Mississippi e Missouri. Numa contra-reação, os britânicos construíram seus próprios fortes em Oswego e Halifax, e entregaram terras no vale do Ohio para a Ohio Company e para comerciantes aventureiros que haviam instalado bases na região.

Para evitar a guerra, representantes britânicos e franceses reuniram-se em Paris em 1750 com o objetivo de tentar resolver esses conflitos territoriais, mas nada foi acertado. Em 1752, o marquês Duquesne foi nomeado governador geral da Nova França com instruções específicas de tomar posse do vale do Ohio e de eliminar a presença britânica na região. No ano seguinte, ele enviou tropas para a Pensilvânia ocidental, onde elas construíram fortes em Presque Island, perto da moderna Erie, e em Rivière-aux-Boeufs, perto da moderna Waterford. Ao mesmo tempo, Robert Dinwiddie, vice-governador da Virgínia, como representante da Ohio Company, concedeu terras no vale do Ohio a cidadãos de sua colônia, desencadeando os eventos que inevitavelmente levaram à Guerra Franco-Indígena.

Ouvindo falar de novos fortes franceses no alto rio Alegani, Dinwiddie enviou um jovem oficial da Virgínia, George Washington, com uma carta exigindo que os franceses se retirassem da região. Evidentemente, a missão foi um fracasso, mas passando pelo local onde os rios Alegani e Monongahela formam o Ohio, Washington observou que a ponta de terra na junção dos três cursos fluviais era um lugar excelente para um forte. Em resposta à sugestão de Washington, em 1754 os ingleses começaram a construir nesse local estratégico o que ficaria conhecido como Forte Príncipe Jorge, mas logo tropas francesas os obrigaram a abandonar a área.[28]

Os franceses concluíram a fortificação e deram-lhe o novo nome de Forte Duquesne. Nesse ínterim, Washington foi enviado com um contingente de tropas para ajudar a consolidar o controle britânico no oeste. Ao saber da rendição do Forte Príncipe Jorge, ele acampou numa área conhecida como Great Meadows, a sudeste do Forte Duquesne, e, depois de receber um relatório de que um contingente francês próximo planejava atacar seus homens, ele lançou um ataque preemptivo contra o acampamento francês. Esse foi o primeiro combate da Guerra Franco-Indígena, ainda não declarada. Embora Washington vencesse o confronto, ele logo foi derrotado por uma força superior enviada do forte, o que deixou os franceses no controle de toda a região a oeste dos montes Aleganis.

O ano seguinte, 1755, foi ainda mais catastrófico para os ingleses, especialmente pelo envio do general-de-divisão Edward Braddock para a América como comandante-em-chefe das forças inglesas. Ignorando as advertências do amadurecido Washington, ele rapidamente pôs em ação planos para capturar o Forte Duquesne, levando suas tropas para o oeste da Virgínia em junho. Encontrando os franceses a cerca de quinze quilômetros a leste do Forte Duquesne, os ingleses foram derrotados, sofrendo pesadas perdas, entre as quais o próprio Braddock, que morreu quatro dias depois da batalha. Novamente os franceses mantiveram a posse do vale do Ohio. No norte, os ingleses tiveram melhor sorte: venceram uma batalha às margens do lago George e estabeleceram dois fortes logo ao sul da fortificação francesa de Forte Frederico em Crown Point, no lago Champlain — o Forte Edward no rio Hudson e o Forte William Henry na extremidade meridional do lago George.

Em meio a esses conflitos — talvez por causa da amarga derrota dos ingleses no Forte Duquesne — a atitude britânica para com os acadianos franceses, que por mais de um século haviam vivido pacificamente na área que agora incluía a Nova Escócia, a ilha Príncipe Eduardo e Nova Brunswick, mudou radicalmente. Os acadianos eram em grande parte agricultores nesse território central e dividiam a região com os micmacs, mas em 28 de julho de 1755, receberam a notícia de que todos os acadianos homens, mulheres e crianças seriam deportados por se recusarem a assinar um juramento de lealdade ao rei da Inglaterra. Assim, milhares de acadianos foram obrigados a mudar-se para colônias americanas situadas na área intermediária da costa ou ao sul das Carolinas e da Louisiana, com muitos perecendo a bordo de navios sobrecarregados antes de ver sua nova terra (ver fig. 4.6).[29] As tropas britânicas normalmente disciplinadas, que nessa época já incluíam muitos irlandeses e escoceses, e também mercenários hessianos (alemães), incendiaram e saquearam todos os povoados acadianos depois da partida dos habitantes — sem dúvida seguindo ordens expressas do alto-comando britânico.

Afora a virulência política sentida em ambos os lados, talvez houvesse uma razão velada para o nível inusitado de crueldade e destruição por parte dos britânicos: Poderiam membros do governo britânico ter de algum modo confirmado suas suspeitas de que havia no território da Acádia um imenso e inestimável tesouro ou pistas para sua localização? Ao incendiar as casas, os ingleses talvez quisessem forçar os acadianos a revelar o que sabiam sobre a localização do tesouro; ou talvez esperassem chegar a antigas fundações do povoado sobre as quais presumiam que os acadianos haviam erguido suas estruturas. A destruição de casas dessa forma também eliminaria quaisquer evidências de antigas colônias do Graal. Canções folclóricas dos acadianos sempre se referiram a um tesouro perdido. Na verdade, a bandeira acadiana representa uma estrela dourada de cinco pontas sobre um fundo azul royal, sugerindo que de fato um tesouro de ouro havia atravessado o mar em sua viagem do Velho para o Novo Mundo. Dizem ainda alguns que a estrela representa a estrela polar, que guiou os acadianos através do mar, mas um nível de simbolismo a mais provém do

Fig. 4.6. *Deportação dos Acadianos*, 1755 (autor e data desconhecidos). Reproduzido por cortesia do National Archives of Canada, Ottawa.

fato de que a estrela de cinco pontas era a imagem heráldica de muitas famílias francesas mais antigas que afirmavam pertencer à Linhagem Sagrada.

Há dois fatos aparentemente desconexos que sustentam essa teoria. Primeiro, os registros britânicos da expulsão relacionam sete famílias procedentes do "Rio da Antiga Habitação". Entre elas está a família Saunière[30] (sobrenome do vigário de Rennes-le-Château — ver capítulo 5, página 215). Depois de uma exaustiva pesquisa em todos os arquivos franceses, porém, e apesar da identificação desse pequeno grupo, não foi localizado nenhum lugar chamado Rio da Antiga Habitação. É curioso que os acadianos, supostamente os primeiros colonizadores europeus na região, vivessem num lugar chamado *Antiga* Habitação.

Segundo, existe um mapa da Acádia de 1757 (ver fig. 4.7) produzido pelo governo francês "para servir como uma história geral das viagens" dois anos depois da expulsão dos acadianos.[31] Considerando a data, não poderia ser outro seu objetivo senão o de constituir-se num documento indicativo dos povoados franceses antes da expulsão. O aspecto mais importante do mapa, além do fato de basear-se numa longitude medida a partir do Meridiano de Paris estabelecido em 1666 e mostrar Oak Island situada a 66,6° oeste de Paris, é que o povoado de Shubenacadie aparece localizado onde se situa a atual Green

164 COLOMBO E O MISTÉRIO DOS TEMPLÁRIOS NA AMÉRICA

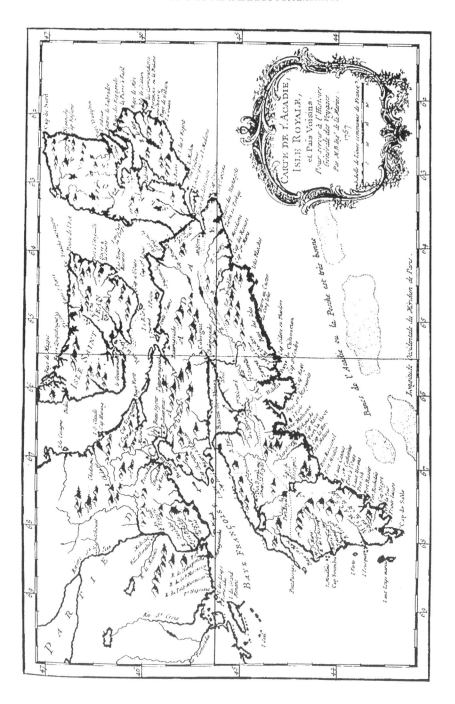

Fig. 4.7. Mapa francês da Acádia, desenhado por M. B. Ing de la Marine em 1757. Reproduzido de *Crucial Maps in the Early Cartography and Nomenclature of the Atlantic Coast of Canada*, por W. F. Gagnong, com permissão da University of Toronto Press.

Oaks, e não onde está a atual Shubenacadie, que fica mais ao sul. Essa localização põe a antiga vila de Shubenacadie/Green Oaks no centro da Acádia.

Apesar da expulsão dos acadianos em 1755, a guerra entre franceses e ingleses só foi oficialmente declarada em 1756. Embora as operações militares naquele ano e no ano seguinte não levassem à proclamação de um vencedor, os franceses em geral estiveram no controle da situação, capturando os fortes Oswego e William Henry. Em 1758, porém, a maré começou a favorecer os ingleses, que adotaram uma série de estratégias militares engenhosas: lançaram um ataque simultâneo aos franceses em três frentes — contra Louisbourg na costa atlântica, contra o Forte Carillon no lago Champlain e contra o Forte Frontenac na extremidade oriental do lago Ontário.

Foi necessário quase todo o verão, porém, antes que os britânicos finalmente tomassem Louisbourg, conseguindo assim dominar a baía do rio São Lourenço. Embora fracassassem num ataque ao Forte Carillon, eles assumiram o controle do lago Ontário conquistando o Forte Frontenac. Em julho, o general-de-brigada John Forbes reuniu uma grande força para atacar o Forte Duquesne. Seu sucesso deveu-se principalmente a uma reunião realizada para firmar um acordo de paz entre os ingleses e os índios da região. Quando os franceses perceberam que não podiam mais contar com seus aliados nativos e que a comunicação com Montreal fora cortada com a captura do Forte Frontenac, destruíram imediatamente o Forte Duquesne e partiram. Forbes ocupou o local e reconstruiu a fortificação, dando-lhe o novo nome de Forte Pitt, em homenagem ao primeiro-ministro da Inglaterra William Pitt, o Velho. Pela primeira vez, os ingleses controlavam o alto vale do Ohio.

A essa altura, a luta na América havia se tornado parte de um conflito maior em andamento na Europa, conhecido como Guerra dos Sete Anos, com a Prússia e a Inglaterra aliadas contra a Áustria e a França. A França e a Inglaterra enfrentavam-se na Índia e na Europa, no mar e na América do Norte.

As notícias durante o ano de 1759 continuaram boas para os britânicos na América do Norte. O general-de-divisão Jeffery Amherst havia substituído Abercromby no posto de comandante-em-chefe das forças britânicas e em pouco tempo tomou o Forte Ticonderoga, Crown Point e o Forte Niagara.[32] A cidadela em Quebec, a fortaleza originalmente concebida pelos Cavaleiros de Malta, foi mais resistente e continuou em poder dos franceses. Ela era a pedra angular do poder francês na América do Norte e, como tal, os britânicos sabiam que se conseguissem capturar Quebec, o resto do país em breve lhes pertenceria. Assim, no início de 1759, eles planejaram o maior ataque da guerra: uma força combinada de aproximadamente nove mil soldados sob o comando do general James Wolfe e uma frota de vinte navios comandada pelo almirante Charles Saunders. Com o general Wolfe, os ingleses mantiveram o cerco de Quebec de 27 de junho até 18 de setembro, e depois de uma derrota decisiva dos franceses comandados pelo general Montcalm na planície de Plains of Abraham, os franceses entregaram sua guarnição na cidade. Esse foi o momento decisivo da guerra; uma vitória britânica agora era certa. Pelo fim do ano, os ingleses controlavam quase todas as possessões francesas na América do Norte, menos Montreal e Detroit, e até o fim de 1760, também esses dois núcleos haviam capitulado.

Certamente, a vitória mais espetacular e importante na América do Norte até aquele momento foi a conquista da cidade de Quebec, que em termos práticos significou o fim do poder da França na América, embora o tratado respectivo só fosse assinado em 1763. Os generais Wolfe e Montcalm, que perderam a vida no cerco, dividem um monumento fora dos muros da cidade de Quebec que relembra sua morte na batalha mais famosa já travada em solo canadense — embora fossem adversários no campo de batalha, porém, eles eram irmãos maçons.[33]

As conseqüências da Guerra dos Sete Anos repercutiram intensamente na América do Norte. Em 1762, a França cedeu Nova Orleans e o território a oeste do Mississippi para a Espanha. A Inglaterra havia conquistado uma vasta extensão de terra a leste do Mississippi, especificamente o Canadá da França e a Flórida da Espanha. A bandeira inglesa tremulava assim sobre todo o território a leste do Mississippi e sobre o Canadá (ver fig. 4.8) — um território vasto que ficou conhecido como América do Norte Britânica e que, curiosamente, correspondia aos antigos meridianos templários confirmados. Para os futuros Estados Unidos, a vitória inglesa assegurou o uso da língua inglesa e das instituições inglesas, uma maioria protestante na religião e um governo autônomo.

As Colônias Americanas Lutam pela Independência

Até o início dos anos de 1770, as colônias americanas da Bretanha haviam se desenvolvido e transformado em comunidades populosas e prósperas com uma forte tradição na condução dos seus próprios assuntos. Agora elas se sentiam também seguras, uma vez que a conquista britânica da Nova França dissipara a ameaça de invasão francesa. Mas essa tranqüilidade durou apenas

FUNDAMENTOS DO NOVO MUNDO   167

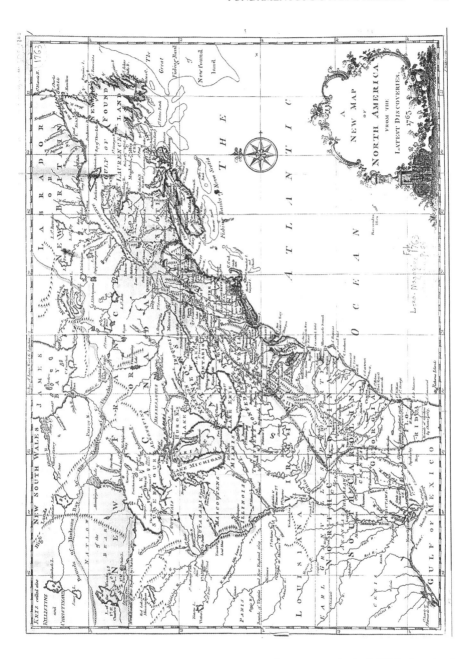

Fig. 4.8. "Um Novo Mapa da América do Norte com as últimas descobertas", 1763, desenhado por Pierre-François-Xavier Charlevoix. Pierre Charlevoix foi um estudioso jesuíta e explorador enviado para a América em 1720 pelo duque de Orleans para registrar acontecimentos na Nova França e na Louisiana, e para definir a melhor rota para o Pacífico. Reproduzido de A Voyage to North America (Dublin, 1766), que se baseava numa obra anterior de Charlevoix, Histoire et description générale de la Nouvelle France (Paris, 1744).

uma década, pois a Revolução Americana deu início a um novo episódio na história do continente, durante o qual os colonizadores perceberam que a França não havia desistido totalmente da idéia de recuperar a América do Norte dos ingleses. Com essa revolução chegaram rumores de que maçons britânicos de alto escalão e colonizadores conspiraram com o firme propósito de tornar as colônias independentes para que a América do Norte continuasse sendo um refúgio para a Linhagem Sagrada e para o tesouro templário.

Apesar de muitos volumes terem sido escritos sobre a Revolução Americana, muito pouco foi discutido sobre o efeito que as várias formas de maçonaria e suas alianças tiveram sobre o resultado do conflito. Hoje sabemos que, à parte da que é considerada a história oficial da Revolução Americana, aconteceram fatos assegurando que as colônias receberiam ajuda externa quando a solicitassem de franco-maçons devotados como os franceses Lafayette e d'Estaing e, curiosamente, por maçons ingleses como o general Sir Guy Carleton, Sir William Howe e Sir Jeffery Amherst. Também franco-maçons americanos — homens extraordinários como Benjamin Franklin, George Washington e Paul Revere — tiveram papel importante na luta dos colonizadores pela independência. Especula-se inclusive que os integrantes da Festa do Chá de Boston participaram de uma reunião maçônica pouco antes dessa demonstração de rebeldia.[34]

Nascido em Boston em 1706, Benjamin Franklin foi um homem de visão, ação e criatividade, e, como se pode ver em *Poor Richard's Almanac*, de humor. Ele havia viajado para a Inglaterra antes de 1734 e acredita-se que tenha sido iniciado na maçonaria nessa ocasião, pois pouco depois, em 24 de junho de 1734, ele assinou um requerimento à Grande Loja de Massachusetts solicitando autorização para criar uma loja na Filadélfia. Esse requerimento recebeu despacho favorável, e ele foi nomeado primeiro grão-mestre da Pensilvânia.

Em 1772, Benjamin Franklin residiu durante algum tempo na França, onde foi eleito para a Academia Francesa de Ciências e recebeu menções honrosas nas academias de ciências e artes em Orléans e Lião. Como embaixador dos Estados Unidos na França entre 1776 e 1785, ele participou da iniciação de Voltaire em 7 de fevereiro de 1778 e atuou como decano sênior na cerimônia fúnebre celebrada em 30 de maio de 1778 em memória de Voltaire.[35] Foi nessa época em Paris que a influência de Franklin se tornou decisiva para a assinatura dos primeiros tratados em que a França reconhecia as colônias como Estados Unidos da América. É também muito possível que nesse período ele tenha sido iniciado em várias ordens secretas da franco-maçonaria jacobita, possivelmente através de sua relação com o já idoso Bonnie Prince

Charlie. Ao retornar para as colônias, ele levou essas revelações maçônicas consigo. Dessa época em diante, a franco-maçonaria prosperou na América e ficou conhecida entre maçons de outras partes do mundo como Obra Americana ou Antiga.

Até 1775 existiam lojas em toda a costa do Atlântico, desde a Nova Escócia até as Índias Ocidentais, as quais, durante e depois da Guerra Revolucionária, começaram a formar grandes lojas independentes em cada estado. A Virgínia tem a honra de criar a primeira grande loja independente na convenção especial realizada em Williamsburg em 1778, num momento em que as forças britânicas ainda ameaçavam a capital colonial de Jamestown a alguns quilômetros de distância. Foi nessa ocasião que os convencionais instaram com George Washington que aceitasse a função de primeiro grão-mestre da uma Grande Loja nacional dos Estados Unidos, mas ele recusou, acreditando que a idéia era perigosa para a autonomia local da Arte.

Quando foi declarado estado de guerra nas colônias americanas, franco-maçons no exército continental seguiram a Antiga Arte, com a qual muitos deles já estavam familiarizados por suas experiências nos regimentos reais durante a Guerra Franco-Indígena. Pelo menos dez lojas de militares foram autorizadas a operar entre as forças patriotas e sabe-se que outras já eram atuantes. A mais eminente foi a American Union Lodge, que, organizada no cerco de Boston em fevereiro de 1776, logo se difundiu nos estados de Nova York, Nova Jersey e Connecticut. Os anais da loja ainda existem e relacionam os nomes de mais de 450 franco-maçons quc, depois da guerra, se espalharam por toda a jovem nação levando com eles a prática da franco-maçonaria.

No verão de 1776, a cidade de Nova York se tornou o quartel-general do exército britânico e continuou como tal durante a maior parte da Guerra Revolucionária, até ser evacuada em 3 de novembro de 1783, quando as últimas unidades embarcaram e navegaram para Halifax. Mas a cidade não foi apenas o centro de operações para o alto comando, mas também uma cidade-guarnição para uma grande reserva, uma base para operações navais e um santuário para colonizadores leais à Coroa. Conseqüentemente, a maçonaria prosperou na cidade nessa época, e meia dúzia ou mais de lojas regimentais foram bastante ativas quando seus membros não estavam no campo de batalha.

A prática da franco-maçonaria se estendeu também aos índios, como à nação iroquesa ao norte de Nova York, que foram aliados britânicos importantes durante o conflito. Originalmente, os índios pretendiam manter-se neutros, mas Joseph Brant, que mais tarde se tornaria maçom, e sua mulher, Molly Johnston, ajudaram a convencer a maioria das Seis Nações de Iroqueses a lutar pela Inglaterra para preservar suas terras. Brant, cujo nome índio era Thayendagea, era filho do chefe dos mohawks e foi criado na residência de um eminente oficial da administração britânica e maçom, Sir William Johnson.[36] Johnson lhe dera o nome Joseph Brant, e quando adulto Brant lutou em várias batalhas ao lado de Johnson contra os franceses durante a Guerra Franco-Indígena.

Em 1775, Brant viajou para a Inglaterra, onde se tornou maçom numa loja de Londres em 1776. Ele então voltou para a América para alistar os mohawks na luta contra os rebeldes americanos. Esses iroqueses, sob o comando do coronel John Butler e de Brant, atacaram e massacraram os americanos em várias incursões bem-sucedidas, e os prisioneiros foram entregues aos mohawks para ser torturados. Em represália, tropas americanas queimaram a maioria das cidades e plantações de milho das Seis Nações em 1779. Tudo indica que o próprio Brant, porém, levou seus votos maçônicos a sério e, em vários casos registrados, libertou prisioneiros que faziam sinais de mão maçônicos quando estavam para ser torturados. Durante o restante da guerra, os iroqueses, em sua maioria, viveram como refugiados em torno do Forte Niágara. Depois da guerra, Brant se tornou membro da St. John's Lodge of Friendship Nº 2 em Forte Niágara antes de voltar para os mohawks que, a essa altura, haviam se mudado do norte do estado de Nova York para Ohio.

Envolvimento Francês na Guerra da Independência

De 1775 em diante, legalistas começaram a deixar as colônias americanas e a instalar-se nas colônias canadenses. Alguns procuravam segurança, mas outros vinham para juntar-se a milícias leais e companhias de guardas, como os Butler's Rangers. De Halifax, St. John, Montreal, Niágara e outras cidades e fortes, esses soldados, com seus aliados nativos e tropas britânicas, defendiam as colônias canadenses. De Halifax, que se tornara a guarnição e base naval britânica mais importante na guerra, a Marinha Real empreendia ações de guerra navais contra os rebeldes. De modo semelhante, Montreal foi o ponto de partida de uma invasão britânica em Nova York em 1777. Com o fracasso desastroso da invasão, a França aderiu à guerra ao lado dos americanos, o que levou o alto comando no Canadá a temer que a França poderia estar blefando para recuperar Quebec. Tropas britânicas estavam assim estacionadas em Quebec, Montreal e ao longo das fronteiras com as colônias rebeldes.

Curiosamente, a França entrou na Revolução Americana em fevereiro de 1778 apenas com uma aliança militar e econômica limitada; os franceses emprestaram aos americanos dezoito milhões de libras e ajuda na forma de uma frota de navios para enfrentar a superioridade naval britânica. Depois de sua vitória sobre os ingleses em Saratoga, em outubro de 1777, os americanos acreditavam poder formar uma aliança com a França em termos iguais,[37] achando que a França, por interesses próprios, aceitaria a aliança na expectativa de perturbar o equilíbrio de poder que a Inglaterra mantinha sobre as nações da Europa, o que seria feito retirando o controle da Inglaterra sobre as treze colônias americanas.

Com essa esperança, o Congresso Americano enviou uma delegação para a França, com Benjamin Franklin entre seus integrantes, com o objetivo de negociar uma aliança formal entre as duas nações. Notícias do sucesso das negociações só chegaram às ex-colônias em 11 de maio de 1778. Nesse ínterim, depois da vitória em Saratoga, alguns americanos acreditavam que poderiam vencer sem o concurso da França; outros questionavam se a França seria apenas um suporte secreto da Revolução ou se participaria ativamente. Seja como for, muitos almejavam uma aliança para que o fim da guerra fosse o mais rápido possível.

No entanto, o primeiro embaixador francês nos Estados Unidos, Conrad Alexandre Gérard, via os americanos como fracos e considerava qualquer aliança em termos de uma grande força auxiliando fracos contra um inimigo comum e poderoso. Gérard pediu posteriormente aos americanos que elaborassem uma política concreta para alcançar a paz com a Grã-Bretanha, o que resultou num acalorado debate no Congresso sobre o verdadeiro objetivo da França na América do Norte. O fato abalou os fundamentos da aliança e Gérard teve de agir rapidamente para formar uma coalizão política que assumisse a tarefa de pôr fim à guerra, mas ao mesmo tempo se dedicasse à causa da independência. Essa coalizão representava políticas semelhantes às da França na época, mas eram expressas por americanos no Congresso, o que ajudou a amenizar as tensões existentes.

Por não compreender verdadeiramente a causa americana, Gérard foi rapidamente substituído pelo cavaleiro de la Luzerne, um coronel do exército francês. A interpretação de Luzerne à oposição americana às políticas da França foi muito diferente da do seu antecessor. Luzerne destacou objetivos franceses e americanos comuns no esforço de guerra, concentrando-se em ajuda militar aos Estados Unidos, mas também fica-se com a impressão de que ele, por causa de seus antecedentes familiares e sua posição elevada na maçonaria francesa, tinha uma compreensão maior da questão sem resposta da Linhagem Sagrada e dos meridianos templários no Novo Mundo. Antes mesmo de ser recebido pelo Congresso, Luzerne visitou Washington, com quem discutiu a possibilidade de trazer uma força expedicionária francesa para ajudar na luta contra os ingleses e, possivelmente, outros assuntos de caráter mais sigiloso.

Um resultado direto da influência de Luzerne em 1778 foi o envio para a América do primeiro esquadrão francês, comandado pelo almirante d'Estaing. Entre os franceses que se juntaram à causa estava um impetuoso jovem de vinte e três anos, o marquês de Lafayette, responsável pessoal pela vitória final em Yorktown.[38] A França havia enviado uma frota de navios e cinco mil soldados, e prometera enviar outros dez mil no prazo de um mês. Surpreendentemente, os sentimentos com relação a essa atitude tornaram-se imediatamente negativos, com muitos residentes nas colônias vendo a presença de tropas francesas em solo americano como uma ameaça à independência. A derrota americana em Charleston em maio de 1780, porém, logo mudou a visão desses residentes.

O inverno de 1779-80 foi especialmente desanimador para George Washington e seu exército em Valley Forge depois da derrota em Brandywine e Germantown. Com a chegada da frota francesa e seu exército de apoio, Washington acreditava que os americanos podiam infligir um golpe decisivo às forças britânicas. A estratégia subseqüente foi desferir um ataque conjunto com as forças francesas, por terra e por mar, contra uma cidade controlada pelos britânicos. O primeiro alvo potencial era a cidade de Nova York, mas o alto-comando concluiu que a frota não conseguiria entrar no porto.

O outro único alvo possível para um ataque dessa natureza era Newport, fato sumamente interessante considerando a importância dessa cidade para os meridianos templários. De fato, Newport significava pouco estrategicamente, mas sua captura de algum modo selaria a aliança entre americanos e franceses.[39] Guardaria Newport um segredo comum a franceses e americanos? Externamente, os americanos estavam ansiosos para ver a extensão do compromisso francês, e a França queria observar o vigor das forças americanas. Por razões mais amplas, porém, Newport era uma posição fundamental: se a cidade fosse capturada, grupos de reconhecimento geológico poderiam começar a determinar as coordenadas de solo exatas, uma medida necessária para restabelecer a série de antigos meridianos. O general americano Sullivan comandaria o ataque por terra, acompanhado pelo comandante francês Lafayette. D'Estaing cercaria a cidade por mar, mas ao saber que um comboio britânico havia zarpado de Halifax, ele se pôs ao mar para encontrá-lo. A batalha entre as duas frotas não teve vencedor, pois ambas foram surpreendidas por uma violenta tempestade. As forças navais francesas se dispersaram e voltaram para Newport para comunicar ao comando em terra que precisavam ir a Boston para consertar os navios avariados.

Os americanos esperavam que depois que d'Estaing chegasse em Boston, ele permaneceria no porto para dar condições a comerciantes americanos de abrirem rotas marítimas seguras para a França e o restante da Europa, mas, consertados os navios, ele voltou a Newport, onde pretendia permanecer até a chegada de um segundo esquadrão da França. Esse esquadrão nunca chegou, porém, porque os britânicos haviam imposto um bloqueio à marinha francesa na França. Agora, em essência, a França estava financeiramente impotente. Assim, as forças francesas em Newport eram as únicas disponíveis para lutar contra a Inglaterra na América.

Diplomatas franceses, líderes militares e muitos americanos contavam com a chegada da segunda divisão, porém, e oficiais americanos e cidadãos de Newport tornavam-se mais impacientes à medida que as tropas francesas consumiam provisões valiosas e permaneciam inativas. Assim, franceses e americanos voltaram a reunir-se e planejaram um ataque. Os planos nunca se concretizaram, no entanto, e em vez disso os dois lados despacharam seus exércitos para o rio Hudson no verão de 1780 para iniciar confrontos com os britânicos. Essa estratégia acabou sendo um grande sucesso; os exércitos americano e francês finalmente operavam em perfeita harmonia, e onde quer que lutassem surgiam histórias da superioridade do exército francês sobre as tropas britânicas e os mercenários hessenos. O fato que talvez ajudasse os franceses e os americanos a ter sucesso militar era que o alto escalão britânico, os oficiais mais graduados, se recusava a apoiar em cada campanha o comandante britânico no campo, Sir John Burgoyne. Tudo indica que Burgoyne não era um iniciado maçom e por isso não havia participado da conspiração que se desenrolava ao seu redor![40]

A Paz e o Papel da Franco-Maçonaria nos Primeiros Anos da América

A Guerra da Independência terminou efetivamente com a tomada de Yorktown, Virgínia, e a rendição de Cornwallis e de seus seis mil homens a Washington e à frota francesa comandada por Lafayette, que nessa época já era um franco-maçom de grau elevado e de grande influência. Parece que o alto-comando britânico havia apoiado secretamente seus companheiros maçons desmobilizando suas tropas durante conflitos críticos, e negociações de paz entre a aliança americano-francesa e a Bretanha começaram imediatamente. Os crescentes problemas da França nas Índias Orientais e o seu desejo de conquistas nessa região, porém, indicavam que ela não estava mais tão interessada na América do Norte como estivera até um passado recente. Assim, embora tivessem uma dívida considerável com a França, os americanos não se tornariam uma colônia francesa, como alguns temiam.

As negociações começaram, e no Tratado de Paris de 1783 a Inglaterra reconheceu a independência dos Estados Unidos. Como conseqüência, milhares de legalistas que haviam permanecido nas colônias durante a Revolução fizeram planos para deixar os Estados Unidos. Em torno de quarenta mil deles, somados a aproximadamente dois mil iroqueses, estabeleceram-se no Canadá. De fato, foram tantos os que se mudaram para a Nova Escócia, que ela foi dividida para formar duas novas colônias, Nova Brunswick e Cabo Breton (embora Cabo Breton voltasse a fazer parte da Nova Escócia em 1820). Os legalistas foram o primeiro grande grupo de imigrantes de língua inglesa em Quebec, e a maioria deles estabeleceu-se na região que ficou conhecida como Eastern Townships, com a área em torno do lago Memphremagog incluída.

Durante 1783, depois de concluídas as negociações para definir os termos sob os quais as colônias americanas seriam reconhecidas como independentes, a atividade maçônica na nova nação foi intensa. Maçons americanos visitaram lojas na ainda ocupada cidade de Nova York e obtiveram os graus do Arco Real e de Cavaleiro Templário. Parece que o grau do Arco Real se difundiu bastante livremente entre as lojas militares. O grau de Cavaleiro Templário pode não ter sido conferido com liberalidade, mas já em 1785 o número de agraciados era suficiente na cidade de Nova York para terem seu lugar numa procissão maçônica.[41]

Ao mesmo tempo, o grau de Cavaleiro Templário destacou-se na realização de atividades maçônicas em Charleston, Carolina do Sul. St. Andrews Lodge, em Pensacola, Flórida, havia sido autorizada por James Grant, grão-mestre provincial para o Distrito Sul da América do Norte, e a loja mudou-se para o norte, para Charleston (surpreendentemente, ainda sob controle britânico), com as forças militares e a população civil quando Pensacola foi evacuada. Um certificado emitido em março de 1782 dá provas da atribuição do grau de Cavaleiro Templário lá e outro emitido em agosto de 1783 menciona tanto o grau do Arco Real como o de Cavaleiro Templário.[42] Esses certificados oferecem evidências claras de que durante a ocupação, os graus do Arco Real e de

Cavaleiro Templário foram conferidos indiscriminadamente tanto para franco-maçons britânicos como para os naturais da colônia, significando que as duas facções teriam trocado livremente as informações mais recentes sobre a possibilidade da existência da Linhagem Sagrada na vastidão do Novo Mundo.

Finalmente, em 25 de maio de 1787, foi instalada na Filadélfia a Convenção Constitucional, que redigiu seus princípios diretivos de administração. Em sua forma final, a Constituição foi produto de várias filosofias maçônicas e não-maçônicas desenvolvidas por homens como George Washington, Benjamin Franklin, Edmund Randolph, John Adams e Thomas Jefferson (cuja biografia oficial continua um tanto cautelosa em termos de suas afiliações maçônicas).[43] Desses cinco homens, Washington, Franklin e Randolph eram conhecidos como maçons. Em 17 de setembro de 1787, a minuta da Constituição foi assinada por trinta e nove dos quarenta e dois delegados presentes. Nessa ocasião, o estado de Maryland também cedeu dez milhas quadradas do seu território para o Congresso, um espaço reservado para a construção da nova capital federal — o Distrito de Colúmbia.

Washington foi eleito o primeiro presidente dos Estados Unidos em 4 de fevereiro de 1789, com John Adams como seu vice-presidente. Os dois foram empossados dia 30 de abril. À solenidade da ocasião somaram-se as homenagens a Benjamin Franklin, falecido duas semanas antes. O juramento do cargo, baseado no ritual maçônico, foi presidido pelo grão-mestre da Grande Loja de Nova York, Robert Livingston. Em 18 de setembro de 1793, a pedra fundamental do Capitólio foi oficialmente lançada pelo próprio Washington, vestindo o traje maçônico completo, inclusive o avental da Grande Loja de Maryland, sob os auspícios da Loja Azul, Templo do Rito Escocês.

Lançamento da Pedra Fundamental do Capitólio dos Estados Unidos, 18 de setembro de 1793 (ver fig. 4.9), do renomado artista americano contemporâneo John Melius, foi encomendado pelo Supremo Conselho do Rito Escocês dos Estados Unidos para celebrar, em 1993, o bicentenário do lançamento da pedra fundamental do Capitólio e para assinalar a sessão do Supremo Conselho (Mãe do Mundo), grau 33, de 1993. Depois de realizar pesquisas exaustivas sobre a cerimônia, o artista afirma que a obra é a representação documentada historicamente mais precisa desse importante evento. Possivelmente, o que mais nos interessa aqui é o detalhe do tripé de carvalho instalado para o lançamento da pedra fundamental. Se lembrarmos o quadro de René de Anjou de 1457, *La Fontaine de Fortune* (ver fig. 1.19, página 64), é evidente que muitos elementos simbólicos foram transferidos do tempo de de Anjou para 1793, mas em vez do aprendiz adormecido que acompanha o cavaleiro na

Fig. 4.9. *Washington Lançando a Pedra Fundamental do Capitólio dos Estados Unidos*, de John D. Melius. A data real do lançamento da pedra fundamental foi 18 de setembro de 1793. Reproduzido por cortesia do Supreme Council, 33rd degree, Scottish Rite Freemasonry, USA.

busca do Santo Graal, temos uma pedra talhada que simboliza a fundação de uma nova república. Seguramente, o autor quis sugerir que um novo Templo estava sendo erigido no Novo Mundo, depois de uma imensa luta por liberdade e pela verdade. Estaria a verdade relacionada com os antigos meridianos oculta no âmago do plano para o Capitólio em Washington?

A Construção de Washington, D.C.

Tanto o Capitólio como a Casa Branca tornaram-se posteriormente pontos centrais de uma disposição geométrica meticulosa da cidade-capital da nação, originalmente concebida pelo franco-maçom, militar, arquiteto e artista francês, major Pierre-Charles l'Enfant (ver fig. 4.10). Embora o projeto original seja atribuído a l'Enfant, porém, sabemos que tanto George Washington como Thomas Jefferson contribuíram com alterações do plano original com o objetivo de incluir um conjunto de padrões octogonais, introduzindo tanto a cruz de Malta quanto a cruz templária, adotadas por templários maçons até os dias atuais.[44]

Embora os projetos de l'Enfant simbolizassem os ideais da liberdade e independência tão recentemente alcançados pelos americanos, eles eram indiscutivelmente europeus. Seus planos originais para o Capitólio refletiam a grandiosidade e a elegância da arquitetura de paisagem barroca de Paris e Versalhes que o influenciavam intensamente. L'Enfant planejou duas séries de avenidas amplas, com o nome dos estados de Maryland e Pensilvânia, que convergiriam para interseções circulares destinadas a completar longas vistas e a dar direção e caráter à cidade. L'Enfant escolheu dois pontos elevados — Jenkins Hill para o Congresso, e uma segunda colina a dois quilômetros e meio de distância para o Palácio do Presidente, mais tarde conhecido como Casa Branca — que se ligariam em linha reta por uma avenida de cinqüenta metros de largura. A avenida, embora não mais uma linha reta ininterrupta porque foi bloqueada por uma ampliação do prédio do Tesouro em 1840, tornou-se a Avenida Pensilvânia.[45]

O padrão de avenidas radiais na cidade foi preenchido por uma matriz em grade de ruas identificadas com números no sentido leste-oeste e com letras no sentido norte-sul — com exceção da Rua J que, segundo um artigo da *Washington Post Magazine* de 1994, l'Enfant omitiu para evitar confusão entre as letras *I* e *J*, que na época mal se distinguiam e às vezes eram permutáveis.[46] Embora o projeto de l'Enfant servisse de base para a venda de terrenos, construções e planejamento do Capitólio, o presidente Washington o demitiu um ano depois porque o francês aparentemente havia "tomado decisões à revelia de suas ordens, do orçamento ou das reivindicações dos proprietários de terras".[47] Embora o demitido l'Enfant voltasse para a França com seus planos, o renomado matemático, astrônomo e editor Benjamin Banneker, que auxiliava o comissário Andrew Ellicott no levantamento topográfico do local, salvou o projeto reproduzindo-o inteiramente de memória.

Muitos seguidores da cruzada antimaçônica de hoje vêem uma grande conspiração no projeto da capital. Segundo eles, olhando do Mall para o Capitólio, este pode ser visto como a cabeça de um compasso, com a perna esquerda representada pela Avenida Pensilvânia e a perna direita pela Avenida Maryland. Eles dizem também que o esquadro maçônico está na posição maçônica de costume, no centro do "templo", na interseção da Rua do Canal com a Avenida Louisiana, e que a perna esquerda do compasso se apóia na Casa Branca e a perna direita no Memorial de Jefferson. Naturalmente, levando tudo isso um pouco além, o acesso circular e as ruas curtas atrás do prédio formam a cabeça e as orelhas do que os satanistas chamam de Bode de Mendes ou cabeça de Bode!

Às especulações sobre alguma forma de "conspiração" maçônica/satânica que influenciaria a construção do Distrito de Colúmbia soma-se a idéia de

178 COLOMBO E O MISTÉRIO DOS TEMPLÁRIOS NA AMÉRICA

Fig. 4.10. Desenho original de Washington, D.C., feito por l'Enfant. Reproduzido de uma cópia feita em 1887, cortesia da Biblioteca do Congresso.

que, na disposição da capital, é possível ver uma estrela de cinco pontas invertida, ou pentagrama, apontando para o sul. O pentagrama se estenderia da interseção das avenidas Connecticut e Vermont para o norte até os Dupont e Logan Circles, e das avenidas Rhode Island e Massachusetts até o Washington Circle a oeste e até Mt. Vernon Square a leste. O centro do pentagrama estaria na Rua 16, onde, treze quadras diretamente ao norte do centro da Casa Branca, ergue-se a Casa Maçônica do Templo, no alto de uma colina. Naturalmente, todo esse arranjo, mais do que levar a alguma forma de conspiração, simplesmente demonstra uma compreensão das antigas artes da geometria e da astronomia sagradas, pois a estrela de cinco pontas não é nada mais do que uma representação da estrela Vênus cujo trânsito ocorre uma vez a cada oito anos indefinidamente. Deparamo-nos novamente com a idéia de alguma coisa sendo construída segundo princípios antigos para durar para sempre.

Curiosamente, os que suspeitam de conspiração inspirando a construção da capital não percebem a importância do parque conhecido como Meridian Hill. Historicamente, o nome provém de uma proposta do início do século XIX para, tendo como referência o centro da Casa Branca, fixar um meridiano oficial ou um ponto-base longitudinal para desenhar mapas e para outros propósitos. Uma placa na entrada do parque pela Rua 16 informa a existência de um marco de 1816 situado no meridiano proposto. O que sabemos hoje, com relação ao conhecimento desse marco, é que Washington, D.C., foi posicionada num eixo de 45 graus expandido de um quadrado determinado a partir do mapa de Desceliers de 1550. Esse eixo alinha Green Oaks, Nova Escócia; Boston; Filadélfia; Nova York e Washington dentro de uma proximidade razoável de coordenadas atuais, e se prolongado para o sudoeste, ele passa por Roanoke, Virgínia; Atlanta; Roanoke, Alabama e Nova Orleans.[48]

Assim, com o projeto de Washington, D.C., e com construções como Monticello, de Jefferson, formaliza-se uma tradição americana de conhecimento aparentemente profundo de geometria sagrada, linhas rosas e energia terrestre. Essa tradição continuou sua trajetória ao longo do século XX com o trabalho de *designers* como Frank Lloyd Wright.

A Franco-Maçonaria no Primeiro Século da Nova Nação

Como vimos, antes mesmo que se imaginasse a existência dos Estados Unidos da América, a franco-maçonaria e seus seguidores desempenharam um papel importante, perpetuando, consciente ou inconscientemente, as tradições e o conhecimento secreto que os templários trouxeram para o Novo Mundo séculos antes. Assim como na Guerra Franco-Indígena e na Revolução Americana, os maçons certamente participaram ativamente desse importante conflito entre 1861 e 1865 que de muitas formas definiu os Estados Unidos para o futuro: a Guerra Civil Americana.

Os maçons estavam presentes no ataque ao Forte Sumter, na rendição do general Lee em Appomattox e também na maioria das batalhas travadas entre um e outro desses eventos. A história ou tradição maçônica registra que os comandantes adversários na primeira batalha da Guerra Civil eram maçons. De fato, o general confederado Beauregard, responsável pela construção de defesas em Charleston Harbor e pelo ataque ao Forte Sumter, era maçom e cavaleiro templário, nessa época considerado o nível mais elevado na franco-maçonaria cristã. O major Robert Anderson, o oficial em comando no Forte Sumter que foi obrigado a render-se depois de várias horas de bombardeio e artilharia pesada, também era maçom, do mesmo modo que o pai e dois irmãos do general Ulysses R. Grant. Quanto ao general Grant, seu pai às vezes dizia que Ulysses tinha a intenção de ser iniciado na maçonaria, mas a premência dos deveres no exército e a presidência sempre adiavam a decisão. Em 1871, Grant de fato confessou a um grupo de cavaleiros templários que ele planejava entrar com um pedido de admissão quando voltasse para casa. O grão-mestre do estado de Illinois chegara a fazer os preparativos para iniciá-lo como maçom no primeiro encontro, mas Grant morreu antes que isso pudesse ser feito. Quanto a Robert E. Lee, adversário de Grant, não se sabe com certeza se ele era cavaleiro templário ou maçom (duas organizações diferentes, embora associadas), mas muitos regimentos sulinos durante a guerra espelhavam-se nos Cavaleiros Templários, inclusive adotando hábitos como não cortar a barba e praticar o celibato.

Não obstante a popularidade da franco-maçonaria, especialmente entre os militares, com o assassinato do presidente Lincoln por John Wilkes Booth em 14 de abril de 1865, cinco dias depois da rendição de Lee a Grant, havia rumores de uma conspiração sulista envolvendo inúmeros maçons do alto escalão, inclusive Booth, que resultaram mais uma vez na necessidade de segredo por parte da fraternidade. Essa discrição forçada levou alguns membros da organização um tanto mais imaginativos a apresentar tanto à franco-maçonaria européia quanto à americana os princípios esotéricos do que se pode chamar de Maçonaria Paralela (Fringe Masonry) durante o final do período vitoriano. Sabe-se que o marido da rainha Vitória, o príncipe Albert, apoiou esse movimento dentro da franco-maçonaria.

O termo Maçonaria Paralela é usado em referência ao surgimento de diversos graus adicionais na franco-maçonaria durante esse período, que casualmente coincidiu com a época em que a maçonaria passava por uma rápida expansão na Inglaterra. Devemos observar, porém, que embora os três coincidissem, parece não haver nexo palpável entre o movimento espiritualista, os fenômenos pretensamente mediúnicos da era vitoriana e a franco-maçonaria. Homens como Kenneth Mackenzie e William Westcott, principais promotores da Maçonaria Paralela, eram também maçons tradicionais de graus elevados.[49] O resultado foi que durante os anos de 1870 e 1880 foram elaborados inúmeros ritos secundários de caráter esotérico, a tal ponto que a maioria das pistas originais para localizar os antigos meridianos que esperavam para ser redescobertos nos primitivos rituais da maçonaria ficou tão deturpada que hoje é praticamente impossível distinguir "o que se perdeu". A influência da Maçonaria Paralela sobre o público em geral ainda merece exame, pois muitos acreditam que é possível encontrar nos graus adicionais um conhecimento antigo oculto, inclusive das linhas rosas, que poderia ser aplicado em todo o mundo.

Criptas Secretas

Em Oak Island, no sul da Nova Escócia, uma caça ao tesouro prolongou-se por mais de duzentos anos, baseada em grande parte na descoberta em 1795 de um fosso misterioso e profundo cavado pelo homem. Ao longo do tempo, muitos especularam sobre a existência desse Money Pit (Buraco do Dinheiro), como ele passou a ser chamado, mas, embora a história do fosso sugira um artifício de proporções monumentais, a idéia de um tesouro ali depositado persiste. Teorias recentes sugerem que Cavaleiros Templários medievais e o príncipe Henry Sinclair estiveram inicialmente envolvidos na constituição do tesouro — ou na aparência de tesouro — nesse local.

Mas pistas para a busca do tesouro templário e dos refugiados do Graal não estão, como vimos, com aqueles que vendem informações sensacionais ou "óbvias"; antes, elas se revelam para aqueles que verdadeiramente "têm olhos para ver". Vimos neste capítulo que a franco-maçonaria se tornou uma parte constitutiva da vida no Novo Mundo e na jovem América. Mesmo tornando-se mais "popular", porém, ela conservou seu vínculo com o conhecimento interior e com a geometria sagrada. Qualquer descoberta de um tesouro, em

Oak Island ou em outro lugar, depende do acesso através da alegoria a esse conhecimento interior e compreensão dos princípios da geometria sagrada.

Em essência, um dos elementos fundamentais de qualquer grupo maçônico verdadeiro é uma lenda ou alegoria relacionada com a construção original ou com a reconstrução do Templo de Salomão. Associada a esse elemento está a alegoria da cripta secreta construída debaixo do Templo, baseada no lendário depósito de grandes segredos de Salomão. Fundamental nos ensinamentos do grau do Arco Real na franco-maçonaria é a história que, entre as ruínas do Templo, três abrigados descobrem uma câmara subterrânea que guarda um segredo há muito perdido.

Segundo a tradição maçônica, a descoberta da cripta secreta pelos abrigados ocorreu na volta dos judeus do exílio na Babilônia. Na versão do grau no Rito de York, o relato bíblico em Reis foi entremeado com o que o historiador judeu Josefo escreveu em 90 d.C. sobre a reconstrução do Templo, com a cripta se tornando uma abóbada. No início do século XVIII, os três abrigados foram acrescentados à história para que o candidato pudesse participar como testemunha da descoberta em que a cerimônia se baseia. Nas versões irlandesa e escocesa do ritual, a referência bíblica se mantém fiel à história mais antiga da reconstrução do Templo.

Segundo a tradição, os abrigados, descritos como filhos do cativeiro, entram na cripta depois de encontrar uma chave de abóbada típica no meio do entulho. Seguindo certas instruções de Zorobabel, membro da casa real de Davi e da tribo de Judá, eles fazem outra descoberta, ainda mais importante, relacionada com a palavra de Deus. Uma dessas instruções inclui a descida pela abertura somente no momento em que o sol, ao alcançar sua altura meridiana, ilumina a câmara abobadada. Em termos puramente especulativos, a história do Arco Real é uma simples alegoria que mostra o caminho da morte para a vida, das trevas para a luz, com a cripta se tornando esse lugar do ser interior onde a própria existência de Deus é analisada. Desse modo, tudo o que é descrito num contexto maçônico como "críptico" é sinônimo de secreto ou do que só é desvelado ou revelado aos poucos iluminados.

O que sabemos com segurança é que a lenda da cripta provavelmente data do século IV d.C., pelo menos, e as suas muitas versões procedem da obra de Filostórgio, nascido em torno de 364. Há também indícios de que os idealizadores do grau do Arco Real buscaram parte de sua inspiração em *Orbis Miraculum*, de Samuel Lee, publicado em 1659.[50] De acordo com essa lenda, o imperador Juliano, o Apóstata, autorizou os judeus a reconstruir o Templo de Jerusalém, que fora destruído pelo romano Tito em 70 d.C. Durante as escavações, eles descobriram as criptas do Templo de Salomão. Diz ainda a lenda que as escavações foram interrompidas por causa de várias explosões e terremotos, o que acabou convencendo a todos que era inútil tentar escavar as ruínas e reconstruir o antigo Templo.

Existem outras variações da lenda além das que fazem parte dos ritos inglês, escocês e irlandês. Por exemplo, segundo o Livro de Enoc, Deus apareceu em visão a Enoc, pai de Matusalém, e mostrou-lhe nove criptas; com a ajuda do filho, Enoc construiu um santuário secreto ao pé da montanha de Canaã, baseando-se num desenho inspirado por Deus. As nove criptas estavam debaixo umas das outras, e a nona continha um triângulo de ouro em que estava inscrito o verdadeiro nome de Deus.

O arco em si é um elemento arquitetônico conhecido e usado desde, pelo menos, 2000 a.C., mas no caso dessa alegoria é uma pedra única, longa, usada para cobrir o espaço entre duas paredes verticais. A sugestão do arco ou lintel como elemento sagrado de arquitetura evoluiu da crença egípcia de que ele possibilitava a porta abrir-se para outra dimensão.

Foi apenas nos tempos medievais que a chave de abóbada foi usada em estruturas como abóbadas de pedra ou tetos arqueados. Na verdade, em parte foram os Cavaleiros Templários os responsáveis pela introdução do verdadeiro arco, ou arcobotante, no tempo em que financiavam as catedrais góticas. Os pedreiros-mestres da época haviam concluído que a capacidade de um arco de pedra suportar uma carga depende diretamente da chave de abóbada, ou aduela de arco. Para a engenharia, é a chave de abóbada que, por meio das outras pedras, distribui o peso da superestrutura para as colunas de sustentação. Com essa técnica, as catedrais medievais puderam elevar-se mais aos céus, e assim chegar mais perto de Deus.

O que fica claro, então, é que o ritual do grau do Arco Real é uma mescla alegórica de narrativa bíblica, história romana e grega e elementos descobertos por Cavaleiros Templários medievais nas criptas do Templo de Salomão. De acordo com sua história oficial, sabemos que os Cavaleiros Templários originais haviam recebido permissão para instalar seu centro de operações no palácio de Balduíno, construído sobre as ruínas do Templo de Salomão.

Segundo as escrituras hebraicas, quando o Templo foi reconstruído depois da derrota da Babilônia para os exércitos persas, muito material original do Templo voltou para Jerusalém. Por isso, muitos presumem que a Arca da Aliança foi recolocada no Santo dos Santos, embora não existam registros confiáveis de que isso tenha ocorrido. Naturalmente, foram os romanos que destruíram o Templo pela última vez. Essa cena deplorável está representada

Fig. 4.12. Relevo esculpido no Arco Real de Tito representando a destruição do Templo de Salomão, em Jerusalém, pelos romanos. Fotografia de William F. Mann.

numa pedra esculpida conhecida como Arco Real de Tito (fig. 4.12), situado em Roma; embora, porém, a cena mostre os romanos levando o tesouro do templo, significativamente ela não traz a representação da Arca. No entanto, o Templo sem dúvida guardava mais do que o tesouro "de praxe". É provável que ele conservasse registros oficiais pertencentes à linha davídica real de Israel. Isso significa que se Jesus era de fato Rei dos Judeus, o Templo de Jerusalém poderia preservar provas de sua herança e outras informações relacionadas diretamente com ele — inclusive, talvez, evidências de seu casamento.[51]

Os que idearam o mistério de Money Pit em Oak Island ao longo dos anos procuraram incluir evidências inequívocas de envolvimento maçônico no esquema do tesouro. Sem dúvida, muitos maçons ficariam logicamente intrigados com as semelhanças na história de Oak Island e na alegoria que eles aprenderam através do seu ritual. Por exemplo, os três descobridores originais do fosso em Oak Island poderiam parecer representar os três abrigados que descobrem a cripta secreta no grau do Arco Real. No ritual maçônico, o candidato é baixado por uma corda através de vários alçapões, à semelhança de caçadores de tesouros que foram baixados para as muitas plataformas encontradas no fosso. As ferramentas que teriam sido usadas pelos três descobridores originais da cova — a picareta, a alavanca e a pá — correspondem convenientemente aos implementos usados pelos abrigados para preparar um lugar para as fundações do segundo Templo na alegoria maçônica.

Com efeito, a busca do tesouro em Oak Island foi realizada em grande parte por homens de negócio eminentes e bem-sucedidos que eram maçons de alta graduação, entre eles A. O. Creighton, Frederick Blair, William Chappell, Gilbert Hedden e Edwin Hamilton. Um dos mais notáveis no círculo de Oak Island foi Reginald Vanderbilt Harris (ver fig. 4.13). Além de ser o grão-mestre supremo dos Cavaleiros Templários do Canadá em 1938 e 1939, Harris foi grão-mestre provincial da Grande Loja da Nova Escócia de 1932 a 1935. Ele foi também um maçom do Rito Escocês, 33º grau. Entre seus extensos escritos legados aos arquivos públicos da Nova Escócia estavam volumes de anotações sobre Oak Island, inclusive o esboço de um cortejo maçônico aparentemente destinado a acompanhar o rito de iniciação do 32º grau.[52]

O ritual alegórico desenvolvido por Harris remonta ao ano de 1535 e à abadia de Glastonbury, onde a coroa inglesa está evidentemente tentan-

Fig. 4.13. O renomado maçom canadense Reginald Vanderbilt Harris, ex-grão-mestre supremo dos Cavaleiros Templários do Canadá e autor do primeiro e mais extenso livro sobre Oak Island. Reproduzido por cortesia do Sovereign Great Priory do Canadá.

do confiscar os fabulosos tesouros dos templários, inclusive o Santo Graal. Secretamente, como medida de segurança, alguns membros desaparecem no mar com o Graal. A alegoria termina com vários membros da ordem sendo arrastados para a Torre de Londres para ser torturados e executados. Coincidentemente, 1535 é o mesmo ano em que Jacques Cartier explorou o Novo Mundo sob a bandeira do rei Francisco I da França, em que Henrique VIII da Inglaterra decidiu declarar-se chefe da Igreja da Inglaterra e fechar os mosteiros ingleses e em que Tomás More foi decapitado por não aceitar a decisão do rei. Parece que R. V. Harris estava tentando destacar que a Coroa não tinha direito divino para controlar a Igreja nem o Estado — e que alguma coisa de suma importância cobiçada pelo rei da Inglaterra seguiu secretamente para o Novo Mundo.

Sempre se especulou que tanto o Santo Graal como a Arca da Aliança estão entre os tesouros perdidos dos Cavaleiros Templários. Muitos autores e pesquisadores recentes se concentraram nesse aspecto, mas muitos também acreditam que o tesouro templário está escondido no fosso cavado em Oak Island. Pode realmente existir um tesouro físico de alguma espécie guardado no fundo de Money Pit em Oak Island, mas ele seguramente não tem nada a ver com os Cavaleiros Templários ou com a Arca da Aliança. É provável que o que quer que esteja lá escondido pode ser atribuído a qualquer uma das inúmeras aventuras piratas ou militares do século XVII ou XVIII. Na verdade, somente compreendendo a geometria sagrada e a alegoria moral da franco-maçonaria é que o mistério do tesouro templário pode finalmente encontrar uma solução.

5
História Oculta de uma Nova Nação

O século e meio seguinte à Revolução Americana foi um período de mudanças e progresso excepcionais para o jovem Estados Unidos. O país passou por uma redefinição física e psicológica ao enfrentar duas guerras — uma delas um conflito civil trágico, a outra um conflito mais misterioso entre duas nações com sustentáculos maçônicos. Em meio a tudo, a franco-maçonaria e outras sociedades secretas preservaram os conhecimentos secretos vindos da Europa, e a partir do momento em que Lewis e Clark exploraram a vasta região a oeste do Mississippi, uma vez mais o conhecimento secreto e o "tesouro" dos templários entraram em cena. Com o desenvolvimento da nova nação houve uma ampliação geográfica de indícios conducentes à possível elucidação desse conhecimento e tesouro.

O movimento da nossa busca do tesouro templário e dos refugiados do Graal no oeste americano começa na verdade na França, pois pouco depois da Revolução Americana, outra revolução de conseqüências possivelmente imprevisíveis fermentava nesse país europeu. Um resultado desse conflito foi uma aquisição territorial que duplicou as dimensões dos Estados Unidos da América no início do século XIX. Outro resultado, mais velado, foi que canadenses britânicos e americanos entraram numa competição não declarada para assegurar o conhecimento definitivo com relação ao tesouro templário, aos meridianos antigos e aos refugiados do Graal.

Mudanças na França

Durante a Revolução Americana, a autoridade constituída na França era Luís XVI, mas o poder de fato estava nas mãos da nobreza francesa. Integravam esse poder o clero, o exército e a burocracia pública, cujos membros provinham de uma burguesia esclarecida, que por outro lado se via como excluída do avanço político e social. Esses três grupos reuniram forças na Revolução Francesa, em parte aderindo a filosofias de homens como Voltaire e adotando princípios e preceitos morais da franco-maçonaria jacobita.[1] É irônico, então, que, antes de serem executados, o rei Luís XVI e sua esposa, Maria Antonieta, fossem mantidos no Antigo Templo de Paris, o preceptório de Jacques de Molay, o último grão-mestre dos Cavaleiros Templários medievais.[2]

Foi o filósofo Taine que demonstrou como uma minoria jacobina ousada na França foi capaz de impor sua vontade como a vontade "do povo".[*] Da formação de comitês revolucionários locais surgiu um franco-maçom corso obscuro que, entre 1796 e 1815, conseguiu transformar o que para os ingleses parecia ser uma série de derrotas francesas inevitáveis em vitórias militares.

Napoleão Bonaparte nasceu em Ajácio, Córsega, em 15 de agosto de 1769. Seu gênio foi reconhecido ainda em criança, e ele foi educado em escolas militares em Paris, onde estudou matemática, história, geografia e várias línguas. Ingressando no exército francês como oficial da artilharia, Napoleão foi rapidamente promovido a general-de-brigada após o cerco de Toulon em 1793. Depois de uma série de operações militares, ele foi para o Egito em 1798, onde sua grande campanha egípcia terminou em relativo fracasso.[3] A caminho do Egito, Bonaparte fez um desvio estratégico para apoderar-se de Malta e do tesouro guardado pelos Cavaleiros de Malta, mas depois de perder sua flotilha para um ataque naval britânico durante a campanha do Egito, ele decidiu atacar o Império Otomano. Os franceses foram novamente derrotados, agora na fortaleza templária medieval de Acre. Foi ali, em agosto de

---

[*] Giraud, *Bibliographie de Taine* (Paris: n.p., 1902), 2-5. Taine foi o filósofo francês do período seguinte à fase romântica na França, que se prolongou de 1820 a 1850. O romantismo evoluiu de uma reação contra a escola clássica, ou antes, contra o convencionalismo e as regras inertes dessa escola em sua fase decadente. A escola romântica introduziu o princípio da liberdade individual com relação tanto ao tema como ao estilo. Essa foi assim uma época brilhante, povoada de homens de gênio e rica em belas obras, mas em torno de 1859 ela chegara ao seu declínio, e uma geração jovem, cansada por sua vez de suas convenções e sua melancolia vazia, ergueu-se, armada de novos princípios e novos ideais. Seu ideal era a verdade científica e sua senha era liberdade. Taine foi um dos intérpretes do povo mais autorizados desse período.

1799, que Napoleão abandonou suas tropas pela primeira vez e voltou para a França, onde, depois de um golpe de estado, tornou-se cônsul vitalício e por fim governante da França (fig. 5.1).

Por insistência do padre Sieyes, um dos três dirigentes revolucionários que chefiavam o governo francês na época, Napoleão cortejou Marie-Joséphine-Rose Tascher de la Pagerie de Beauharnais, viúva recente de um nobre de descendência merovíngia que fora executado,[4] e casou-se com ela em 9 de março de 1796, no Hotel Mondragon, em Paris, numa cerimônia civil. Sieyes aparentemente estava a par da pesquisa genealógica específica do padre Pichon, segundo a qual, a partir dos arquivos reais apreendidos pelo governo revolucionário, uma descendência direta do governante merovíngio Dagoberto II havia sido mantida e incluía o ex-marido de Josefina. Em tempo, Napoleão adotou o filho e a filha de Josefina, Eugène e Hortense, que, como verdadeiros merovíngios, consolidaram a legitimidade da pretensão dele ao trono da França.[5] Para enfatizar esse vínculo, em 1804, quando foi coroado imperador, Bonaparte embelezou seu manto com as Abelhas douradas de Childerico, descobertas durante a escavação da tumba de Childerico I em 1653. O rei Childerico I foi filho de Meroveu e pai de Clóvis, o mais famoso e influente de todos os governantes merovíngios.[6]

Entre 1798 e 1800, Napoleão apoiou planos para reintegrar a França no Novo Mundo depois de desfeita uma aliança entre os Estados Unidos e a

Fig. 5.1. *Coroação de Napoleão*, de Jacques-Louis David. Reproduzido por cortesia do Museu do Louvre, Paris.

França durante a administração do presidente John Adams. Essa quase-guerra com a França terminou quando a Convenção Franco-Americana de 1800 chegou a um acordo com a assinatura do Tratado de Morfontaine. O Senado americano ratificou o tratado pouco depois da investidura de Thomas Jefferson como presidente, pois Jefferson havia simpatizado com a causa revolucionária na França. O tratado, celebrado com o propósito de proteger o direito de neutralidade dos Estados Unidos em caso de guerra entre a Inglaterra e a França, possibilitou o transporte em paz de produtos americanos e de uma relação restrita de artigos contrabandeados. Os Estados Unidos agora estavam livres de hostilidades com os franceses, e todas as reivindicações americanas de indenização contra os franceses pela captura de embarcações americanas ficaram em compasso de espera.

O Presidente Jefferson e a Compra da Louisiana

Depois do mandato de John Adams como presidente, outro Pai Fundador, Thomas Jefferson, assumiu o cargo em 1801. Ao longo de sua vida, Thomas Jefferson havia conseguido o que parecia impossível. Além de se tornar o terceiro presidente dos Estados Unidos, ele foi o principal autor da Declaração de Independência Americana, o idealizador e fundador da Universidade da Virgínia, o arquiteto e proprietário da esparramada propriedade de Monticello e presidente da Sociedade Filosófica Americana. Entretanto, mesmo entre todos esses louros, consta que alguns o admiravam acima de tudo por sua tolerância para com as pessoas e por sua preferência em usar a razão em vez do poder. Essa qualidade foi posta à prova no exercício da presidência, pois durante sua administração eclodiram conflitos políticos agudos e dois partidos distintos começaram a se formar, o federalista e o democrata-republicano.[7] Em resposta, Jefferson aos poucos assumiu a liderança dos republicanos, que em geral se opunham a um governo centralizado forte e defendiam os direitos de estados individuais.[8]

De certo modo, de todos os visionários revolucionários na América, nenhum foi mais enigmático do que Thomas Jefferson. Embora sua participação na franco-maçonaria nunca fosse provada, sua compreensão dos princípios mais importantes da franco-maçonaria e do rosacrucianismo, uma organização baseada em mistérios cristãos ocidentais, era evidente em todos os seus principais esforços. Além disso, no período em que exerceu a função de embaixador na França em 1785, depois de Benjamin Franklin, alguns sugerem que ele foi introduzido nos ensinamentos do iluminista de educação jesuítica, o dr. Adam Weishaupt. Há suspeitas também de que na mesma ocasião ele teve acesso ao conhecimento secreto da Linhagem Sagrada, dos meridianos templários e das primeiras explorações no Novo Mundo realizadas pelo príncipe Henry Sinclair, entre outros. O que sabemos com segurança em relação ao seu vínculo com a franco-maçonaria é que ele aplicou a arquitetura harmônica dos maçons em todos os seus projetos. Curioso é o fato de que Monticello está situado no eixo que passa por Nova York, Boston, Filadélfia e Washington, D.C., sugerindo que Jefferson de fato conhecia as forças das linhas de energia.

Um dos elementos arquitetônicos mais caros a Jefferson era o círculo dentro do quadrado. A combinação de um domo ou rotunda inserida num quadrado, como se vê em Monticello (ver fig. 5.2), ou um domo encaixado num retângulo, como no prédio do Capitólio, simbolizava para os franco-maçons a união entre o céu e a terra. Esse projeto arquitetônico equivalia a mais do que uma simples estética visual para os primeiros maçons; eles acreditavam que se criassem estruturas físicas que imitassem a razão dourada, harmônica, encontrada na natureza, as forças da natureza se manifestariam por meio delas. O filósofo grego Hípias da Élida foi o primeiro a resolver os problemas teóricos da divisão de um ângulo em três partes iguais (a assim chamada trisseção de um ângulo) e da quadratura do círculo — isto é, encontrar um quadrado com a mesma área de um círculo especificado.

Ao lado da arquitetura, durante sua vida Jefferson desenvolveu uma grande variedade de outros interesses. Além de ser naturalista e músico, ele discorria com autoridade sobre arte, ciência, religião, física, astronomia, direito e literatura. Ele também falava várias línguas e lia os clássicos no original grego e latino. Curiosamente, consta que Jefferson não gostava dos padres por causa do que ele considerava distorções dogmáticas dos ensinamentos de Cristo praticadas por eles. Ele era estigmatizado como ateu, entre outras coisas, e embora raramente se defendesse das críticas, ele se viu forçado a escrever o seguinte comentário a um amigo:

> Oponho-me realmente às corrupções do cristianismo, mas não aos verdadeiros preceitos do próprio Jesus. Sou cristão, mas cristão no único sentido em que acredito que Jesus queria que cada um o fosse, sinceramente ligado à sua doutrina de preferência a todas as outras, atribuindo a ele toda excelência humana e acreditando que ele nunca pretendeu nenhuma outra.[9]

Entre todas essas realizações, talvez a mais duradoura para os Estados Unidos tenha sido seu planejamento genial de uma das maiores transações imo-

Fig. 5.2. Monticello de Thomas Jefferson. Os planos originais de Jefferson para essa propriedade também se basearam na aplicação geométrica da "quadratura do círculo". Fotografia de William F. Mann.

biliárias da história, a Compra da Louisiana. Para os americanos, a presença da Espanha a oeste do rio Mississippi durante o período de negociações com os franceses no início do século XIX não era provocativa. Um conflito sobre navegação no rio Mississippi foi resolvido em 1795 com um tratado em que a Espanha reconhecia o direito dos Estados Unidos de usar o rio e de depositar mercadorias em Nova Orleans para transferir para navios que seguissem para o mar. A situação da Lousiana, porém, chegou a um ponto crítico em outubro de 1802, quando o rei Carlos IV da Espanha assinou um decreto sigiloso transferindo o território para a França, e o agente espanhol em Nova Orleans, cumprindo ordens da corte espanhola, cancelou o acesso americano aos depósitos do porto. Essas medidas evidentemente desencadearam reações de revolta nos Estados Unidos. Enquanto o presidente Jefferson e o Secretário de Estado James Madison trabalhavam para resolver a questão por meio de canais diplomáticos, algumas facções no oeste e o Partido Federalista de oposição pediam guerra e defendiam a separação por parte dos territórios ocidentais para que eles pudessem assumir o controle do baixo Mississippi e de Nova Orleans.

Algum tempo antes, a França havia assegurado uma pequena presença nas Américas fundando a colônia rica em açúcar de São Domingos, atual Haiti. Os franceses acreditavam que de São Domingos eles podiam apoiar as tropas que pretendiam aquartelar em Nova Orleans, mas infelizmente para os militares que foram enviados para São Domingos para reprimir uma rebelião de escravos e negros livres em 1802, a irrupção de uma epidemia de febre amarela rapidamente dizimou a força francesa.[10]

O Ministro de Finanças da França, François de Barbe-Marbois, que sempre duvidara do valor da Louisiana, ponderou com Napoleão que o território seria menos valioso sem São Domingos e, em caso de guerra, provavelmente seria tomado pelos ingleses do Canadá em parte por causa da ligação com a Acádia. Napoleão reconheceu que a França não tinha condições de enviar forças para ocupar todo o vale do Mississippi; assim, a idéia de um novo império na América foi logo abandonada, com a França decidindo vender o território da Louisiana para os Estados Unidos. Aproveitando o que Jefferson depois chamou de "ocorrência fugidia", os agentes dos Estados Unidos em Paris, Monroe e Livingston, entraram imediatamente em negociações com o Ministro do Exterior francês Talleyrand e em 30 de abril de 1803, chegaram a um acordo que excedia sua autoridade: a compra do território da Louisiana, incluindo Nova Orleans, por quinze milhões de dólares.[11] A aquisição de aproximadamente 827.000 milhas quadradas de imensas florestas praticamente duplicou o tamanho dos Estados Unidos.[12] (Ver fig. 5.3.)

Curiosamente, desde sua prolongada estada na França, Jefferson havia colecionado mapas e livros sobre a geografia da América do Norte; havia lido e relido os relatos das explorações de La Salle, Joutel, Hennepin, Charlevoix, LaHontan, e, mais recentemente, Jean Bossu; e havia mergulhado na *Histoire de la Louisiane*, escrita por Le Page du Pratz. Sempre atento a novas informações, ele havia inclusive manuseado uma cópia do diário de Jean-Baptiste Trudeau, um ex-residente de Montreal, que por fim se estabeleceu em St. Louis e que havia coordenado uma importante expedição em direção à nascente do Missouri desde St. Louis até a região habitada pelos índios mandans.[13]

Em março de 1803, logo antes da compra do território da Louisiana, por ordens diretas de Jefferson, um cartógrafo do Departamento de Estado chamado Nicholas King elaborou um mapa da América do Norte a oeste do Mississippi com o objetivo de resumir todas as informações topográficas disponíveis sobre a região (ver fig. 5.4). Representando a primeira tentativa do governo federal de definir o vasto império que logo em seguida foi adquirido de Napoleão, King consultou inúmeros mapas publicados e manuscritos, in-

Fig. 5.3. Mapa do território dos Estados Unidos mostrando a terra adquirida na Compra da Louisiana. Extraído de *History of North America* (Princeton, N.J.: Princeton University Press, 1936).

clusive um esboço da Great Bend [Grande Volta] do rio Missouri tomado de um levantamento realizado para a British North West Company por David Thompson. Acreditava-se que esse mapa apresentava a latitude e a longitude exatas desse importante segmento do rio, embora a arte de estabelecer a longitude com um cronômetro ainda fosse muito nova. Viajando por terra no rigor do inverno, Thompson passou três semanas em aldeias mandans e pawnees às margens do Missouri, realizando e calculando observações astronômicas. Ele também registrou o número de casas, tendas e guerreiros nas seis aldeias indígenas da região.

Aproximadamente na mesma época, por insistência de Jefferson, Meriwether Lewis, seu secretário particular, aplicou-se ao estudo de astronomia, botânica e medicina, e o presidente e seu auxiliar elaboraram um plano que ambos vinham alimentando havia muito tempo: organizar uma expedição com o objetivo de encontrar uma rota continental para o oceano Pacífico. Antes de concluir a Compra da Louisiana, Jefferson recomendou ao Congresso a aprovação de Lewis como líder da expedição, tanto por seus serviços anteriores como por suas aptidões e qualidades, e, em seu apoio, ressaltou a "fidelidade de Lewis à verdade de forma tão escrupulosa, que tudo o que ele tivesse de relatar seria tão certo como se por nós fosse observado".

Antecipando a finalização da Compra da Louisiana, em outubro de 1803 Thomas Jefferson conseguiu influenciar o Congresso para aprovar um projeto de financiamento de uma nova expedição ao oeste, chamada Corps of Discovery. Lewis foi aprovado para liderar o grupo e por sua vez escolheu William Clark, capitão do exército, como segundo em comando. Sem surpresas, Lewis e Clark eram também franco-maçons de alta graduação e de ótimas relações.

Hoje parece que Jefferson não somente queria descobrir uma rota para o Pacífico, mas também esperava com toda confiança que Lewis redescobrisse antigas linhas rosas e talvez mesmo os descendentes de exploradores europeus do passado. Numa carta de 20 de junho de 1803, Jefferson diz a Lewis:

> Começando pela foz do Missouri, você fará observações de latitude e longitude em todos os pontos relevantes ao longo do rio, especialmente em desembocaduras de rios, em corredeiras, ilhas e outros lugares e objetos assinalados por marcas e acidentes naturais, de um tipo durável, de modo que se possa reconhecê-los com segurança daqui em diante. Os cursos do rio entre esses pontos de observação podem ser definidos pela bússola, pela linha de barca e pelo tempo, corrigidos pelas observações em si. Também devem ser observadas as variações da agulha em diferentes lugares.

Fig. 5.4. Mapa da América do Norte a oeste do rio Mississippi, desenhado por Nicholas King em 1803. Reproduzido por cortesia da Biblioteca do Congresso.

Os pontos interessantes para transporte de barcos e mercadorias por terra entre as cabeceiras do Missouri, e da água que ofereça a melhor comunicação com o oceano Pacífico, também devem ser fixados por observação; e o curso dessa água para o oceano, do mesmo modo que o do Missouri.

Suas observações devem ser feitas com muito esmero e precisão; devem ser registradas de modo claro e inteligível para outros e para você mesmo; devem compreender todos os elementos necessários, com a ajuda dos boatos habituais; devem fixar a latitude e longitude dos lugares onde foram feitas; e devem ser comunicadas ao escritório de guerra para que os cálculos sejam feitos também por peritos dos Estados Unidos.[14]

Mais misteriosamente, antes disso, Thomas Jefferson recomendou a Lewis que forçasse todo branco que ele encontrasse a oeste do Mississippi a voltar para o leste e também deu-lhe ordens de ficar atento a índios que falassem galês!

A Expedição de Lewis e Clark

Meriwether Lewis (ver fig. 5.5) nasceu na Virgínia em 1774, filho mais velho de uma família pertencente à elite local. Criado no interior, ainda pequeno ele se adaptou perfeitamente à vida ao ar livre e também demonstrou um talento natural para as artes e para as ciências. Lewis alistou-se no exército regular em 1795 e nos anos seguintes serviu em vários lugares, especialmente no Forte Pickering, que se localizava perto da atual Mênfis, Tennessee. Ali ele passou algum tempo como oficial comandante e aprendeu a língua e costumes dos índios locais. William Clark (ver fig. 5.5) era de uma personalidade um pouco mais rude. Mais autoritário do que Lewis, Clark sabia lidar com os homens que faziam parte do grupo, a maioria dos quais não tinha instrução formal. Ele era também um cartógrafo muito capaz, com um tino extraordinário com relação à orientação natural e ao meio ambiente.

Como o plano era primeiro subir o rio Missouri até a nascente, Lewis reuniu os integrantes escolhidos da expedição perto da foz do rio em Illinois. Para preparar a partida na primavera, ele e Clark haviam passado o inverno de 1803–04 em Camp Dubois, uma pequena comunidade de língua francesa nas proximidades de St. Louis. Os franceses de St. Louis eram uma mistura de luisianenses/acadianos do sul, franceses que haviam fugido da Revolução Francesa e franceses canadenses vindos de lugares distantes, como o vale do São Lourenço.[15] Essa composição sugere que a expedição não estava se aventurando em território desconhecido. De fato, o território da Louisiana e seus nativos tinham poucos segredos para o contingente da expedição de St. Louis,

Fig. 5.5. Meriwether Lewis (direita) e William Clark, cópias de reproduções, autores desconhecidos. Reprodução por cortesia da Biblioteca do Congresso.

o qual incluía um francês canadense chamado Georges Drouillard, que exercia a função de intérprete da missão. Durante grande parte da jornada, o Corps of Discovery planejou seguir trilhas de índios nativos bem estabelecidas, que depois ficaram conhecidas como as Trilhas de Mórmon, da Califórnia, e do Oregon. Os trinta e quatro homens do grupo (e um cachorro da Terra Nova) percorreram treze mil quilômetros medindo e mapeando cada passo do percurso.

Depois de abrir caminho a montante através das Grandes Planícies, o grupo passou o inverno no Forte Mandan, Dakota do Norte, sobrevivendo apenas devido à generosidade dos índios locais — e por uma coincidência surpreendente. A esposa nativa do comerciante de peles Toussaint Charbonneau, contratado no Forte Mandan como segundo intérprete, era irmã do chefe dos índios chochones que estava perdida havia muito tempo. Ela se chamava Sacagawea, e tanto por seu papel no contexto da expedição quanto pelos relatos de suas ações feitos por historiadoras como Grace Raymond Hebard e a romancista Emery Dye, ela se tornou uma figura lendária. A presença da esposa índia de Charbonneau sem dúvida facilitou as negociações com os índios ao longo de todo o trajeto, pois os chochones eram comerciantes de cavalos que viviam perto da nascente do Missouri ao pé das Montanhas Rochosas. Naturalmente, cavalos eram especialmente úteis, senão essenciais, para o sucesso da travessia do Grande Divisor.

Mesmo com Sacagawea guiando o grupo, porém, a expedição enfrentaria enormes dificuldades. Na primavera seguinte, o grupo chegou às grandes cataratas do Missouri e esperava contorná-las transportando suas provisões e botes em um dia ou dois. Mas os diários de Lewis e Clark relatam que foram necessários cinqüenta e três dias; só em 12 de agosto de 1805 é que o grupo finalmente chegou aos contrafortes da entrada para a Passagem Noroeste. Ao alcançarem o topo da cordilheira, porém, tudo o que puderam ver foram as vastas Rochosas estendendo-se diante deles — não havia passagem. Na neve espessa, eles avançaram penosamente pelas montanhas, percorrendo o dobro do caminho esperado e matando a fome com o sacrifício de cavalos. Finalmente, foram arrastados pelas águas repletas de salmões do rio Colúmbia e chegaram ao oceano Pacífico em 18 de novembro de 1805 (ver fig. 5.6).

Concluída a missão, Lewis e Clark refizeram seus passos e alcançaram St. Louis em outubro de 1806. Nessa oportunidade, Lewis incumbiu Drouillard de remeter ao presidente Jefferson as primeiras cartas da expedição — inclusive excertos de seus diários e uma cópia do mapa do oeste americano elaborado por Clark — entregando-as ao agente do correio em Cahokia, às margens do Mississippi, perto de St. Louis. Enquanto isso, Lewis e Clark prosseguiram para o leste, passando por St. Louis, liderando uma cavalgada triunfal que incluía representantes dos índios mandans e osages. Ao retornar a Washington, D.C., os dois exploradores foram tratados como heróis nacionais, cada um recebendo mil e seiscentos acres do território da Louisiana como recompensa.

No ano seguinte, Jefferson nomeou Lewis governador do território da Louisiana e Clark agente dos índios para o oeste e general-de-brigada da milícia do território. Não obstante, apesar de todo o sucesso alcançado, Meriwether Lewis tentou em vão encontrar um editor para os diários dele e de Clark, em parte porque seu problema cada vez maior com a bebida havia abalado suas relações com o presidente Jefferson. Ele acabou não voltando a St. Louis naquele ano para assumir suas funções de governador. À sua chegada um ano depois, a cidade fervilhava com mineiros, especuladores imobiliários e comerciantes gananciosos que se tornavam cada vez mais agitados prevendo as oportunidades de desenvolvimento e progresso do território da Louisiana.

Quanto a William Clark, em 5 de janeiro de 1808, ele se casou com Julia "Judith" Hancock, em Fincastle, Virgínia. Significativo talvez seja que Fincastle está situada em um dos antigos meridianos a 37º30' de latitude norte e 79º57' de longitude oeste. Logo em seguida Clark se tornou um

Fig. 5.6. Mapa mostrando a rota de Lewis e Clark pelo país.

bem-sucedido sócio na recém-criada Missouri Fur Company, que planejava enviar unidades milicianas, caçadores e barqueiros rio Missouri acima para desenvolver a indústria americana de peles. William Clark passou a viver uma vida plena e proveitosa, primeiro como governador do território do Missouri e depois como superintendente dos assuntos índios em St. Louis de 1822 até sua morte em 1º de setembro de 1838.

Lewis, por seu turno, foi forçado a fugir de St. Louis em setembro de 1809, depois de tentar inutilmente servir de intermediário entre os índios nativos e certos interesses comerciais. Dizem que ele ficou andando a esmo até 11 de outubro, quando, desesperado com sua situação, suicidou-se em Grinders Stand, uma hospedaria ao sul de Nashville.

Alguns dizem que naquela noite fatídica ele de fato estava a caminho de Washington para apresentar a Jefferson alguns segredos que ele havia descoberto nas selvas. O que realmente aconteceu em 11 de outubro de 1809 continua assunto para especulação. Seu avental maçônico ainda está exposto na Smithsonian Institution com o que se suspeita ser uma perfuração de bala. Continua sendo surpresa que Lewis não conseguisse encontrar um editor em Filadélfia para os diários da expedição. Pareceria que qualquer especulador teria adorado publicar os diários num veículo de massa como anúncio conveniente para uma chamada à aventura no território da Louisiana. Também continuam em foco questões relacionadas com a capacidade de Lewis de estabelecer a longitude. Embora estudasse a arte da astronomia durante dois anos, podemos deduzir de seus diários que ele em geral se confundia quando se tratava de observações de longitude — a não ser, naturalmente, que suas informações fossem de algum modo codificadas ou secretas.

Meridianos, Índios "Brancos" e Mamoas* Misteriosas

Com efeito, parece que Lewis e Clark haviam prometido manter segredo sobre informações relacionadas com a possível redescoberta de uma série de antigos meridianos longitudinais distribuídos pelo território da Louisiana. Podemos lembrar o conteúdo da carta escrita por Thomas Jefferson em 20 de junho de 1803 e o seu pedido de que observações de latitude e longitude fossem feitas em pontos estratégicos destacados por "outros lugares e objetos

---

* Monte de pedras sobre túmulo ou "marcos".

assinalados por marcas e acidentes naturais, de um tipo durável, de modo que se possa reconhecê-los com segurança daqui em diante". Como os antigos pedreiros sabiam, somente pedras lavradas podem ser consideradas de alguma maneira duráveis, e como maçons, tanto Lewis como Clark reconheceriam imediatamente os sinais e símbolos entalhados da Arte. Mais: com relação à correspondência de Jefferson, o que ele quis dizer com a frase "compreender todos os elementos necessários com a ajuda dos boatos habituais"? A que "boatos habituais" se refere?

Para responder, examinemos a antiga grade além de Chicago. A 41º15' de latitude norte, 95º57' de longitude oeste está o local — Council, depois conhecido como Council Bluffs, Iowa — onde Lewis e Clark encontraram pela primeira vez representantes de várias tribos indígenas das Grandes Planícies. Ali, no alto de um promontório natural, numa curva pronunciada do rio, semelhante à região de Green Oaks, Nova Escócia, localizava-se um antigo ponto de encontro conhecido por sua energia espiritual. Esse meridiano está entre Meriden, Iowa, ao norte, a 42º47' de latitude norte, e Meriden, Kansas, ao sul, a 39º11' de latitude norte.

Aplicando os oito graus normais de separação entre meridianos, o meridiano seguinte encontra-se na confluência dos rios Missouri e Yellowstone, a 48º57' de latitude norte, 103º57' de longitude oeste. O Corps of Discovery acampou ali e fez observações detalhadas de latitude e longitude antes de prosseguir em direção à nascente do rio.

Quanto à recomendação de Jefferson para que Lewis prestasse atenção a índios que falassem galês, em 1832, George Catlin, advogado, fronteiriço e historiador da arte, viveu durante vários meses entre os índios mandans, perto da atual Bismarck, Dakota do Norte. Significativamente, ele anotou em seu diário que os mandans eram bem diferentes de todas as outras tribos americanas nativas que ele havia encontrado, em parte porque a maioria deles era "quase branca", com olhos azuis-claros.[16] Segundo Catlin, os mandans eram "mais avançados nas artes da manufatura" do que outras nações indígenas, e suas tendas tinham "mais conforto e comodidades de vida". De fato, o próprio governador do Missouri, William Clark, preveniu Catlin, antes que este começasse a subir o Missouri, que ele acharia os meio-brancos mandans um povo estranho. Evidentemente, a estirpe genética que produziu mandans com cabelos loiros "belos e macios como seda", olhos azuis e pele clara foi introduzida — certamente num passado distante, já esquecido pelos membros da tribo em 1832.

A afirmação de Catlin em seus diários de que ele desconhecia possíveis contatos dos mandans com europeus, antes que Lewis e Clark os encontrassem em 1804, significa que ele próprio nada sabia a respeito de expedições inglesas e francesas anteriores ao longo do Missouri. Não considerando as anotações das viagens de David Thompson, há registros de que em 1738 um nobre franco-canadense havia visitado os mandans, guiado por Jean-Baptiste Trudeau. Provavelmente, esse nobre era Pierre Gaultier de Varennes, *sieur* de Verendrye, que aparentemente realizou uma expedição desde seus fortes na atual Manitoba até onde é hoje Dakota do Norte, à procura de uma suposta tribo de "índios brancos e olhos azuis". Às margens do rio Missouri, La Verendrye teria encontrado uma mamoa com uma placa de pedra escrita em ambos os lados com caracteres desconhecidos. Estudiosos jesuítas em Quebec identificaram mais tarde a escrita como tártara, uma forma semelhante às runas escandinavas. A placa foi enviada para a França, onde infelizmente desapareceu entre os materiais dos jesuítas.

As próprias anotações e desenhos de La Verendrye mostram que ele localizou a aldeia mandan onde se encontra atualmente MacLean County, Dakota do Norte, entre Minot e Bismarck, em 3 de dezembro de 1738.[17] Ele descreveu o povoado como uma cidade grande e bem fortificada, com 130 casas dispostas em ruas. Surpreendentemente, as paliçadas e plataformas do forte não eram diferentes das ameias européias e incluíam um fosso seco em torno da aldeia. Mais impressionante, La Verendrye descreveu muitos mandans como tendo pele clara, cabelo loiro e feições "européias". Também observou que suas casas eram limpas, "grandes e espaçosas", com quartos separados.

Assim, existia um grupo de índios "brancos" que apresentavam características físicas européias e viviam numa cidade organizada estrategicamente segundo um modelo europeu. Será coincidência a nobreza francesa e os jesuítas serem os primeiros a descobrir uma mamoa às margens do Missouri com inscrições rúnicas escandinavas? Lembremos que o príncipe escocês Henry Sinclair e seus templários conheciam muito bem o significado de símbolos gravados e teriam falado uma forma de gaélico, que anos depois poderia ser confundida com galês. Seguramente, em suas viagens eles teriam estabelecido mamoas como pontos de observação rudimentares e talvez até como faróis nas Grandes Planícies, acesos com material inflamável. Fato surpreendente, a descrição dessas mamoas é muito semelhante à daquelas identificadas em grande número ao longo do antigo meridiano em Hatley Corners, Quebec. Elas também se assemelham às mamoas em forma de "colméia" ilustradas no mapa de Desceliers de 1550. Talvez, inclusive, servissem para identificar túmulos — quem sabe assinalando o lugar de sepultamento do próprio príncipe Henry Sinclair! Se esse for realmente o caso, é muito possível que o tesouro templário possa ter sido enterrado com ele como uma espécie de consagração e homenagem por suas realizações, pois ele foi um "gigante entre os homens", que havia percorrido praticamente metade do mundo, reativando uma série de antigos meridianos (ver fig. 5.7, página 206) em busca de um nível de consciência mais elevado.

Efetivamente, pouco depois das grandes quedas do Missouri está o antigo meridiano definido por uma longitude de 111º57' oeste, indicando a origem dos rios Missouri e Yellowstone, que nascem nos contrafortes das Rochosas em Beartooth Mountain, uma das que formam as Big Belt Mountains. Essas montanhas têm grandes depósitos de carvão, ferro, ouro, prata e cobre, além de outros metais raros e preciosos, como a platina. Curiosamente, outra convergência com a informação que já associamos com os templários e os refugiados do Graal e com o significado dos meridianos do Novo Mundo é que a expedição de Lewis e Clark foi nessas imediações — em algum ponto entre a atual Great Falls e Helena, Montana — no equinócio de verão e no dia festivo de São João Batista, 24 de junho.

Seguindo esse antigo meridiano para o sul, fica evidente que colonizadores anteriores sentiram a energia dessa linha. Por exemplo, o Templo Quadrado original dos mórmons em Salt Lake City está construído exatamente em cima dele, como acontece com Tempe, Arizona. Ainda mais para o sul, a linha rosa passa por Isla Magdalena, na ponta sul de Baja, Califórnia. Naturalmente os mórmons, conhecedores de sua genealogia, consideram os merovíngios seus ancestrais. Podemos perguntar-nos se é pura coincidência o principal símbolo da dinastia merovíngia, a abelha, ser também símbolo da Igreja Mórmon e do Estado de Utah. Afinal, foi o líder mórmon Brigham Young que declarou, numa interessante escolha de palavras, que a igreja faria "do deserto uma rosa".

Essa antiga linha rosa também divide algumas formações naturais muito importantes, como o extremo oriental do Grand Canyon e do Oak Creek Canyon, localizado nas proximidades de Sedona, Arizona. Além disso, ela passa pela borda ocidental da roda da medicina dos Quatro Cantos dos navajos. Em outra coincidência, o centro da bandeira do Estado do Arizona é uma estrela de cinco pontas dourada muito semelhante à estrela dos acadianos, Stella Maris, Estrela do Mar, a Estrela da Virgem Maria.

Na época de Lewis e Clark, ocorreram dois fatos importantes envolvendo os Estados Unidos da América, dois acontecimentos que afetariam profundamente a continuação e o controle do conhecimento dos antigos meridianos por parte de muito poucos: o primeiro, a Guerra de 1812, foi em parte conseqüência direta da compra da Louisiana pelos americanos. O segundo, muito pouco conhecido, mas quase tão importante, foi a formação da Grande Loja Unida da Inglaterra em 1814. Devido a um movimento antimaçônico em atividade nos cinqüenta anos seguintes, esse fato teria uma enorme relevância entre as causas implícitas da Guerra Civil Americana. O sentimento antimaçônico crescente também pode ter levado Jefferson e Clark a manterem silêncio sobre os segredos das linhas rosa. Como conseqüência desses dois fatores, os segredos dos meridianos e todo o conhecimento relacionado com um tesouro ficaram restritos ao domínio dos rumores e dos rituais de movimentos e fraternidades paralelos, e dos poucos descendentes norte-americanos remanescentes dos refugiados do Graal originais, que haviam sido objeto de busca nos quatro séculos anteriores — inclusive os mandans, aqueles índios "brancos" que acabaram sucumbindo à doença e ao desgaste. Isso significava que a Linhagem Sagrada só sobreviveria por meio da mistura de sangue francês e índio — os métis, que habitavam as selvas setentrionais ao norte do paralelo 45.

A Guerra de 1812 e Tecumseh

Oficialmente, a Guerra de 1812 ocorreu entre os Estados Unidos e a Grã-Bretanha, mas a maioria dos confrontos aconteceu nas regiões fronteiriças entre os Estados Unidos e o que na época era conhecido como Alto e Baixo Canadá. Uma causa importante da guerra foi a indignação americana com o fato de navios dos Estados Unidos serem detidos e procurados por navios da Marinha Real Britânica e de membros da tripulação americana serem forçados a prestar serviço naval para os britânicos. Nessa época a Grã-Bretanha estava envolvida numa guerra contra a França e havia declarado um bloqueio naval aos Estados Unidos para impedir que fossem despachados suprimentos para a França. Os britânicos também alegavam o direito de prender todo desertor da Marinha Real que encontrassem a bordo de qualquer embarcação estrangeira. Os americanos também suspeitavam da indústria estaleira em franco desenvolvimento nas mãos dos métis em Pentatanguishine, que se situa ao longo do antigo meridiano que atravessa a margem oriental da baía Georgiana no lago Huron. Os americanos temiam que essa operação resultasse numa poderosa "frota do Graal" que dominaria os Grandes Lagos.

Fig. 5.7. Este mapa, desenhado em 1593 por Cornelius de Jode, baseia-se nas mesmas projeções geométricas eqüidistantes do norte conforme demonstra o mapa ilustrativo da página seguinte, que sobrepõe antigos meridianos à América do Norte. O mapa na página 207 é um desenho original de William F. Mann.

Por si só, essa interferência na frota marítima americana provavelmente não teria levado à guerra, mas o Congresso Americano nesse momento era dominado por um grupo de homens conhecidos como os Falcões de Guerra, em sua maioria oriundos de estados do oeste e do sul.[18] Parece que eles queriam apoderar-se dos territórios indígenas do vale do Ohio, mas os índios do vale do Ohio negociavam com comerciantes britânicos de Montreal a compra de armas que precisavam para proteger seu território da invasão americana. Os Falcões pretendiam interromper esse comércio expulsando os britânicos do Canadá. Como muitos outros americanos durante esse período, eles acreditavam na ideologia do Destino Manifesto: era destino dos Estados Unidos

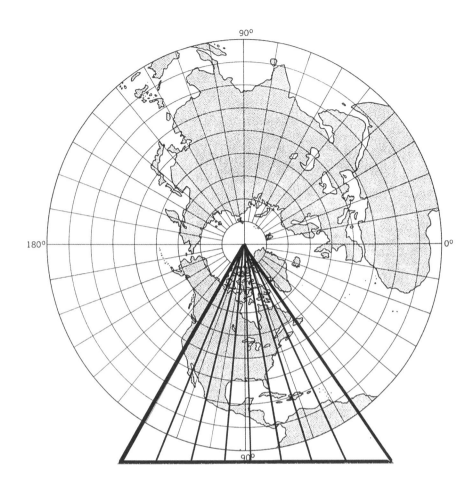

assumir o controle sobre todos os norte-americanos britânicos e consolidar o país até o Pacífico.[19]

Os americanos realmente não esperavam uma grande oposição à sua tentativa de controlar o Canadá, pois a maioria dos habitantes do Alto Canadá (atual Ontário) era de origem americana. A maior parte da população do Baixo Canadá (atual Quebec), porém, era de origem francesa. Os americanos acreditavam que ambos os grupos estavam ansiosos para se ver livres do domínio britânico, mas não foi o que aconteceu. Em vez disso, todos os habitantes lutaram para proteger sua terra natal, pois estavam satisfeitos em viver sob a lei britânica, que lhes permitia um alto grau de autonomia. Conseqüentemente, o otimismo prematuro dos americanos de expulsar totalmente os britânicos da América do Norte desfez-se em conseqüência de uma série de derrotas em confrontos com soldados britânicos apoiados por milícias canadenses e por guerreiros nativos, entre os quais estavam o chefe shawnee Tecumseh (ver fig. 5.8), outros do vale do Ohio, os mohawks de Brant, da região do Rio Grande no Alto Canadá, e os caughnawagas do Baixo Canadá.[20]

Menos de um mês depois da declaração de guerra em 18 de junho de 1812, um exército americano cruzou o rio Detroit e invadiu o Alto Canadá. O que inicialmente foi um sucesso para os americanos transformou-se numa derrota desastrosa sob o comando do general Isaac Brock e de Tecumseh e seus guerreiros. O forte Michilimackinac, na entrada do lago Michigan, foi capturado pelos britânicos logo em seguida, ficando por eles ocupado durante o restante da guerra. Mais tarde no mesmo ano, os Estados Unidos lançaram um segundo ataque na fronteira do Niágara, que também foi repelido, apesar de Brock perder a vida no combate.

Nos dois anos seguintes, a maioria dos confrontos aconteceu na península do Niágara e arredores e nos lagos Ontário e Erie. Houve também uma campanha menor em 1813-14 no Baixo Canadá, espalhando-se para o sul até Washington, D.C. Foi durante essa campanha que os britânicos invadiram Washington e incendiaram a residência do presidente, depois do que ela foi pintada de branco e se tornou a Casa Branca. A guerra também afetou as colônias britânicas no Atlântico, onde capitães-de-mar arrojados da Nova Escócia e de Nova Brunswick se tornaram corsários licenciados para apresar navios mercantes americanos, reservando parte dos lucros para si mesmos.

A Guerra de 1812 terminou empatada. Assim, o Tratado de Ghent, assinado na Bélgica em 24 de dezembro de 1814, devolveu todo o território conquistado, deixando a situação exatamente como estava antes da guerra. Uma mudança importante, porém, foi que os residentes nas colônias britânicas do Alto e Baixo Canadá formaram um senso de nacionalidade. Juntos, eles haviam repelido o agressor vindo do sul, fato que lhes infundiu um novo orgulho e os levou a pensar em si mesmos como canadenses. Essa foi a primeira vez que eles se identificaram com a terra em que viviam e não com os seus países de origem. A conseqüência definitiva seria a formação da Confederação em 1867, a criação formal do país do Canadá.

Para os nossos objetivos, resta uma questão relacionada com o propósito implícito para a atitude agressiva dos Falcões nos Estados Unidos que redundou na guerra. É possível que alguns soubessem da existência de alguma coisa de suma importância em parte preservada no vale do Ohio, ainda controlado pelos índios?

HISTÓRIA OCULTA DE UMA NOVA NAÇÃO 209

Fig. 5.8. O chefe shawnee Tecumseh. Gravura de Frederick H. Brigden, ca. 1813. Reproduzido por cortesia do National Archives do Canadá.

De fato, um dos aspectos mais interessantes e no entanto mais mal compreendidos da Guerra de 1812 é o envolvimento de Tecumseh, o chefe shawnee que de muitos modos foi responsável pelo empate final entre britânicos e americanos.[21] Tecumseh havia previsto a criação de uma confederação de todas as tribos norte-americanas, a qual constituiria uma única nação indígena forte, e durante anos dedicou todas as suas energias para esse objetivo, procurando preservar a terra do seu povo por meio da diplomacia e não por derramamento de sangue. Se tivesse alcançado esse objetivo, ele teria sido o fundador de um império que, em suas dimensões, competiria com o México. É certamente evidente que Tecumseh apoiou os britânicos na Guerra de 1812 na esperança de que uma vitória britânica asseguraria aos índios a posse de suas terras. No entanto, Tecumseh não foi apenas um grande diplomata e porta-voz que em última análise deu a vida por seu povo. Especula-se que, com seu irmão Tenskwatawa, "o Profeta", ele foi um dos últimos descendentes "puros" dos refugiados do Graal.[22]

A palavra shawnee deriva da palavra algonquina *shawun*, que significa "sulino". Esse rótulo, porém, se refere à sua localização original no vale do Ohio em relação a outros algonquinos dos Grandes Lagos, e não a uma origem no sudeste americano. Os shawnees falavam um dialeto algonquino e eram de cultura e hábitos florestais, embora haja muita dúvida quanto ao seu domicílio ancestral. Numa época ou outra eles tiveram aldeias na Carolina do Sul, Tennessee, Pensilvânia, Geórgia, Alabama e Ohio, uma área estendendo-se até as fronteiras meridionais de uma nação algonquina maior. Embora fossem considerados nômades, eles praticavam a agricultura onde quer que estabelecessem suas aldeias, que eram fortificadas com o uso estratégico de paliçadas e fossos secos.

Até 1656 os iroqueses do norte do estado de Nova York haviam dominado todas as tribos rivais, com exceção dos susquehannocks, e haviam começado a expulsar as tribos algonquinas do vale do Ohio e do baixo Michigan. Em sua maioria, esses inimigos acabaram como refugiados em Wisconsin, mas alguns shawnees aparentemente continuaram durante alguns anos como aliados dos susquehannocks, casando-se com indivíduos dessa tribo. Então, em 1658, os iroqueses do oeste atacaram os susquehannocks no que constituiu o capítulo final de muitos anos de guerra entre eles. Apesar da falta de armas de fogo, que os iroqueses haviam conseguido por intermédio de comerciantes holandeses de Manhattan, os susquehannocks-shawnees só foram derrotados em 1675.

Os susquehannocks e os shawnees continuaram aliados dos franceses durante a Guerra Franco-Indígena e em 1763 lutaram com Pontiac contra os britânicos. Durante a Revolução Americana, porém, eles se aliaram aos britânicos e realizaram muitas incursões contra povoados em todas as colônias. No entanto, todos os shawnees apoiavam a guerra com entusiasmo. Durante as décadas de 1770 e 1780, um grupo numeroso partiu do vale do Ohio, atravessou o rio Mississippi e se estabeleceu no Missouri, ficando depois conhecido como Absentee Shawnee [Shawnees Ausentes]. Esse grupo por sua vez se dividiu depois de 1803 e uma das partes mudou-se para o sul do Texas.

Os shawnees do Ohio ou do leste continuaram a resistir até a derrota das nações indígenas aliadas em Fallen Timbers, em 1793. Com o Tratado de Greenville, em 1795, eles foram obrigados a entregar a maior parte de suas terras para o governo americano. A conseqüência foi que os shawnees do Ohio se dividiram em três grupos, dois dos quais permaneceram em Ohio enquanto o terceiro, o grupo contrário ao Tratado de Greenville, mudou-se para o oeste, para as margens do rio Wabash, em Indiana. Foi nessa época que Tecumseh se revelou uma figura de comando entre as tribos do rio Ohio. Afora os shawnees que seguiram Tecumseh em combate, porém, a nação em geral adotou uma posição neutra durante a guerra. O grupo de Ohio declarou sua neutralidade no início dos confrontos e conseguiu permanecer em suas terras até 1831, quando foi forçado a mudar-se para o Kansas, Oklahoma e Montana. Os shawnees que viviam no Missouri também eram em grande parte neutros, mas eles também foram por fim obrigados a mudar-se para o oeste, em direção a Kansas, Oklahoma e Montana, onde as recompensas oferecidas pelo governo americano por suas cabeças praticamente os extinguiram. Os únicos shawnees hoje sobreviventes descendem daqueles que se mudaram para o Texas em 1803.

Com a morte de Tecumseh em outubro de 1813, a eventual extinção da nação algonquina e a morte de Thomas Jefferson em 4 de julho de 1826, o que restou do antigo segredo da Linhagem Sagrada e dos antigos meridianos a ela relacionados teria sido enterrado com eles, no âmago profundo de lendas nativas americanas e métis e talvez nos rituais maçônicos da Grande Loja Unida da Inglaterra.

A Guerra Civil

Muito se escreveu sobre a Guerra Civil, um acontecimento colossal que redefiniu tanto o povo americano como sua nação. Aqui nos concentraremos nas causas e questões da guerra entre o Norte e o Sul com relação à idéia de que ao lado dos fatores óbvios, existiu uma razão subjacente, mais velada, para o conflito, inclusive o antigo conhecimento templário secreto que havia sido incorporado no ritual maçônico.

Naturalmente, a Guerra Civil Americana mudou profundamente todas as pessoas por ela afetadas, mesmo as que não viviam na América. Especificamente no âmbito interno dos Estados Unidos, seu término estabeleceu a supremacia da autoridade do governo federal sobre a dos estados individuais, extinguiu a instituição da escravatura e estimulou o desenvolvimento industrial e a prosperidade de todo o país. Embora alguns tenham considerado a escravatura como a causa mais importante da guerra, as questões relacionadas com o direito de um estado individual de governar a si mesmo e a sensação do Sul de não estar representado no Congresso com justiça, em conseqüência de leis anteriores à guerra, parecem ter constituído o ponto crucial da tentativa do Sul de separar-se da União.[23]

O Acordo do Missouri foi o primeiro esforço do Congresso para amenizar as rivalidades regionais e políticas deflagradas pelo pedido do Missouri, no fim de 1819, para ser admitido na União como um estado escravocrata. Na época, os Estados Unidos eram constituídos de vinte e dois estados, uniformemente divididos entre partidários e contrários à escravatura. A admissão do Missouri como estado escravocrata perturbaria o equilíbrio e ofereceria um precedente para a expansão desse regime em outros estados. O acordo elaborado pelo Senado e pela Câmara previa a admissão do Missouri como estado escravocrata e o Maine, que na época fazia parte de Massachusetts, como um estado livre — com a condição de que, exceção feita ao Missouri, a escravatura seria abolida nos territórios integrantes da Compra da Louisiana ao norte da latitude 36°30', a fronteira sul do Missouri.

Parece significativo o fato de que toda a extensão do rio Missouri situa-se ao norte dessa demarcação, o que sugere que o rio era considerado de suma importância, mesmo que isso significasse a continuação da escravatura. Foi Henry Clay, do Kentucky, presidente da Câmara, que se empenhou em assegurar a aprovação do acordo. De fato, seu apoio foi tão vigoroso que ele é em geral considerado seu autor.[24] Curiosamente, como representante dos interesses expansionistas do oeste e líder dos Falcões de Guerra, Clay foi o primeiro a despertar os ânimos a favor da guerra contra a Grã-Bretanha e um dos que ajudaram a declarar a Guerra de 1812. Então, em 1814, ele renunciou ao seu mandato no Congresso para participar das negociações de paz que resultariam no Tratado de Ghent, o que lhe valeu o título de "o Grande Conciliador".

Muitos sulistas criticaram o Acordo do Missouri porque ele ratificava o princípio de que o Congresso podia legislar sobre questões relativas à escravatura. Os nortistas, por outro lado, criticaram o acordo porque ele permitia a continuação da escravatura. No entanto, o estatuto ajudou a manter os Estados Unidos coesos durante mais de trinta anos. Em 1854, porém, ele foi revogado pelo Ato de Kansas-Nebraska, que adotou o critério da decisão local com relação à escravatura nesses estados, apesar de ambos se situarem ao norte da linha do acordo. No caso Dred Scott, três anos depois, a Suprema Corte declarou o Acordo do Missouri inconstitucional com base na Quinta Emenda, que proibia o Congresso de privar indivíduos de propriedade particular sem o devido processo legal.

Jogaram combustível no fogo lento entre o Norte e o Sul relacionado com a escravatura e a abolição as ações de John Brown, que comandou um massacre de residentes favoráveis à escravatura em Kansas e organizou um assalto ao arsenal federal em Harpers Ferry, Virgínia, em 1859. Era sua intenção fomentar uma revolta de escravos e criar uma república negra. Para os sulistas, John Brown era um símbolo cruel de tudo o que eles temiam dos abolicionistas; mas enquanto líderes republicanos denunciavam o uso da violência por parte de Brown, ele se portava com dignidade durante seu julgamento por traição e como tal se tornou um mártir para muitos nortistas quando foi condenado e enforcado em 2 de dezembro de 1859.

Com a eleição de Lincoln como presidente em 1860, a secessão da Carolina do Sul da União se tornou um resultado previsto.[25] Foi essa mistura de separação e cruzada abolicionista que em última análise desencadeou a Guerra Civil. A Carolina do Sul havia muito estivera esperando um acontecimento que unisse o Sul contra as forças antiescravagistas. Com a certeza do resultado da eleição, uma convenção especial da Carolina do Sul declarou que "a União agora existente entre a Carolina do Sul e outros estados com o nome de Estados Unidos da América é pela presente dissolvida". Até 1º de fevereiro de 1861, mais seis estados sulistas haviam se separado, e em 7 de fevereiro os sete estados adotaram uma constituição provisória para os Estados Confederados da América.

Menos de um mês depois, em 4 de março de 1861, Abraham Lincoln prestou juramento como presidente dos Estados Unidos. Em seu discurso de posse ele se recusou a reconhecer a secessão, considerando-a "legalmente sem efeito". Ele concluiu o discurso com um pedido de recomposição da União, mas o Sul rejeitou o pedido e em 12 de abril armas confederadas abriram fogo contra tropas federais estacionadas no Forte Sumter em Charleston, Carolina do Sul. O forte dominava o porto, que o mapa de Desceliers de 1550 localizava no meridiano longitudinal de 79º57' oeste. Poderia este ter sido um ataque ao mesmo tempo simbólico e estratégico contra os maçons? Novamente, é curioso que outro ponto estratégico no padrão de grade de antigos meridianos se tornasse um ponto de convergência tanto físico como simbólico de ações entre os praticantes da maçonaria do Rito de York (Norte) e da maçonaria do Rito Escocês (Sul).

Depois de quatro longos anos de guerra, o cerco da União à capital confederada de Richmond, Virgínia, sinalizou o fim do conflito. Sob o comando do general Grant, o Exército da União entrou na cidade e as forças confederadas sob o comando do general Lee retiraram-se para o oeste. Uma semana depois, em 9 de abril de 1865, Lee rendeu-se com seu Exército da Virgínia do Norte na vila chamada Appomattox Courthouse. Logo em seguida, Joseph E. Johnston, comandante do Exército do Tennessee na Carolina do Norte, rendeu-se ao general Sherman. As unidades navais confederadas não se renderam imediatamente e algumas continuaram a lutar em alto mar até novembro de 1865.

Uma conseqüência da Guerra Civil foi o despertar de um gigante industrial adormecido na América, pois percebeu-se que nos limites dos Estados Unidos que acabavam de ser definidos havia recursos naturais suficientes para constituir a nação mais forte da terra. Significativamente, uma boa parte desses recursos naturais estava depositada ao longo de antigas linhas rosas que atravessam o país. Ademais, se o principal objetivo dos que controlavam os Estados Unidos era influenciar a futura condição do mundo tornando-se sua Nova Jerusalém (embora isso seja apenas conjetura neste ponto), então localizar artefatos religiosos representando a divindade, inclusive incluindo membros da Linhagem Sagrada, teria sido essencial para a pretensão da América à superioridade espiritual. É fato histórico que tanto Bonnie Prince Charlie como, posteriormente, George Washington receberam a oferta da realeza dos Estados Unidos, mas ambos a recusaram. Nunca saberemos por quê, mas podemos especular que em algum lugar nas Américas encontram-se descendentes da Linhagem Sagrada que têm uma pretensão mais justa à realeza da Nova Jerusalém. Como veremos a seguir, pistas para a existência do antigo conhecimento templário aos poucos se disseminaram a partir da Europa e de outros lugares.

Rennes-le-Château, Sto. Antônio e São Paulo, e Pistas Templárias no Ocidente

Em junho de 1885, apenas em torno de vinte anos depois do término da Guerra Civil Americana, a vila de Rennes-le-Château, no sul da França, recebeu um novo pároco, o padre Berenger Saunière.* Seu mandato, como veremos, é importante porquanto, de modo indireto, ele nos fornece mais informações sobre a Linhagem Sagrada e antigas linhas rosas e sobre as relações entre estas e o Meio-Oeste Americano que se desenvolveu como conseqüência das ações de Thomas Jefferson e Lewis e Clark e das mudanças produzidas pela Guerra Civil.

Em 1891, o padre Saunière iniciou uma restauração modesta da igreja da vila, dedicada a Maria Madalena, que fora consagrada em 1059. Durante os trabalhos, Saunière supostamente descobriu que uma das duas colunas visigóticas que sustentavam a pedra do altar estava oca e que dentro dela havia quatro pergaminhos preservados em caixas de madeira lacradas (ver fig. 5.9, página 217). Dois dos pergaminhos eram genealogias que datavam de 1244, ano em que a fortaleza cátara de Montségur rendeu-se a forças francesas do norte, e de 1644. Os outros dois, que parecem ser textos latinos codificados, aparentemente haviam sido compostos por um pároco anterior de Rennes-le-Château, padre Antoine Bigou, na década de 1780. Ambos foram posteriormente decifrados e a interpretação que aparece em muitos livros sobre Rennes-le-Château é a seguinte:

BERGERE PAS DE TENTATION QUE POUSSIN TENIERS GARDENT LA CLEF PAX DCLXXXI PAR LA CROIX ET CE CHEVAL DE DIEU J'ACHEVE CE DAEMON DE GARDIEN A MIDI POMMES BLUES

(Pastora, não tentação, que Poussin, Teniers, guardam a chave; paz 681, pela cruz e este cavalo de Deus, eu completo [ou destruo] este demo do guardião ao meio-dia. Maçãs azuis.)**

---

* Baigent, Leigh e Lincoln, *Holy Blood, Holy Grail*, 24–32. Grande parte do material usado nesse livro pertinente à vida de Berenger Saunière e ao mistério de Rennes-le-Château procede originalmente de *L'Or de Rennes*, de Gérard de Sede, mas o essencial da história baseia-se em *Holy Blood, Holy Grail*.

** Embora essa interpretação tenha aparecido em muitos livros dedicados ao mistério de Rennes-le-Château, inclusive *L'Or de Rennes*, *Holy Blood, Holy Grail* foi o primeiro a apresentar em inglês um resumo da pesquisa francesa sobre o mistério. Por isso, Baigent, Leigh e Lincoln recebem os créditos pela decodificação que aparece na página 26 do seu livro.

A interpretação do segundo pergaminho diz:

A DAGOBERT II ROI ET A SION EST CE TRESOR ET IL EST LA MORT.

(A Dagoberto II, rei, e a Sião pertence este tesouro e ele está lá morto.)[26]

Diz a história que depois dessa descoberta, o superior de Saunière, bispo de Carcassone, o enviou a Paris com instruções para procurar o padre Bieil, diretor geral do Seminário de São Sulpício (que, como vimos no capítulo 1, foi construído na antiga linha rosa de Paris). Depois de apresentar-se a Bieil, Saunière passou três semanas em Paris na companhia do sobrinho de Bieil, Émile Hoffet, um conhecido ocultista. Foi nesse período que ele conheceu Emma Calvé, uma diva de ópera e suma sacerdotisa da subcultura esotérica parisiense, com quem ele teria um caso amoroso por muito tempo. Durante sua estada em Paris, o sacerdote também passou bastante tempo no Louvre, onde comprou reproduções de três quadros: um retrato do papa Celestino V, de autor desconhecido; uma obra de David Teniers, o Jovem, depois identificada como *Sto. Antônio e São Paulo*; e ainda, e mais interessante para o nosso estudo, a segunda versão de *Et in Arcadia Ego — Les Bergers d'Arcadia*.

Ao voltar para Rennes-le-Château, Saunière, que parecia ter obtido muito dinheiro e assumido uma atitude mais rebelde com relação à Igreja, passou a dedicar-se a uma série de projetos um tanto misteriosos: no cemitério da igreja ele raspou a inscrição da lápide no túmulo de Marie de Blanchefort (fig. 5.10), marquesa d'Hautpoul (embora essa inscrição já tivesse sido copiada). Ele também autorizou a construção da réplica de uma torre medieval, a Torre de Madalena, projetada para guardar os livros de sua biblioteca, em constante expansão. Curiosamente, ela foi construída sobre uma antiga linha rosa, o que novamente sugere conhecimento de antigos meridianos de algum modo associados a Madalena. Ele também construiu uma casa de campo relativamente grande, Vila Betânia, mas nunca a ocupou. Finalmente, ele supervisionou a restauração da própria igreja, acrescentando-lhe inúmeras extravagâncias, inclusive uma escultura estranha e a disposição invertida das estações da via-sacra.

Se o quadro de Poussin realmente contém uma pista para a redescoberta de uma série de antigos meridianos e para a possível localização de um tesouro espiritual ou físico no Novo Mundo (ver capítulo 3, página 126), então o quadro de Teniers, *Sto. Antônio e São Paulo* (ver fig. 5.11), podem ser examinados sob a mesma luz.

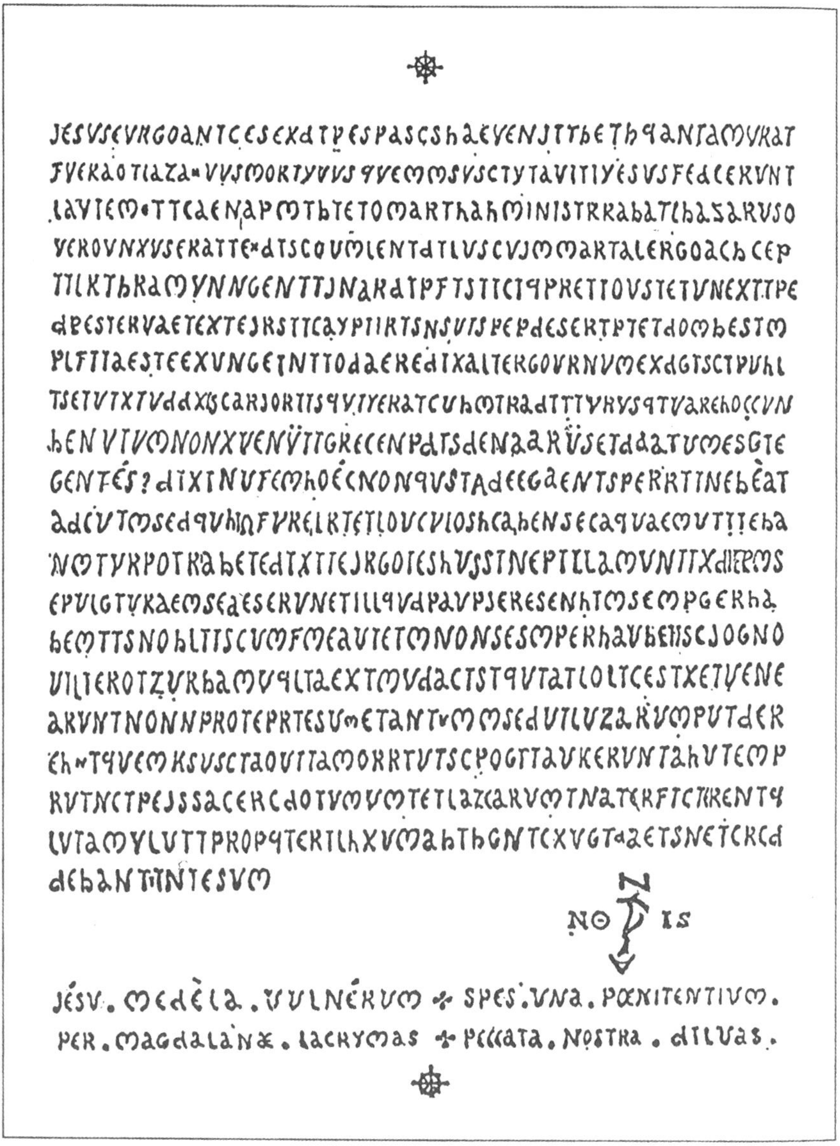

HISTÓRIA OCULTA DE UMA NOVA NAÇÃO 217

Fig 5.9. Um dos pergaminhos de Rennes-le-Château supostamente encontrado pelo padre Saunière. De Gérard de Sede, *Le Tresor Maudit* (O Tesouro Maldito).

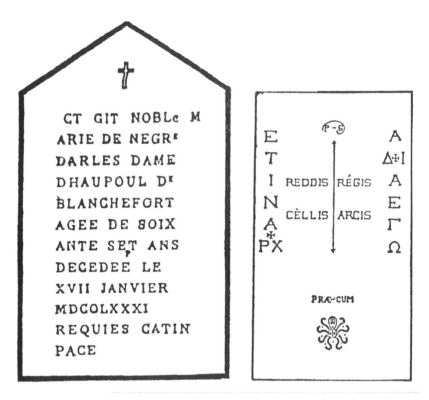

Fig. 5.10. Cópia da inscrição na lápide e na laje que cobre a sepultura de Marie de Blanchefort. De Eugene Stubelin, *Pierres G. de Languedoc*.

O que chama imediatamente atenção com relação às histórias de Rennes-le-Château e de Green Oaks e Oak Island, Nova Escócia, é que Antônio era o padroeiro dos Cavaleiros Templários medievais. Santo Antônio, o Eremita, nasceu num povoado ao sul de Mênfis, no Alto Egito, em 271 d.C. Diz a tradição que depois da morte dos pais, ele ouviu as palavras dirigidas por Cristo ao jovem rico que lhe havia perguntado como poderia entrar no reino dos céus: "Vai, vende tudo o que tens, distribui aos pobres e terás um tesouro nos céus."[27]

Logo em seguida Antônio se tornou um modelo de humildade e caridade, vendendo suas propriedades e distribuindo os rendimentos aos pobres. Consta que seu único alimento era pão e água. Às vezes ele comia uma única vez em três ou quatro dias e nunca antes do pôr-do-sol. Quando descansava, ele se deitava numa esteira de palha ou diretamente na terra. Diz a história que antes de sua morte, Sto. Antônio visitou seus monges, pois era então chefe de um mosteiro no deserto, e disse-lhes que ele não morreria entre eles. Em seguida deu instruções para que dois de seus discípulos, Macário e Amathas, o enterrassem na terra, ao lado de sua cela na montanha. Apressando-se a voltar para sua solidão no monte Kolzin, perto do mar Vermelho, ele morreu pouco depois; os discípulos seguiram suas instruções e enterraram o corpo secretamente naquele lugar.

A vida de Sto. Antônio pode facilmente ter inspirado os Cavaleiros Templários em sua busca do Graal. Os Cavaleiros seguramente teriam estabelecido relações com a determinação de Antônio de rejeitar todos os tesouros e comodidades terrenos em sua busca da sabedoria e da intimidade com Deus. Outras histórias falam da incessante luta de Sto. Antônio contra as muitas tentações da carne, luta com a qual os Templários também devem ter se identificado. A decorrência lógica é que o príncipe Henry Sinclair e os templários que o acompanhavam pela vastidão inculta e desabitada do Novo Mundo encontravam conforto no entendimento de que o espírito de Sto. Antônio manifestava-se por meio das ações que eles praticavam. Claramente, o príncipe Henry e os seus companheiros, trabalhando para concluir as tarefas a eles atribuídas na vastidão do Novo Mundo, teriam encontrado paz na compreensão de que, como eles, seu santo padroeiro havia renunciado a todas as posses e desejos terrenos pessoais para seguir sua vocação. Coincidentemente, Sto. Antônio é o santo padroeiro a quem são dirigidas orações para encontrar objetos perdidos

Fig. 5.11. Quadro *Sto. Antônio e São Paulo*, de David Teniers, o Jovem. Veja como o quadro é dividido pela cruz e observe a relativa aplicação de claro-escuro. Reproduzido por cortesia do Ashmolean Museum, Oxford.

ou roubados — talvez, neste caso, o tesouro templário —, relíquias ou genealogias ou alguma coisa muito mais preciosa: a sabedoria perdida dos antigos.

Parece que o quadro de Teniers revela o conceito subjacente de uma série de antigas linhas rosas distribuídas pela paisagem, o meridiano central sendo o crucifixo que divide a pintura em duas partes iguais. Na metade "oriental" do quadro há luz, simbolizando a civilização, ao passo que na metade "ocidental" encontramos Sto. Antônio numa caverna escura, discutindo se deve seguir o conhecimento oculto preservado em sua diminuta biblioteca ou os ensinamentos formais da Igreja, representada pelo próprio São Paulo. Aí está o verdadeiro significado da tentação de Sto. Antônio.

Relacionando simbolicamente esse quadro com a paisagem e geografia do Novo Mundo, podemos primeiro observar que adjacente à cidade de São Paulo/Minneapolis, Minnesota, está a vila de Sto. Antônio, que originalmente compreendia a área a 45°15' de latitude norte. Curiosamente, *Sto. Antônio e São Paulo* foi pintado em algum momento pouco antes da morte de Teniers em 1694, uma data que coincide com a história do estado de Minnesota: depois de visitas de vários exploradores franceses, de comerciantes de peles e de missionários, inclusive Joliet e Marquette, em 1679 Daniel Greysolon, *sieur* Duluth, reivindicou a região para Luís XIV — que havia demonstrado um enorme interesse pessoal pelo quadro de Poussin *Et in Arcadia Ego*, de 1640–42. Sob outra luz, poder-se-ia ver simbolicamente o quadro de Teniers como a pista seguinte para a área, ou continuação desta, a oeste daquela subjacente no quadro de Poussin, que se baseava nas explorações de Champlain entre 1604 e 1632.

Quando La Salle explorou a região dos Grandes Lagos até Illinois, acompanhou-o um franciscano recoleto chamado Louis Hennepin. Em janeiro de 1680, o grupo foi obrigado a se dividir: La Salle navegou para Ontário em busca de suprimentos, enquanto Hennepin e o restante do grupo exploraram o rio Ste. Croix e o Alto Mississippi. Tudo indica que os sioux aprisionaram Hennepin e seu grupo em abril daquele ano. Foi nesse período que eles chegaram ao que é hoje St. Anthony Falls, nome que Hennepin supostamente atribuiu ao local para homenagear seu santo predileto. Diz a história que em julho do mesmo ano Hennepin foi resgatado por um viajante francês, e em 1682 voltou para a França, onde escreveu e publicou a história de sua exploração.

Naturalmente, um modo de viajar para o oeste a partir dos Grandes Lagos teria sido entrar no rio Ste. Croix em Duluth, na ponta ocidental do Lago Superior, navegar para o sul até o Mississippi, e daí continuar até St. Louis,

HISTÓRIA OCULTA DE UMA NOVA NAÇÃO   221

Fig. 5.12. *O Alquimista*, de David Teniers, o Jovem. Observe como o alquimista representado neste quadro se assemelha ao Sto. Antônio representado no quadro Sto. Antônio e São Paulo. Reproduzido por cortesia do Pallazzo Pitti, Galeria Palatina, Florença, Itália.

onde o Missouri encontra o Mississippi. Assim, o quadro de David Teniers, o Jovem, é um mapa conceitual que leva o intrépido explorador para as selvas de St. Anthony além das cataratas. O iniciado esclarecido reconheceria as pistas no quadro de Teniers, as quais, ao ser relacionadas aos diários correspondentes dos primeiros exploradores franceses e às associações de St. Anthony com as histórias dos Cavaleiros Templários, o teriam conduzido ao interior do Novo Mundo. Significativamente, em 1888 o minério de ferro já era o principal produto comercial dos Grandes Lagos, com o estado de Minnesota fornecendo boa parte dessa matéria-prima para a fabricação de aço nos Estados Unidos. Se observar atentamente o lado esquerdo do quadro de David Teniers, dentro das sombras, você verá o que pode ser o modesto abrigo do santo ou talvez uma entrada para uma mina subterrânea ou tumba de alguma espécie. Sabemos que os chefes de toda dinastia real na Europa procuravam a obra de Terniers e que um dos seus quadros mais famosos leva o título de *O Alquimista* (ver fig. 5.12). Nele, então, está outra pista para o que inquestionavelmente era o verdadeiro tesouro dos Templários: os imensos recursos naturais no Novo Mundo que propiciavam aos templários medievais sua superioridade militar.

O que em toda a Europa se atribuía à magia alquímica estava na verdade sendo fornecido por uma rede secreta de atividade mineradora e marítima, a qual esperava mapear o Novo Mundo aplicando um sistema que evoluiu de um antigo conhecimento controlado pelos integrantes do "círculo interior". Expresso de forma simples, a maior parte da matéria-prima necessária para produzir armamento superior ao de todas as facções européias encontrava-se ao longo de linhas rosas do Novo Mundo. Como guardiães declarados da Linhagem Sagrada, os Templários estabeleceram as colônias de refugiados do Graal ao longo desses antigos meridianos num gesto simbólico de apoio e de reconhecimento da relação direta da Linhagem com o Reino do Céu.

6
Uma Nova Jerusalém

A tradição local em Guelph, Ontário, Canadá, diz que em 1863 o imperador Maximiliano de Habsburgo do México, com o apoio dos franco-maçons do rito escocês, iniciou a construção de uma igreja de pedra colossal no lugar ainda hoje conhecido como Catholic Hilltop. Consta que fundações para uma estrutura seis vezes maior do que a atual Igreja de Nossa Senhora (ver fig. 6.1) foram preparadas no alto da colina prevendo que Guelph se tornaria o centro de um Reino Sagrado no Novo Mundo — uma Nova Jerusalém.[1]

Guelph, a Cidade Real

O local para a cidade de Guelph foi escolhido por um romancista escocês muito popular chamado John Galt, que em 1827 havia sido nomeado superintendente canadense de uma empresa de desenvolvimento britânica conhecida como Canada Company. Consta que ele escolheu o nome Guelph para a nova cidade em homenagem à família real britânica, pois aparentemente ela ainda não havia recebido essa homenagem. O nome Guelph deriva de Welfen, nome de família da Casa de Hanover, que governava a Grã-Bretanha na época. Assim, Guelph é ainda hoje conhecida como a Cidade Real.

A história local registra que John Galt escolheu o local de maior prestígio e importância no perímetro da cidade para que nele fosse construída a Igreja Católica em homenagem ao seu amigo Alexander MacDonnell, o primeiro bispo católico do Alto Canadá. MacDonnell o ajudara a formar a Canada Company dando-lhe orientações decisivas e também recursos financeiros numa época em que as negociações de Galt com o governo britânico estavam em compasso de espera. O plano de Galt era muito criativo: Guelph devia

Fig. 6.1. Igreja de Nossa Senhora, construída sobre parte das fundações da catedral de pedra colossal planejada para o Catholic Hilltop de Guelph em 1863. Fotografia de William F. Mann.

assemelhar-se a uma cidade européia, constituída de quadras, ruas principais largas e ruas secundárias estreitas, resultando em quarteirões de extensões e formas diversas. Galt projetara a cidade seguindo um plano barroco com inúmeras ruas irradiando de um ponto central no Rio Grande. O que em última análise se desenvolveu no Catholic Hill foi um campus eclesiástico, um complexo de cinco construções de pedra que hoje tem a função de observatórios. As formas complexas dominam a cidade e as leis de posturas municipais continuam a proibir construções que possam bloquear a visão desde qualquer ponto de observação.

Curiosamente, o próprio Galt não era católico. Ele provinha de uma família de orientação presbiteriana escocesa. Não se sabe nem mesmo se ele era ou não maçom do rito escocês. O que sabemos é que esse valioso presente oferecido aos católicos romanos custou-lhe a demissão da Canada Company. A doação inicial de Galt incluía também uma enorme área em torno do Catholic Hill, mas essa foi drasticamente reduzida depois de sua partida. Evidentemente, o respeitável arquidiácono Strachan de York, hoje Toronto, não ficou satisfeito com o presente de uma colina menor dado por Galt aos anglicanos. Em 1827, o Alto Canadá era estritamente um território anglicano onde ainda eram negadas aos católicos romanos liberdades civis básicas. De fato, o Parlamento Britânico só aprovou o Ato de Emancipação Católica em 1829.

Embora possa não ter sido maçom, John Galt certamente provinha de uma região certa do mundo para a franco-maçonaria de rito escocês. As propriedades de Charles Radclyffe não estavam longe de Irvine, o porto marítimo escocês onde Galt nasceu. No entanto, há apenas uma menção a Galt na *History of Freemasonry in Canada*, de Ross Robertson.[2] Em 1829, quando ele voltou a Londres para se defender, embora sem sucesso, de acusações de excessos e insubordinação por sua doação de terras à Igreja Católica, Galt levou uma carta de Simon McGillivray, o grão-mestre do Alto Canadá, que havia vindo da Grã-Bretanha em 1822. Como maçom graduado do Rito Escocês no século XIX, McGillivray provavelmente teria sido um cristão profundamente religioso que acreditava nos mistérios de Cristo. Ele foi também um dos muitos maçons do Rito Escocês a ocupar um cargo de diretor na Canada Company.

O que exatamente motivava John Galt a presentear os católicos de Guelph com terras e uma igreja? Existiriam ainda descendentes da Linhagem Sagrada na região Golden Horseshoe do lago Ontário, pessoas que, para sua segurança, haviam sido secretamente transferidas para o interior ao norte de Guelph durante a Guerra de 1812? Se vários diretores da Canada Company eram maçons graduados do Rito Escocês, eles podiam muito bem ter alguma idéia sobre a localização e energia protetora dos meridianos templários na área. Não será surpresa saber que Guelph está situada relativamente perto da antiga linha rosa localizada a 79º57' de longitude oeste. Talvez, então, a cidade seja espiritualmente dedicada não à Casa de Hanover, mas sim a uma família real totalmente diferente.

Se os Habsburgos estavam realmente envolvidos no desenvolvimento de Guelph como uma colônia da rosa, talvez a razão desse envolvimento esteja nas páginas de Holy Blood, Holy Grail [*O Santo Graal e a Linhagem Sagrada*].[3] O primeiro imperador da Áustria, Francisco I, que na época tinha o título de Imperador do Sacro Império, era um fervoroso maçom do Rito Escocês e parceiro dos Stuarts. Ele era também contemporâneo e amigo de Charles Radclyffe, e consta que suas propriedades na Lorena serviram de refúgio para familiares da Casa dos Stuarts exilados da Escócia. Durante o período em que ele foi Imperador do Sacro Império (entre 1804 e 1806), a corte de Francisco em Viena era conhecida como a capital maçônica da Europa. Nesse tempo ele se tornou o maior promotor da Franco-Maçonaria de Rito Escocês e foi pessoalmente responsável pela difusão da ordem em toda a Europa.

Como vimos no capítulo 4, a Franco-Maçonaria do Rito Escocês se considerava descendente direta dos Cavaleiros Templários medievais e prometia iniciação a mistérios maiores e mais profundos — supostamente preservados e transmitidos na Escócia e passados para a realeza francesa, inclusive Bonnie Prince Charlie — do que o faziam outros ramos da maçonaria. Assim, como sustentam os autores de *O Santo Graal e a Linhagem Sagrada*, os franco-maçons do Rito Escocês continuaram até o século XIX adentro seu sonho de restabelecer o Sacro Império Romano. Segundo essa visão, um novo sacro império seria governado conjuntamente pelos Habsburgos e por uma Igreja Católica Romana radicalmente reformada, com o apoio dos franco-maçons do Rito Escocês. O novo império seria verdadeiramente sacro e secular, incluindo todos os cristãos que, como aqueles da Roma antiga, seguiam os verdadeiros mistérios de Jesus. Seu sonho finalmente se realizaria em Guelph, Ontário.

O braço direito de Maximiliano de Habsburgo em Guelph era o padre John Holzer, jesuíta. Como muitos outros sacerdotes católicos no Alto Canadá, Holzer procurou criar uma sociedade separada para os católicos romanos durante sua permanência no Novo Mundo. Austríaco como Maximiliano, Holzer havia sido enviado diretamente para o Alto Canadá pela Sociedade dos Jesuítas em 1848. Ele era incansável em seu zelo, construindo escolas, um hospital, um orfanato, um convento e uma casa paroquial em Guelph durante a década de 1850 e início da de 1860. Com efeito, ele foi bem-sucedido em tudo o que se propôs a fazer, com exceção da construção da enorme igreja de Habsburgo no Catholic Hilltop de Guelph.

Infelizmente, a construção espiritual e física da igreja "visionária" de Maximiliano foi abandonada depois da morte de Holzer, e em 1876 foram iniciadas as obras da Igreja de Nossa Senhora, de dimensões mais modestas, num dos setores da mesma fundação. Essa é a igreja que domina o horizonte de Guelph até os dias de hoje, com a escola conventual anexa para as Irmãs de Loreto e o Colégio Santo Inácio para rapazes. A presença jesuíta permaneceu na cidade, e em 1913 foi fundado um retiro jesuíta, o Noviciado de Sto. Estanislau, para noviços anglófonos. Mais tarde ele recebeu o nome de Colégio Loyola.

Coincidentemente, a coleção escocesa e escocesa-canadense dos arquivos da McLaughlin Library da Universidade de Guelph preserva sete cartas patentes antigas de Rosslyn, entre elas três com selos. Sem surpresas, muitos historiadores escoceses descreveram a coleção como uma das melhores no mundo e sem dúvida a melhor na América do Norte. A coleção em si é uma preciosidade em termos do material de que é constituída, o qual inclui uma história regional com um dilema intrigante: quase parece que alguém deixou muitas pistas para a relação entre uma antiga descendência Sinclair e a subseqüente presença de um grande número de Sinclairs na cidade real de Guelph e suas proximidades.

A carta patente mais antiga dessa coleção data de 20 de março de 1491 e trata da transferência da baronia de Pentland determinada por Oliver Sinclair, filho do duque William, construtor de Rosslyn. A carta é de Oliver para seu filho George, que se casou com Agnes, filha de Robert, Lorde Chrichton de Sanquar. George morreu sem deixar herdeiros e a propriedade passou para seu irmão William, que morreu em 1554. O mandato seguinte, datado de 8 de novembro de 1513, transfere a baronia de George para William. William, que foi nomeado cavaleiro por Jaime V, casou-se com Alison Hume e foi sucedido por seu filho William, que morreu depois de 1602.

O mandato seguinte data cronologicamente de 25 de agosto de 1542 e é de Jaime V para seu filho William e o confirma na baronia de Pentland. Esse mandato inclui o grande selo de Jaime V, que reinou de 1512 a 1542. Foi este mesmo William de Rosslyn que se casou com Elizabeth, filha de Sir Walter Kerr de Cessford, e eles tiveram dois filhos, Edward e William, e três filhas. As últimas quatro cartas patentes da coleção são de William para seus filhos Edward e William e datam de 1542, 1554 e duas de 1574. A primeira dessas quatro tem um pequeno selo vermelho com uma inscrição em gaélico, impossível de decifrar. A terceira, de 1574, tem um selo de Sir William Sinclair e está assinada "W. Santclair of Roislin, Knecht".[4]

De acordo com a genealogia oficial dos primeiros Sinclairs elaborada pelo padre Hay, foi Edward Sinclair que se casou com Christian, filha de George Douglas de Parkhead, mas ele morreu sem herdeiros e foi sucedido por seu irmão William, que se casou com Yean, filha de Edmonston. Sabe-se que este William construiu as abóbadas e o grande arco do Castelo de Rosslyn (ver fig. 6.2) e também um dos arcos da ponte levadiça — tudo, acredita-se, para proteger o tesouro de Rosslyn.

Oficialmente, consta que essa coleção de cartas patentes de Sinclair foi comprada por duas razões: primeira, ela contém exemplos de selos da época e do período; segunda, as cartas patentes têm relação com outros itens que já fazem parte da coleção. Nesse sentido, o item mais antigo em toda coleção de Guelph é uma carta escrita por Henry Sinclair, o segundo Sinclair, duque de Orkney, filho do príncipe Henry Sinclair e pai do duque William Sinclair, projetista da Capela de Rosslyn. Embora em escocês, a carta ainda é bastante inteligível. Por intermédio dela, endereçada a Lorde Sinclair, barão de Rosslyn, Henry nomeia David Menzies tutor testamentário de seu filho William Sinclair. Novamente, nessa cidade, a fundação física e espiritual de uma Nova Jerusalém, alguém enfrentou muitas dificuldades e despesas para garantir que essa conexão dinástica com a fundação física e espiritual de uma Nova Jerusalém estivesse disponível para aqueles que tivessem olhos para ver e compreender. Essa ação parece confirmar que os primeiros guardiães da Linhagem Sagrada no Novo Mundo haviam compreendido muito bem que em última instância a Acádia seria perdida como refúgio do Graal e que outros arranjos seriam necessários para salvaguardar os descendentes remanescentes da Sagrada Família.

Acádia: A Avalon do Novo Mundo

Como já vimos, acredita-se que foi na Acádia — hoje Nova Escócia — que os templários primeiro tentaram encontrar um refúgio para o Graal no Novo Mundo, a Linhagem Sagrada unindo a Casa de Davi à dinastia merovíngia por meio dos descendentes de Jesus e Maria Madalena. Isso ela foi, até que os britânicos baniram os acadianos em 1755.

Em 6 de dezembro de 2003, porém, Adrienne Clarkson, governadora geral do Canadá, e o representante canadense oficial da rainha Elizabeth II assina-

Fig. 6.2. Representação do Castelo de Rosslyn (baseado numa litografia do século XVIII)

ram uma declaração bilíngüe reconhecendo os males causados aos acadianos deportados da Nova Escócia 250 anos atrás por se recusarem a jurar lealdade à Coroa Britânica. O documento reconhece que em 28 de julho de 1755, representantes militares "da Coroa tomaram a decisão de deportar o povo acadiano", sem o expresso consentimento do monarca reinante.[5] A proclamação anunciou que a partir de 2005, 28 de julho seria um "Dia Comemorativo" da expulsão acadiana, também conhecida como *Grand Dérangement*, Grande Desordem.

Atualmente, só na Nova Escócia existem mais de quarenta mil pessoas que se dizem descendentes dos acadianos. Elas estão espalhadas pelas diversas regiões da província, embora muitas se concentrem na área de Clare, Digby County, o primeiro povoado formado por exilados acadianos que voltaram. Clare localiza-se na costa sul da baía Sainte-Marie, uma entrada profunda na parte noroeste da Nova Escócia, separada da baía de Fundy por uma faixa de terra chamada Digby Neck. Em termos ingleses ela ainda é conhecida como French Shore, mas para os acadianos ela sempre foi a Ville Française. Existem certamente concentrações maiores de acadianos em outras partes do Canadá, especialmente nas províncias marítimas de Nova Brunswick, ilha Príncipe Eduardo e cabo Breton, mas o isolamento da French Shore e a homogeneidade de sua população preservaram um caráter acadiano típico em Clare.

Fig. 6.3. "Land of Evangeline" na Acádia. Fotografia de William F. Mann.

Ao todo, em torno de três quartos dos dez mil residentes de Clare são acadianos. Embora tenham um representante no legislativo desde 1836, eles mal estão começando a conquistar direitos francófonos. Apenas a partir de 1981 é que conseguem educar seus filhos em francês. A Université Sainte Anne, independente, desenvolveu-se a partir de um pequeno colégio jesuíta e se tornou a única universidade francófona da Nova Escócia. O Centre Acadien, ligado à universidade, preserva zelosamente a cultura acadiana histórica e contemporânea.

O Festival Acadiano de Clare é a celebração acadiana mais antiga das províncias marítimas; a peça *Evangeline* é encenada em francês acadiano durante todo o verão. De fato, o renascimento lingüístico acadiano no último quarto de século transformou Clare num baluarte sem igual do dialeto ancestral. Conversações acadianas realizadas em Clare incluem idiossincrasias lingüísticas que podem remontar ao francês falado há aproximadamente trezentos anos na região de Poitou, oeste da França, ponto de partida dos primeiros acadianos. O que confere importância ainda maior a esse aspecto é que o dialeto original se perdeu para sempre na França.

A área em torno da French Shore é conhecida como "Land of *Evangeline*" (fig. 6.3), em reconhecimento à obra-prima de Henry Wadsworth Longfellow de 1847, *Evangeline: A Tale of Acadie*. Embora Longfellow nunca tivesse visitado a Nova Escócia, seu poema épico foi extraordinariamente popular, mesclando uma história amorosa fictícia com a narrativa trágica da expulsão dos acadianos de sua terra natal entre 1755 e 1763. Ele aparentemente baseou seu poema num relato preservado em *History of Nova Scotia*, de Thomas Chandler Haliburton.[6] Segundo a tradição acadiana, o verdadeiro nome de Evangeline era Emmeline, e ela era filha do acadiano Benedict Bellefontaine.[7] Consta que os heróis do poema — Gabriel Lajeunesse, filho de Basil, o ferreiro, e René LeBlanc — não são fictícios, mas eram pessoas reais na época da expulsão.

No poema, dois amantes, Evangeline e Gabriel, que se encontram pela primeira vez nas planícies varridas pelo vento de Grand Pre, perdem-se durante a expulsão. Depois de viver uma vida de muitas dificuldades, eles finalmente se reencontram, mas então Gabriel, já velho, está à beira da morte. Para os acadianos, o poema passou a simbolizar a luta histórica do povo acadiano. Para outros, ele pode significar mais do que isso e referir-se à história oculta de Jesus e Maria Madalena.

A área que abrange o sítio histórico nacional de Grand Pre se tornou um ponto de convergência para tudo o que diz respeito aos acadianos (ver fig. 6.4), e como sinal de sua importância, o governo canadense acrescentou Grand Pre à sua lista de Sítios do Patrimônio Mundial da UNESCO. Um roteiro cênico chamado Evangeline Trail estende-se das águas turbulentas da baía de Fundy, perto de Grand Pre, até a ponta rochosa no extremo sul da Nova Escócia, perto de Yarmouth, celebrando inúmeros locais significativos da região, como St. Charles's Church, onde os homens da Acádia se reuniram por ordem do governador britânico, Charles Lawrence, e do seu Conselho de Halifax, e receberam a notícia de que seriam deportados.

Depois da expulsão ignominiosa (ver fig. 6.5), em que dez mil acadianos homens e mulheres foram agrupados e jogados em navios separados, o governo britânico na Nova Escócia deu as propriedades acadianas a colonizadores protestantes de língua inglesa, descendentes principalmente de escoceses e irlandeses. Para os acadianos, porém, a Acádia ainda era seu lar, e quando o Tratado de Paris de 1763 finalmente pôs fim à guerra entre franceses e ingleses, os acadianos voltaram, sendo porém apenas tolerados pelos britânicos e desde que jurassem fidelidade à coroa e se estabelecessem nas partes mais distantes da colônia.[8]

Antes da expulsão, os acadianos eram agricultores bem-sucedidos e prósperos, mas quando voltaram e se estabeleceram em Clare, onde o solo era pobre e a paisagem tomada por florestas densas, eles se viram obrigados a se tornar madeireiros e marceneiros. Aprimoraram-se também como pescadores nas águas piscosas da baía de Fundy e dos Grandes Bancos. Infelizmente, de alguns anos para cá a indústria pesqueira praticamente desapareceu e os acadianos de hoje voltam-se cada vez mais para o turismo, encontrando sua subsistência econômica e também cultural em suas raízes acadianas.

Os primeiros acadianos tinham nomes como Belliveau, Comeau, Doucet, Dugas, Gallant, LeBlanc, Robichaud, Saulnier e Mellanson, cujas origens familiares sugerem que muitos deles, de modo especial os Mellansons, muito provavelmente descendiam da Sagrada Família. Em 1657, dois irmãos franceses, Pierre e Charles Mellanson, chegaram com os pais em Port Royal, Acádia, um tanto misteriosamente a bordo de um navio inglês, o *Satisfaction*, que também trazia Sir Thomas Temple, governador inglês da Acádia, recém-nomeado.[9] Diz a história que Pierre e Charles Mellanson eram protestantes que se tornaram católicos romanos antes de se casarem com jovens francesas. No entanto, a chegada deles na colônia deu-se supostamente três anos depois que a Nova Escócia passou para o controle inglês. Seguramente, eles não teriam se convertido numa colônia controlada por protestantes. Muitos estudiosos tentaram explicar as origens enigmáticas da família Mellanson. Num determinado momento, a maioria acreditava que os Mellansons eram de origem escocesa. Mas um sacerdote de nome Clarence d'Entremont chegou à conclusão de que eles são de linhagem francesa.[10] Evidentemente, o pai, Pierre La Verdure, era um huguenote francês que se mudou para a Inglaterra, onde casou com uma inglesa chamada Prescila Mellanson. Os filhos deles, Pierre e Charles, fundaram o que ainda hoje se conhece como Mellanson Settlement, no passado pertencente ao setor de Port Royal da Nova Escócia.

O filho mais velho, Pierre, identificado em registros antigos como pedreiro, casou-se com Marie-Marguerite Muis d'Entremont, filha do lorde de Pomcoup, Philippe Muis d'Entremont. Charles casou-se com Marie Dugas, filha do armeiro Abraham Dugas e de Marguerite Doucet, de Port Royal. Charles Mellanson era também chamado de La Ramée ou *sieur* de La Ramée e Pierre Mellanson era também conhecido como La Verdure ou *sieur* de La Verdure.[11]

O Mellanson Settlement (ver fig. 6.6) localizava-se na margem norte do rio Dauphin (hoje Annapolis), aproximadamente sete quilômetros rio abaixo da cidade de Port Royal (depois Annapolis Royal). Sob os britânicos, o povoado fazia parte de uma área maior às vezes conhecida como Oak Point ou Pointe-aux-Chesnes. Como os outros núcleos acadianos estabelecidos ao longo do rio, este também era uma comunidade rural onde os membros da família e os vizinhos trabalhavam cooperativamente na agricultura de diques, típica

UMA NOVA JERUSALÉM 233

Fig. 6.4. A igreja e a estátua de Evangeline em Grand Pre. Fotografia de William F. Mann.

Fig. 6.5. Gravura representando a expulsão dos acadianos da Nova Escócia. Autor e data desconhecidos. Reproduzido por cortesia do National Archives do Canadá.

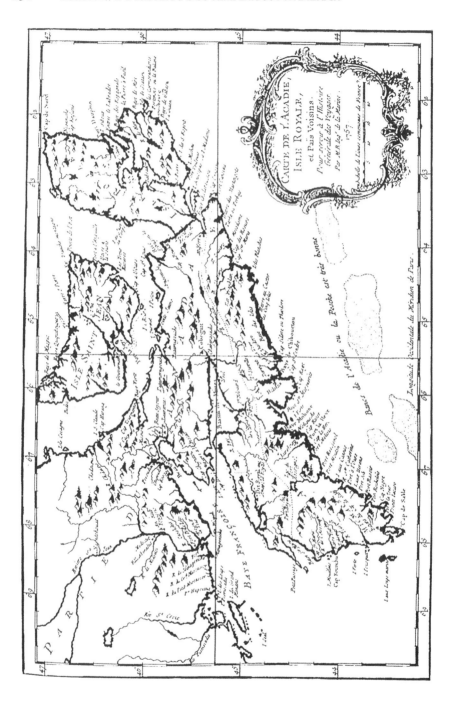

Fig. 6.6. Mapa do século XVIII situando o Mellanson Settlement, identificado no quadrante esquerdo pela Estrela Acadiana.

Fig. 6.7. A raposa dançando e a maçã no brasão de Mellanson.

da América do Norte colonial e praticada para recuperar pântanos salgados pouco elevados. Como o Mellanson Settlement situava-se no caminho para o forte em Port Royal/Annapolis Royal, engenheiros o assinalaram em vários mapas do século XVIII, deixando um registro excepcionalmente detalhado de um povoado acadiano pré-deportação.[12]

O brasão de Mellanson (fig. 6.7) parece conter alguns elementos simbólicos relacionados com a verdadeira origem da família. O escudo está dividido verticalmente em duas partes: à direita, uma raposa de cor púrpura forte dança sobre as patas traseiras num promontório verde; à esquerda temos uma maçã verde.

Talvez esses símbolos tenham alguma coisa a ver com a idéia de que a linhagem feminina dos Mellansons, representada pela raposa-fêmea de um vermelho-púrpura forte, era de descendência merovíngia, pois a palavra-raiz *mel* significa "de cor um tanto escura", representando assim as profundezas do mar. (Lembremos que os merovíngios supostamente descendiam da união entre uma princesa e um rei do mar.) Uma sugestão é que a raiz de *mel* está na tintura púrpura do múrice que os fenícios usavam para tingir seus tecidos, um artigo importante do seu comércio. Alguns estudiosos dizem que o tecido usado no Santo dos Santos era linho bordado tingido com púrpura fenícia. Em grego, a palavra derivada de *mel* é *melas*, que significa "preto," ou *mullos*, que denota um peixe marinho ou molusco. Essas associações nos dão a idéia de que o nome Mellanson está de algum modo relacionado com o mar. Há também a noção de que a linhagem tem relação com o verde-esmeralda, a cor do promontório sobre o qual a raposa dança, o que naturalmente representa a fertilidade da deusa.

Quanto à maçã, por sua associação com a Árvore do Conhecimento do Bem e do Mal no Jardim do Éden e com a tentação de Eva, ela é conhecida como o fruto proibido. Em termos científicos, a maçã é a fruta (*pomme*) do gênero *malus* que pertence à família das rosáceas. Assim, de alguém deitado debaixo de uma macieira dir-se-ia que ele está "debaixo da rosa", sonhando com um segredo proibido. Um mito grego que representa a maçã como o prêmio máximo é a história do julgamento de Páris, uma disputa entre as três deusas mais belas do Olimpo — Afrodite, Hera e Atena — por uma maçã de ouro a ser entregue à "mais linda".[13]

A história começa com o casamento de Peleu e Tétis, ao qual todos os deuses são convidados, menos Éris, a deusa da discórdia. Quando, mesmo assim, Éris comparece às festividades, ela é expulsa, e em sua fúria joga a maçã de ouro entre as deusas reunidas. Como as três deusas querem a maçã, Zeus é chamado a intermediar e assim manda Hermes levar as três ao príncipe Páris de Tróia, que deve decidir a questão. Diante dele, as três lhe oferecem presentes para conquistar o prêmio: Atena lhe oferece muitas vitórias heróicas, Hera lhe oferece muitas riquezas, e Afrodite lhe oferece Helena, a mulher mais bela, como esposa. Infelizmente, Helena está casada com Menelau, rei de Esparta. Essa oferta é a causa da guerra de Tróia, insuflada pelas furiosas deusas Hera e Atena, quando Esparta exige que sua rainha lhe seja devolvida. A conseqüência derradeira é a queda do imenso império troiano e talvez uma impressão permanente de que todas as rainhas são excepcionalmente belas, mas intrinsecamente ardilosas e perniciosamente manipuladoras.

Um exemplo mais recente desses atributos encontra-se na descrição da meia-irmã do rei Artur, Morgan Le Fay — a fada Morgana. Em seu livro *Celtic Folklore*, John Rhys escreve que, para ele, a fada Morgana era originalmente uma sereia da mesma estirpe das *morgens* bretãs.[14] Assim, o nome pode ter passado de Modron para Morgan na Bretanha, onde havia a crença num certo tipo de fada da água chamada Morgans ou Mari-Morgans.[15]

Fechando o círculo, Avalon, o decantado céu místico das histórias do rei Artur, é representado como uma ilha mágica encoberta por brumas densas e impenetráveis, que se abrem somente para quem acredita realmente na existência da ilha. Ironicamente, só é possível navegar até a ilha se as brumas se

UMA NOVA JERUSALÉM   237

Fig. 6.8. *A Morte de Artur*, ca. 1859, de James Archer. Nessa obra, a fada Morgana se prepara para levar Artur por mar para Avalon. Reproduzido por cortesia da Mansell Collection, Londres.

dissipam. Quando Artur é mortalmente ferido em Camlann, a fada Morgana o leva para Avalon para ser tratado e ali esperar um chamado para voltar para a Bretanha (fig. 6.8).

Poder-se-ia dizer que Avalon é um lugar no reino do espírito, o Outro Mundo, onde reina a paz e onde a própria inimizade entre Morgana e Artur deixa de existir. Em Avalon está também Nimue, a donzela do lago, que se torna a guardiã de Excalibur. De fato, diz a lenda que foi em Avalon que Excalibur foi forjada, e que nesse reino nem ladrão nem inimigo está à espreita, somente existindo paz e harmonia eternas.

Para muitos, a terra da Acádia/Nova Escócia é sinônimo da maravilhosa terra de Avalon. É uma terra de poder natural e acontecimentos misteriosos. Envolvida a maior parte do tempo por névoas voluteantes que resultam do encontro da corrente quente do Golfo com a corrente mais fria do Atlântico, as costas da Nova Escócia são maravilhosamente belas e melancólicas. Não é necessária muita imaginação para fantasiar uma canoa irlandesa emergindo da névoa, transportando o corpo ferido do rei Artur. Ele é então recebido pelos nativos, que oferecem suas casas e tudo o que têm para os viajantes cansados, sem perguntas ou julgamentos. Nesse recanto acadiano, por causa do seu clima temperado, pomares e mais pomares de maçãs florescem até os dias de hoje, de modo que muitos ainda conhecem a Nova Escócia como a "ilha da maçã".

Talvez esta seja a origem da idéia de Morgana desaparecendo no mar com a alma de Artur em direção a Avalon — à Arcádia verdadeira hoje conhecida como Nova Escócia.

Os Fox-Ojibwas

Ecoando os mitos do passado, alguns sustentaram recentemente que os templários, cruzando o Atlântico, trouxeram a Arca da Aliança para o Novo Mundo. Uma vez na América, eles confiaram às Primeiras Nações a tarefa de preservá-la.[16] A terra em que se refugiaram, habitada pelas nações algonquinas, caracteriza-se por uma topografia cárstica, resultado do arenito mais mole derivado da erosão do calcário, produzindo milhares de cavernas e fendas. Como a raposa, que em sua toca está a salvo do cão caçador, os templários do Novo Mundo e membros da Linhagem Sagrada, ajudados pelas Primeiras Nações, encontrariam nessas cavernas refúgio provisório dos agentes sempre inquisitivos da Igreja e de outros que procuravam descobrir sua localização.

Muitos historiadores não se deram conta de que num momento do passado a nação fox-ojibwa foi a maior e a mais poderosa das tribos algonquinas-Grandes Lagos. Desde então seus integrantes foram conhecidos por diversos nomes, entre os quais ojibwa, chippewa, bungee, mississauga e salteaux, e seu verdadeiro tamanho e população na América do Norte provavelmente foram subestimados. Com efeito, durante o século XVII eles talvez tenham sido a única nação mais poderosa a leste do Mississipi e muito possivelmente a mais poderosa na América do Norte. No entanto, como seu verdadeiro território localizava-se bem ao norte do principal fluxo de colonização, suas vitórias sobre inimigos nativos e também coloniais nunca foram devidamente percebidas. Foram os ojibwas, por exemplo, que finalmente derrotaram os poderosos iroqueses e forçaram os sioux a sair de Minnesota.[17] O poder dos ojibwas cresceu em grande parte devido à sua enorme superioridade e sagacidade em estratégia militar, o que levou à atribuição de mais um nome à sua nação: fox (raposa).

Sabemos que a chegada inesperada e misteriosa dos ojibwas em Sault Ste. Marie em algum momento em torno de 1500, na continuação de uma grande migração do leste, deslocou várias tribos residentes. Como conseqüência, os menominees foram forçados a se deslocar para o sul, formando uma aliança com os winnebagos, e os cheyennes e arapahos começaram uma série de movimentos que terminaram por levá-los às altas planícies do Colorado e de Montana. A expansão continuada dos ojibwas para o oeste ao longo das margens do Lago Superior também provocou conflitos com os dakotas e com os assiniboines das Grandes Planícies. Embora alguns brancos tivessem chegado mais tarde em busca de minerais e madeira, esse território inóspito no norte dos Estados Unidos e no Canadá ainda hoje continua em grande parte despovoado. Além disso, na maior parte do território ojibwa, o solo era improdutivo e a estação de plantio e colheita, curta, fatores pouco atraentes para uma colonização mais ampla. Devido a esse relativo isolamento, a nação ojibwa estendia-se praticamente desde Ontário, no leste, até Montana, no oeste.

A data do primeiro contato dos franceses com os ojibwas é incerta, porque os franceses inicialmente não perceberam a diferença entre os hurons, os ottawas e os ojibwas, todos integrantes da nação algonquina maior. Consta que Champlain encontrou alguns ojibwas nas aldeias hurons ao longo da baía Georgiana em 1615, e três anos depois, ao explorar o lago Huron, o auxiliar direto de Champlain, Étienne Brulé, avançou bastante para o norte, de modo que muito provavelmente encontrou ojibwas. Mas foi somente em 1623, quando ele chegou às quedas do rio Sta. Maria — Sault Ste. Marie — que sem dúvida houve contato entre os ojibwas e os franceses.[18]

Em decorrência dessa exposição limitada, os ojibwas conseguiram preservar grande parte de sua cultura tradicional e de sua língua. Certamente, a maioria dos norte-americanos ouviu falar do poema de Longfellow, *Hiawatha*. Infelizmente, o poeta confundiu as tribos — o nome hiawatha foi tomado do iroquês, mas as histórias são totalmente ojibwas. De fato, boa parte da lenda e do folclore norte-americano nativo que existe hoje pode ser atribuída aos ojibwas, que seriam os descendentes diretos dos nativos originais que cruzaram o estreito de Bering e chegaram nas Américas durante a última idade do gelo. Como a maioria das tribos algonquinas, os ojibwas transmitiram sua história oralmente, de memória, embora em alguns casos raros eles tenham usado rolos de casca de vidoeiro e uma espécie de escrita pictográfica semelhante aos hieróglifos dos micmacs.

Entre 1400 e 1650, os ojibwas, em sua grande maioria, praticaram uma cultura florestal clássica, mas como vários grupos da tribo viviam em áreas marcantemente diferentes em termos topográficos e geográficos, havia grandes diferenças culturais no seio da nação. Como todos os americanos nativos, os ojibwas se adaptaram às suas circunstâncias. Por exemplo, depois de chegar às planícies do norte, os bungees ou ojibwas das planícies adotaram a cultura do búfalo e ficaram muito diferentes dos ojibwas do leste em sua arte, cerimônia e modo de vestir-se.[19] Na direção sul de suas fronteiras, em Michigan, Illinois, Wisconsin e Ontário, as aldeias ojibwas eram maiores e mais permanentes devido ao cultivo do milho, da abóbora e do feijão, as "três irmãs". No fim, porém, como a força principal dos ojibwas mudou-se para o norte, as tribos meridionais da nação acabaram sendo absorvidas pelos wendots, petuns, neutrals e hurons.[20]

Historicamente, a nação métis do Canadá desenvolveu-se no noroeste nos séculos XVIII e XIX, mas somente hoje esse povo está investigando a extensão de sua genealogia no Canadá. Considerados oriundos de uma mescla de comerciantes de peles franceses e escoceses com mulheres das nações cree, ojibwa, saulteaux e assiniboine, os métis desenvolveram-se ali como um povo distinto, diferente de outros indígenas e europeus.

Podemos perguntar-nos se um clã em particular dentro da nação ojibwa poderia ser constituída pelos descendentes dos templários e daquelas tribos micmacs que com eles se uniram por laços de casamento e se deslocaram para o interior a partir do litoral oriental durante o século XV. Talvez a formação e eventual extinção da tribo massassauga tenham sido resultado dessa antiga interação entre Sinclair e seus templários e a nação algonquina. Hoje certamente parece como se esse fosse um segredo que as Primeiras Nações nunca revelaram. Mesmo Brulé, que passaria a maior parte de seu tempo entre os índios nativos e por fim incorreria na cólera de Champlain por certas indiscrições, não descobriria o segredo maior de que uma porção da Linhagem Sagrada ligou-se por casamento com as Primeiras Nações.

Existem várias lendas ojibwas que comprovam a idéia de que há mais coisas conhecidas sobre a história dos templários no Novo Mundo do que foi dito. Uma das que mais se destacam é a das três irmãs: Diz a lenda que antigos marinheiros encontraram três ilhas nas águas da baía de Thunder. Essas ilhas sempre serviram de abrigo contra as tempestades que incessantemente açoitam o Lago Superior. De acordo com a lenda ojibwa, as "Três Irmãs" têm realmente uma origem muito estranha:

Das quatro filhas de um grande chefe ojibwa, a mais jovem era "a mais bela", e constantemente relatava à família suas conversas com os espíritos da floresta. Amada por seu pai por sua natureza delicada e sensibilidade sobrenatural, a jovem era ridicularizada pelas três irmãs mais velhas.

Um dia, ela ouviu a voz profunda e afável de Nanna Bijou, o Grande Espírito, dizendo que ele a escolhera para noiva de seu filho, a Estrela Polar. À noite ela contou a história à família e descreveu as instruções de Deus sobre quando e onde ela deveria encontrar o filho do Grande Espírito. As irmãs zombaram dela e a chamaram de louca. Irritado com esse tratamento cruel dado à filha, o chefe bateu nas filhas com um açoite de couro de veado.

Tomadas de ódio pela punição, as irmãs planejaram a morte da jovem.

Lembrando-se do lugar e da hora do encontro, elas seguiram a irmã pela floresta. A Estrela Polar, sendo um espírito, não podia ser vista pelas irmãs mais velhas. Assim, quando a mais nova abraçou Estrela Polar, as três irmãs dispararam suas flechas, atingindo-lhe o coração. Em vez de cair, a irmã foi levada suavemente para o céu pelo espírito. Mas as setas também atingiram o coração de Estrela Polar. Assustadas com o que viram, as irmãs puseram-se em fuga. O Grande Espírito, furioso com o que elas haviam feito, transformou-as em pedras e as rolou para as águas da baía Thunder.[21]

Essa lenda ojibwa tem claramente vários elementos em comum com as mitologias grega e celta: por exemplo, os arquétipos da tríplice deusa má e do deus supremo transformando-a em pedra por causa de seus atos. Elementos da separação trágica e da morte dos dois amantes também se relacionam com o poema narrativo *Evangeline*, de Longfellow, que tem suas raízes nas tragédias grega e romana de Selene e Endímion, Ártemis e Órion, e Diana e Acteon. Mas como poderia uma das lendas nativas mais antigas ter esses arquétipos a não ser que houvesse uma influência européia direta anterior ao contato histórico aceito entre os franceses e os ojibwas?

Segundo outras tradições orais dos ojibwas, o Povo do Amanhecer [Daybreak People] — os abenakis — prometeu permanecer no leste apesar de o "profeta do Primeiro Fogo" ter recomendado aos nativos que se mudassem, pois do contrário seriam destruídos.[22] Na lenda micmac, é o homem-deus Glooscap que assume a persona do profeta do Primeiro Fogo. Diz ainda a tradição que os *midi*, os xamãs, lembravam do profeta do Primeiro Fogo falando de uma ilha em forma de tartaruga que seria uma das sete paradas durante a migração dos ojibwas.

Curiosamente, existem duas ilhas na área da migração ojibwa que correspondem a essa descrição: a ilha de Montreal e Milton Outlier, uma pequena formação glacial da última idade do gelo, situada ao longo do meridiano de 79º57' de longitude oeste e posicionado logo ao norte da cidade de Oakville na costa noroeste do lago Ontário.

A interpretação de um rolo de casca de vidoeiro ojibwa identificou as sete paradas principais da grande migração: ilha de Montreal; Niagara Falls; a "ilha" no interior em forma de tartaruga que só pode ser Milton Outlier; ilha Manitoulin; Sault Ste. Marie; Spirit Island, perto da foz do rio Ste. Croix; e a ilha Madeline, nas Ilhas dos Apóstolos do Lago Superior.[23] Reza a lenda que o casco da *megis* (tartaruga) elevava-se da água ou da areia em cada local e que os ojibwas sabiam que deviam parar quando encontrassem uma ilha em forma de tartaruga e "o alimento que cresce na água", significando arroz-silvestre. Num nível mais prático, ilhas dessa natureza seriam escolhidas como pontos de parada porque ofereciam alguma espécie de refúgio e defesa.

Milton Outlier (ver fig. 6.9) é uma das formações de maior destaque ao longo do Niagara Escarpment, hoje Reserva Mundial da Biosfera da Unesco [UNESCO World Biosphere Reserve]. O escarpamento em si é resultado de movimentos geológicos pré-históricos e erosão glacial. Quatrocentos e quarenta e cinco milhões de anos atrás, num tempo que os geólogos conhecem como Período Ordoviciano, havia um mar na bacia do Michigan. Naquele tempo, a América do Norte era tropical e plantas e animais terrestres ainda não existiam. O mar de Michigan, porém, fervilhava de vida, contendo inclusive moluscos e corais. A face calcária dolomítica que resultou dessa população tem origem nas cataratas de Niágara e se estende para o norte até a baía Georgiana e até a ilha Manitoulin no lago Huron. Ao longo de toda essa formação natural magnífica há uma antiga trilha indígena hoje conhecida como Bruce Trail.

Conhecendo a extensão do escarpamento e a barreira por ele formada, os ojibwas poderiam ter seguido para o interior em suas migrações, primeiro de canoa até as grandes quedas e depois por terra seguindo a Bruce Trail, a pé durante o verão ou por trenó puxado por cães durante o inverno, até alcançarem a baía Georgiana. Lá eles poderiam novamente seguir o litoral dos Grandes Lagos de canoa até chegar ao seu destino final. Assim procedendo, os ojibwas percorriam uma das inúmeras rotas antigas que talvez, como veremos, tenham sido formadas por antigos celtas ao abrir caminho para as minas de cobre do Lago Superior, nas margens de Kitche Gumeeng.[24]

Fig. 6.9. Milton Outlier. Fotografia de William F. Mann.

A ilha Madeline, nas Ilhas dos Apóstolos do Lago Superior, é importante porque os ojibwas acreditam que seus ancestrais migraram para lá ao deixar a costa leste da América do Norte e que ali foi sua última parada depois de muitos anos de migração em conseqüência do sonho do profeta do Primeiro Fogo de que eles deviam mudar-se ou ser destruídos. Curiosamente, essa ilha, uma entre várias que receberam o nome dos apóstolos, sugere que Maria Madalena era de fato a discípula predileta de Jesus. Sua relação com a migração dos ojibwas lembra a árdua jornada empreendida por Madalena com seu tio, José de Arimatéia, para atravessar o Mediterrâneo e chegar à costa sul da França e Ste. Maries de la Mer.

O pesquisador Peter Champoux deparou-se com uma geometria natural interessante que corresponde surpreendentemente bem ao padrão migratório dos ojibwas: Em *Gaia Matrix* ele demonstra como as geoposições das principais áreas de povoação indígena hoje conhecidas como Niagara Falls, Chicago, Duluth e Sault Ste. Marie compõem uma configuração pentagonal que envolve a maior parte dos Grandes Lagos.[25] O centro do que ele chama de Pentágono dos Grandes Lagos (ver fig. 6.10) está no ponto de convergência dos lagos em Sault Ste. Marie, um local de encontro bem conhecido dos nativos americanos. Isso sugere que pela adequada aplicação da geometria sagrada e do conhecimento dos meridianos, uma aplicação que estava oculta na tradição oral ou na alegoria moral, os celtas e os vikings possuíam mapas misteriosamente precisos da região dos Grandes Lagos, se não de todo o continente norte-americano. Como resultado desse precioso conhecimento e dos mapas dele resultantes, tanto povoados da linha rosa secretos como suas minas subterrâneas correspondentes podiam revelar-se aos verdadeiros iniciados — entre os quais estavam os templários, que usaram esse conhecimento para estabelecer núcleos ao longo de meridianos como refúgios e sítios onde podiam ter acesso a minérios preciosos e a praticar a fundição e a aciaria secretamente.

Meridianos, Antigos Observatórios e Comércio Pré-Cristão no Novo Mundo

Em *America B.C.: Ancient Settlers in the New World*, uma das evidências mais importantes que o autor Barry Fell apresenta como prova lingüística de viagens pré-cristãs para a América do Norte e conseqüente comércio entre o Velho e o Novo Mundo — talvez, como sugerimos, através dos celtas e dos vikings — são os textos gravados nas rochas em Peterborough, Ontário, Canadá.[26] Encontram-se ali evidências de uma viagem ou viagens de um rei escandinavo da Idade do Bronze, Woden-lithi, para a América do Norte em torno de 1700 a.C. De acordo com Fell, o principal objetivo de Woden-lithi em sua visita à América era trocar com os americanos nativos produtos têxteis por barras de cobre.[27] Os textos estão escritos numa grafia muito antiga, mas com alfabetos que sobrevivem até hoje em partes remotas do mundo. Se interpretadas corretamente, as evidências apontam para a certeza de que comerciantes pré-cristãos estiveram visitando ou estabelecendo-se nas Américas durante milhares de anos.

Segundo a interpretação de Fell, aproximadamente dezessete séculos antes de Cristo, o rei Woden-lithi e seus homens atravessaram o Atlântico e entraram no rio São Lourenço. O texto gravado nas rochas diz que o país deles era a Noruega e que o rei era da capital, Ringerike, localizada a oeste da cabeça do Fiorde de Oslo.[28] De algum modo, ele e seu grupo atravessaram as Lachine Rapids e chegaram ao litoral norte do lago Ontário, perto do que é hoje Toronto e do antigo meridiano situado a 79°57' de longitude oeste. Desse ponto eles tentaram ultrapassar as cataratas de Niágara, mas não conseguiram, e por isso subiram pela via navegável hoje conhecida como Trent-Severn Wa-

UMA NOVA JERUSALÉM 245

Fig. 6.10. Pentágono dos Grandes Lagos, de *The Gaia Matrix*. Reproduzido por cortesia de Peter Champoux.

terway. Num lugar atualmente chamado Petroglyphs Park, nas proximidades de Peterborough, os noruegueses fundaram uma colônia que se tornou um centro religioso e comercial. Parece que Woden-lithi permaneceu no Canadá por cinco meses, de abril a setembro, trocando sua carga de produtos têxteis por barras de cobre das minas do Lago Superior com os nativos locais que atuavam como intermediários das tribos indígenas do norte.

As inscrições deixadas registram as viagens norueguesas, suas crenças religiosas, um padrão de medida para roupa e cordame, além de observações astronômicas para determinar o ano civil norueguês. Essas observações confirmam que o ano-novo escandinavo começava em março e definem exatamente as datas dos solstícios do inverno e do verão. As inúmeras gravuras rupestres representam o deus sol e a deusa lua e certos eixos astronômicos que passam pelo local, tudo confirmando um extraordinário conhecimento das constelações e uma compreensão dos movimentos do sol pelos signos do zodíaco.[29]

Outro dos bem conhecidos sítios astronômicos no Novo Mundo é Mystery Hill, chamado de Stonehenge da América, em North Salem, New Hampshire. Sem contar as inúmeras câmaras de pedra ali existentes, o sítio inclui também um círculo de pedra construído com cinco pedras verticais principais. Os estudiosos constataram que uma dessas pedras ergue-se diretamente ao norte do centro do ponto de observação. As outras quatro indicam os pontos do nascer e do pôr-do-sol no horizonte nos solstícios do verão e do inverno. O principal significado astronômico de Mystery Hill parece estar relacionado com os solstícios do verão e do inverno, e com a regulação do calendário pelos equinócios da primavera e do outono.

Curiosamente, esses antigos observatórios têm uma relação estreita com a Acádia como ela existia antes da deportação dos acadianos em 1755. Quando o marquês de Chabert, vindo da França em 1746, chegou pela primeira vez na Acádia, ele mapeou diversos portos da região, e ao fazê-lo observou inúmeras discrepâncias que não podiam ser explicadas oficialmente. Na volta para a França em 1747, ele explicou que "todos os mapas marítimos eram defeituosos para quase todas as costas dessa parte da América do Norte", presumindo que as discrepâncias deviam-se à falta de observações precisas e da definição de um meridiano longitudinal principal.[30] Assim, em 1750, seguindo instruções diretas do rei da França, Chabert voltou ao cabo Breton e à Acádia e construiu o primeiro observatório "oficial" em território canadense no Forte Louisbourg.

Infelizmente, nada mais resta dessa estrutura. Sabemos que ela existiu porque Chabert produziu mapas e um relatório de observações astronômicas lá realizadas, *Voyage fait par ordre du Roi en 1750 et 1751 dans l'Amerique septentrionale.*[31] É curioso que por causa da atmosfera enevoada de Louisbourg, o local não era apropriado para um observatório. Mas Chabert explica sua escolha:

> Acima de tudo, eu precisava fixar com exatidão a longitude de Louisbourg, tanto para facilitar o aportamento de embarcações nesse porto quanto para que, ao desenhar mapas, se pudesse começar desse ponto para localizar todos os outros nas costas dessa parte da América do Norte em seus verdadeiros meridianos, tarefa que exigia uma determinação exata desse ponto...[32]

Ele passou a usar o observatório como estação de observação, tendo como objetivo incluir análises das marés e "diversas operações de geometria prática", além de realizar observações estelares e lunares detalhadas.[33] Talvez o trabalho de Chabert decorresse do seu desejo de mapear a costa oriental usando uma série de meridianos verdadeiros. Infelizmente, a verdade plena com relação à missão de Chabert perdeu-se, juntamente com a aspiração francesa de construir uma Nova Jerusalém na Nova França, quando o forte Louisbourg rendeu-se aos britânicos em julho de 1758.

7

ELEMENTOS PERENES

Em *The Woman with the Alabaster Jar,* Margaret Starbird afirma que o significado mais profundo e secreto dos primeiros alquimistas medievais e de seus símbolos não era químico, mas sim teológico, filosófico e psicológico.[1] Nessa época, o homem natural era visto como "chumbo", e o ser espiritual divino transformado, como "ouro".[2] Essa transformação era orientada pelo Espírito Santo e se processava por meio de uma experiência de quase-morte, de um nascimento, ou ainda, de modo mais freqüente, por meio de certas iniciações esotéricas.

Num passado bem mais remoto, a ciência dos metais e o conhecimento de suas propriedades eram considerados o segredo supremo ou direito divino de uma casa real. Desde os primórdios, essa ciência sempre foi sinônimo de riqueza e poder. A luta pelo controle do processo secreto de transformar ligas básicas em aço para armas, como também do processo de refino do ouro e de outros metais preciosos, era constante e violenta. Segundo as Escrituras, Moisés recebeu do próprio Deus as instruções de como construir a Arca da Aliança (ver fig. 7.1), e passou esse conhecimento ao rei Davi.* Durante toda sua vida, Davi se preparou para construir o Templo Sagrado, separando o material necessário, comandando os levitas e outros envolvidos em suas responsabilidades e entregando o projeto do Templo a Salomão. Assim, segundo a tradição, o Messias, aquele que construirá o terceiro Templo, virá da dinastia

---

* De acordo com a *Catholic Encyclopedia,* fazendo referência à narrativa sagrada de Êxodo 25:10–22: O próprio Deus apresentou a Moisés a descrição da Arca da Aliança e do tabernáculo. As ordens de Deus foram cumpridas ao pé da letra por Beseleel, um dos "homens sábios" escolhido por Moisés "para elaborar desenhos, para trabalhar em ouro, prata e bronze, para lapidação de pedras de engaste, para entalho de madeira, e para realizar toda espécie de trabalhos" (Êx. 31:1–9).

ELEMENTOS PERENES 249

Fig. 7.1. Representação da Arca da Aliança. Neste contexto maçônico, a Arca está colocada debaixo do Arco Real Maçônico.

davídica. Eis o motivo de tantos ao longo da história afirmarem pertencer a uma linhagem da Casa de Davi — ou seja, quem controla o templo controla o contato direto com Deus.

Outro homem bem conhecido que possuía essa sabedoria "divina" é o rei Salomão. Pouco depois de Salomão ser ungido rei aos doze anos de idade, Deus lhe aparece em sonho estimulando-o a fazer um pedido para si mesmo. Salomão responde: "Eu não passo de um jovem... Dá, pois, a teu servo um coração que escuta para governar teu povo e para discernir entre o bem e o mal." O pedido de Salomão agrada a Deus, que lhe diz: "Porque não pediste riquezas e glórias, mas apenas o que pode beneficiar todo o povo, dar-te-ei não apenas um coração sábio e inteligente como ninguém teve antes de ti e ninguém terá depois de ti... mas também riqueza e glória tais, que não haverá entre os reis quem te seja semelhante" (1 Reis 3:7–13).

O rei Salomão reinou por quarenta anos, e durante esse tempo Israel prosperou, com a construção do primeiro Templo, destinado a acolher a Arca, como seu coroamento. A Bíblia nos diz que governantes de todas as partes da terra acorriam para ouvir a sabedoria de Salomão, uma sabedoria que abrangia não somente o conhecimento da Torá, mas também uma compreensão secular das ciências.

Como o príncipe Henry teria mergulhado no simbolismo associado com a reconstrução do Templo devido à posição que ocupava na franco-maçonaria e à sua relação com os templários, algumas das chaves para abrir os verdadeiros segredos dos Cavaleiros Templários encontram-se no que conhecemos como *As Pequenas Chaves de Salomão*. Tradição antiga sugere que quem possui esses escritos secretos sabe onde encontrar o Novo Templo de Jerusalém. Sabemos que *As Pequenas Chaves de Salomão* têm relação, em um nível, com os princípios esotéricos que fazem parte dos mistérios antigos. Segundo escritos antigos, as chaves abrangem a adequada aplicação de astronomia, dualismo, numerologia, androginia e o quinto elemento oculto — etimologia — tudo presente num antigo manuscrito hebraico perdido há muito tempo e conhecido como *A Chave de Salomão*.

Em outro nível, podemos interpretar *As Pequenas Chaves de Salomão* como os descendentes do rei Salomão e da Casa de Davi, incluindo Jesus e sua suposta prole. Se os templários realmente se consideravam adeptos e possuidores da sabedoria antiga, Jesus seria para eles o corpo vivo e a continuação dessa sabedoria. Além disso, se eles possuíam prova escrita de que Jesus compreendia e conhecia os antigos mistérios muito além do que expõem os quatro evangelhos, então o próprio Jesus seria a chave para abrir os antigos mistérios.

Em *Nova Atlântida*, obra magna de Francis Bacon, o filósofo fala de uma "Casa de Salomão... por meio da qual tesouros ocultos que hoje parecem totalmente perdidos para a humanidade serão confiados a uma piedade universal".[3] Nesse romance erudito, Bacon imagina a chegada de um navio numa ilha desconhecida chamada Bensalém, outrora governada por um certo rei Salomão. Foi calculado que os navios do rei fenício Hiram de Tiro e do rei Salomão navegaram durante quarenta e dois dias antes de chegar às minas de ouro de Ofir. Assim, parece que a América do Norte, além de ser boa candidata a possível território para as minas de Salomão e para a terra de Ofir, com toda probabilidade é também a fornecedora de ouro tanto para os templários como para os Stuarts.

Nova Atlântida foi publicada em 1627, pouco depois da criação das colônias inglesas nas Américas. Bacon expôs suas idéias sobre as novas colônias diversas vezes, inclusive num discurso no Parlamento afirmando que o Novo Reino na Terra (Virgínia) era semelhante ao Reino do Céu. Numa clara referência ao Templo de Salomão numa Nova Jerusalém, Bacon descreve a instalação das colônias na Virgínia em 1606 como um ato espiritual e ao mesmo tempo político.

Enquanto chanceler da Inglaterra no reinado de Jaime I, Bacon se aprofundou em uma filosofia mística, hermética, e praticou alquimia. Uma vez ele escreveu que os alquimistas eram como os filhos do homem que lhes dissera que ele havia enterrado ouro na vinha. Depois de muito escavarem, eles não encontraram ouro, mas haviam revirado o solo e remexido em torno das raízes, o que resultou numa safra abundante. Assim, segundo Bacon, a procura do ouro propiciou o surgimento de muitas invenções úteis e favoreceu o avanço da sociedade de muitas formas.

Em *Sabedoria dos Antigos*, Francis Bacon também advertiu contra "o produto da sagacidade e do discurso que é capaz de aplicar as coisas bem, mas de um modo nunca pretendido pelos primeiros autores".[4] Em outras palavras, ele diz que muitos procuram atribuir um sentido a coisas que nunca tiveram sentido e acreditam que há um tesouro escondido onde nunca houve absolutamente nada. No entanto, o próprio Bacon, como um autodenominado "simbolista recente dos mistérios pagãos", deduziu dos mitos uma extraordinária abundância de "ensinamento oculto e alegoria", pois "a parábola sempre foi uma espécie de arca onde foram depositadas as partes mais preciosas das ciências".

Entretanto, a fama maior e mais duradoura de Bacon repousa sobre a teoria que sugere que ele foi o autor das obras atribuídas a Shakespeare e que seus manuscritos originais estão numa cripta debaixo de Oak Island, lá depositados por antigos corsários que, como Bacon, nutriam o mesmo ódio pelos espanhóis. Defendem essa teoria os que afirmam que William Shakespeare não pode ter escrito as obras que levam seu nome, pois era Francis Bacon que possuía todas as qualidades necessárias a essa tarefa. A teoria não deixa de ser interessante, para dizer o mínimo, mas associá-la a Oak Island deve de algum modo ser uma pista para a compreensão pelo menos parcial que Bacon tinha do enigma maior.

À parte manipulações literárias e políticas por parte de Francis Bacon, existem evidências muito fortes de que ele fez parte de uma sociedade secreta, talvez o Priorado de Sião ou o Rosacrucianismo, ou de outra ordem pouco conhecida. Ele pode muito bem ter despertado o que estava adormecido dos Cavaleiros Templários medievais ou do Priorado de Sião para satisfazer um anseio de conhecimento divino que ele acreditava ser seu. Sabemos que Bacon era obcecado por códigos e criptogramas e que iniciou o uso de marcas-d'água em papel.* Quando consideramos que a maioria das marcas-d'água usadas no tempo de Bacon e depois dele têm relação com o unicórnio, o urso merovíngio, a serpente ou verme (shamir), o Graal e as Colunas do Templo, o papel de Bacon de repente parece avultar no enigma geral dos templários no Novo Mundo. Poderia sua Nova Atlântida espiritual ser de fato a Nova Jerusalém do príncipe Henry?

Para Margaret Starbird, o simbolismo das marcas-d'água é político e doutrinário, e a heresia a que muitas delas aludem tem relação com a do Santo Graal: durante o século XII, os cátaros acreditavam que Jesus era um receptáculo terrestre do espírito de Deus e que seus ensinamentos sobre os antigos mistérios os levariam à iluminação e à transformação pessoal. Muitas marcas-d'água (ver fig. 7.2) eram de fato heréticas da perspectiva da Igreja, indicando a crença num Jesus casado que era o herdeiro régio de Davi.

De todas as marcas-d'água, uma das mais características era a do unicórnio. De acordo com o livro *The Lost Language of Symbolism*, de Harold Bayley, o unicórnio representava Cristo, o noivo arquetípico, um dos motivos preferidos na Europa medieval.** Muitas marcas-d'água representam o leão, tomado

---

* Para uma análise bem mais extensa e ilustrativa dessas curiosas marcas-d'água, consulte Fanthorpe e Fanthorpe, *The Secrets of Rennes-le-Château*, 92–96, e Frank Higenbottam, *Codes and Ciphers* (Londres: English Universities Press, 1973).

** Todas as referências feitas às marcas-d'água do unicórnio se baseiam no livro de Harold Bayley, *The Lost Language of Symbolism* (Nova York: Barnes and Noble, 1968), apesar de Margaret Starbird, em *The Woman with the Alabaster Jar*, ser a primeira a relacionar

ELEMENTOS PERENES   253

Fig. 7.2. Algumas marcas-d'água comuns representando o unicórnio. Reproduzido de Margaret Starbird, *The Woman with the Alabaster Jar* (Rochester, Vt.: Bear and Company, 1993).

como símbolo da tribo de Judá. Assim, o brasão da família real britânica e do Canadá, que representam o leão, sugere descendência da Casa de Davi. Em outros casos, marcas-d'água reproduziam o lírio de três pétalas, a flor-de-lis, o símbolo que identificava a linhagem merovíngia. Bayley inclusive encontrou inúmeras marcas-d'água que combinam o lírio de três pétalas com o leão, fazendo assim uma referência velada à linhagem real tanto de Israel como da França — a linha dos príncipes de Judá, os mesmos príncipes que preponderam em todos os rituais básicos da franco-maçonaria! Assim, em nossa busca da Nova Jerusalém, mais uma vez voltamos a essa sociedade que foi tão predominante na fundação da América.

Uma Volta à Capela de Rosslyn

Conforme comprovado pelos entalhes na Capela de Rosslyn, o príncipe Henry Sinclair provavelmente conhecia em profundidade os antigos princípios da

---

os temas medievais do Matrimônio Sagrado e da Noiva Perdida ao conceito moderno da Família do Graal.

franco-maçonaria. Por isso, é razoável supor que ele teria ocultado qualquer tesouro relacionado com o conhecimento das linhas rosas e com uma antiga linhagem davídica nos aspectos tanto histórico como simbólico dos graus do Arco Real, que fazem referências à descoberta das antigas galerias ou criptas debaixo do Templo de Salomão. É compreensível, então, que qualquer "tesouro" templário concreto teria sido guardado em criptas ou galerias naturais situadas ao longo de antigos meridianos junto a pontos-chave de energia e de observação onde templos futuros poderiam ser erigidos. O verdadeiro tesouro, naturalmente, era o próprio conhecimento dos meridianos, ou linhas rosas, que orientaram Sinclair. O que faz essa teoria parecer ainda mais lógica é que esses pontos da rosa teriam sido conhecidos e reverenciados por nativos americanos e desse modo, sendo considerados sagrados, teriam sido guardados permanentemente sem jamais ser perturbados.

No grau franco-maçônico do Arco Real há uma série menos conhecida de graus secundários que fazem parte da maçonaria críptica. Os que praticam a maçonaria acreditam que é um privilégio ser admitido no Conselho dos Maçons Crípticos, pois não há graus mais belos ou significativos em toda franco-maçonaria. Com esses louvores, os graus da Antiga Maçonaria Críptica centram-se na história da preservação inicial, perda e recuperação da Palavra. Simbolicamente, a Palavra representa a busca do homem pelo objetivo da vida e pela natureza de Deus, ao mesmo tempo em que lhe ensina a humildade e a reverência.

Como acontece com muitos graus maçônicos, as verdadeiras origens dos graus da Maçonaria Críptica estão envoltas em mistério. Normalmente se diz que eles apareceram na América do Norte graças a Phillip P. Eckel, que viveu na Filadélfia nos anos imediatamente posteriores à Guerra da Independência Americana. Praticamente não se sabe mais nada sobre as atividades de Eckel com relação a esses graus ou de onde vieram. Acredita-se que ele fazia parte do grupo de alemães que emigrou para os Estados Unidos, especificamente para a Pensilvânia, e que privava da amizade de Benjamin Franklin. Isso sugere que Eckel trouxe consigo os graus de um dos Ritos Continentais da Europa que eram populares no início da segunda metade do século XVIII.

Algumas partes da Maçonaria Críptica se assemelham a graus que faziam parte do que era conhecido como Rito de Misraim; outras partes parecem estar mais próximas do Rito de Mênfis, que evoluiu do que se conhece como Alta Maçonaria Egípcia.

Outro grau secundário ligado à Maçonaria Críptica é o de Nauta da Arca Real. Esse grau é descrito como um dos ritos mais antigos, se não o mais an-

ELEMENTOS PERENES 255

Fig. 7.3. Iluminura de Noé e a Arca, fac-símile da página original de um livro atribuído a um artista desconhecido no sul da Holanda, ca. 1450.

Fig. 7.4. *Melancolia*, de Albrecht Durer, 1514. Reproduzido por cortesia do Metropolitan Museum of Art, Nova York.

tigo, de toda a maçonaria. Curiosamente, ele é um rito totalmente separado, sem nenhuma relação com os demais graus. A cerimônia de elevação a Nauta da Arca Real é um rito verdadeiramente iniciatório. Ele se baseia na tríade sabedoria, força e beleza, como outros graus na Arte, mas neste caso, a referência é específica à sabedoria de Noé ao construir a Arca (ver fig. 7.3), à sua força de caráter e à beleza de sua obra. O grau encerra ainda outras mensagens significativas, e para o próprio maçom experiente traz uma intensa lembrança da nossa confiança numa iluminação espiritual e também material.

Logicamente, considerando sua relação com Noé, o símbolo deste grau é o arco-íris, representando a promessa de Deus aos sobreviventes do Dilúvio — "Eu não amaldiçoarei nunca mais a terra por causa do homem, porque os desígnios do coração do homem são maus desde a sua infância; nunca mais destruirei todos os viventes, como fiz. Enquanto durar a terra, semeadura e colheita, frio e calor, verão e inverno, dia e noite não hão de faltar" — e sua bênção a Noé e seus filhos ("Sede fecundos, multiplicai-vos, povoai a terra e dominai-a").

A idéia de uma aliança ou pacto com Deus é seguramente um conceito que resistiu ao teste do tempo. O problema é que se você não cumpre a sua parte do acordo, você incorre na cólera divina. Naturalmente, a pior coisa que poderia acontecer-lhe é a morte, mas é mais provável que você viveria períodos de melancolia ou depressão. Em muitos casos, foi isso que aconteceu com os alquimistas medievais que renunciaram a todo conforto mundano, inclusive ao amor de sua família, para se dedicarem à busca da pedra filosofal inatingível. Uma xilogravura de grande beleza, *Melancolia* (ver fig. 7.4, página 256), criação de Albrecht Durer de 1514, exprime o estado de confusão e desespero vivido pelo laborioso alquimista. Cercado de símbolos herméticos da arte real e de ferramentas do ofício, nem mesmo o hermafrodita alado, que representa o equilíbrio de gênio masculino e feminino, consegue solucionar o enigma. O problema é que o alquimista resolveu confinar-se nos limites do seu laboratório e não experimentar a iluminação espiritual de seguir o arco-íris através do mar. Mais do que provável, esse é um nível de simbolismo que podemos encontrar em *O Alquimista*, de David Teniers, o Jovem (fig. 5.12, página 221). Como observamos anteriormente, Teniers achou conveniente representar Santo Antônio e o alquimista como a mesma pessoa. A ironia aqui é que o alquimista praticante não conseguiu compreender a verdadeira origem da alquimia, que só pode ser encontrada na antiga ciência e conhecimento das propriedades da terra, não através de alguma intervenção "divina" entre as quatro paredes de um laboratório. Talvez esta seja a compreensão singela seguida pela família Mellanson através do oceano em busca de uma região vasta e inexplorada que para muitos representava a antiga Arcádia.

Green Oaks, Nova Escócia

Como vimos, em Green Oaks, na Arcádia, uma formação topográfica conhecida como Anthony's Nose está localizada numa encosta montanhosa adjacente ao rio Shubenacadie, formado por águas lamacentas, de cor avermelhada, produzidas pelas correntes agitadas vindas de Minas Basin e da baía de Fundy. Certamente, Sto. Antônio, o eremita, não está enterrado em Green Oaks, mas como o santo era venerado pelos Cavaleiros Templários por seu modo de viver austero e disciplinado, o príncipe Henry Sinclair e seus seguidores seguramente consideraram a paisagem um símbolo da luta anterior de Sto. Antônio no ambiente inóspito do Velho Mundo.

Esse é um princípio que o príncipe Henry e os refugiados sem dúvida seguiram em seu movimento pelo Novo Mundo: eles provavelmente viram refletidos em locais do Novo Mundo sinalizações específicas do Velho Mundo. Podemos presumir, então, que em seu intuito de fundar uma Nova Jerusalém, eles procuraram muitas das mesmas características da Velha Jerusalém (ver fig. 7.5).

A empresa de exploração recentemente constituída, a Templar Gold Explorations Ltd., analisou a água que jorra da fonte de Green Oaks e, curiosamente, descobriu que ela contém os seguintes elementos em diferentes porcentagens: alumínio, antimônio, arsênico, bário, berílio, boro, cádmio, cromo, cobalto, cobre, ferro, irídio, chumbo, manganês, molibdênio, níquel, nióbio, rubídio, selênio, prata, estrôncio, e tálio, titânio, urânio, vanádio e zinco. Entre os elementos dessa lista estão os metais necessários para produzir um aço de alta resistência e baixa liga. Grandes depósitos de calcário e de carvão também se encontram facilmente nessa região, além de depósitos de ouro e platina em volume comercial.

Laurence Gardner diz em seu último livro, *Lost Secrets of the Sacred Ark*, que os cientistas vêm dando bastante atenção a formas peculiares de matéria elementar.[5] Derivada do ouro, da platina e de outros elementos de transição, essa matéria é classificada como monoatômica — isto é, constituída de um único átomo. Ela foi descoberta pelo americano David Hudson na década de 1980 quando ele requereu várias patentes para o que descreveu como Orbitally Rearranged Monatomic Elements (ORMEs)[Elementos Monoatômicos Reordenados Orbitalmente]. Novos avanços na física sugerem, porém, que

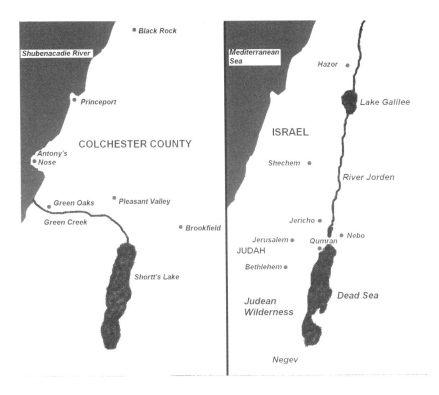

Fig. 7.5. Mapas comparativos de Green Oaks, Nova Escócia e Jerusalém. Desenho original de William F. Mann.

essas substâncias são diatômicas ou condensados atômicos pequenos (Condensados de Bose-Einstein) e em geral são hoje chamadas ORMUS ou elementos de estado M.

Segundo Laurence Gardner, elementos de estado M possuem algumas propriedades peculiares. Experimentos relacionados com análise termo-gravimétrica revelaram que em certas temperaturas elevadas, o peso material de elementos de estado M diminui substancialmente, a ponto de poderem levitar. Os pesquisadores também descobriram que, em situações específicas, esses elementos têm a capacidade de se tornar supercondutivos e de ressoar em dimensões paralelas, o que significa que são supercondutores naturais com um campo magnético nulo, repelindo tanto o pólo magnético norte como o sul, tendo ao mesmo tempo a capacidade de levitar e armazenar em si mesmos qualquer quantidade de luz e energia. Por suas propriedades, esses materiais poderiam parecer a pura essência de Deus.

Certamente a presença dessas substâncias de estado M em Green Oaks, não levando em conta seus aspectos espirituais, só confirma que uma combinação de inúmeros fatores e materiais naturais na região assegurou aos habitantes da próspera comunidade agrícola e mineradora da Arcádia uma vida plena e saudável.

Uma Arcádia no Novo Mundo

Na mitologia grega, a Arcádia era um santuário na Acrópole e a morada de Pã, a quem os atenienses dedicaram o templo em agradecimento por tê-los ajudado a obter uma importante vitória sobre os persas. A Arcádia era também uma província na região central da península do Peloponeso, na Grécia. Na literatura posterior, uma versão fantasiosa da Arcádia tornou-se cenário para evocações poéticas da vida bucólica. Enquanto o terreno em si da Arcádia grega é árido e montanhoso, a paisagem idealizada da Arcádia literária é amena e fértil, e é o domicílio de pastores incontaminados e de divindades pagãs. As qualidades dessa Arcádia imaginária devem ter acorrido prontamente ao espírito dos refugiados que por primeiro transformaram a Arcádia/Acádia em seu lar. Ali estava um santuário para os Cavaleiros Templários proscritos e para a Linhagem Sagrada, onde seus habitantes podiam viver com simplicidade em profunda harmonia com a natureza e com os nativos da terra.

No entanto, como percebera o marquês de Chabert em torno de 350 anos antes, para navegar para o interior os viajantes precisariam definir um meridiano principal. Felizmente, os templários já conheciam os meridianos antigos, um conhecimento que os iniciados que os precederam haviam desenvolvido durante séculos de observações astronômicas. Evidências de antigos observatórios em forma de círculos de pedra ainda existem em Green Oaks e outros foram descobertos recentemente numa região conhecida como Bear Cove, um pequeno estreito na costa oriental da baía St. Margaret, Nova Escócia. Ali foi encontrada uma plataforma de pedra que era o antigo ponto inicial do observador numa posição paralela à latitude norte de Oak Island, situada logo a oeste em Mahone Bay (fig. 7.6). O conhecimento da latitude e da longitude exatas dessa plataforma provavelmente dava condições aos verdadeiros iniciados, pela aplicação contínua do teorema de Pitágoras, de mapear todo o Novo Mundo e de seguir as linhas rosas posteriormente determinadas por meio do que eles consideravam ser sua Nova Jerusalém.

Fig. 7.6. A plataforma de pedra em Bear Cove, na baía St. Margaret, Nova Escócia. As duas pedras verticais, ou pilares, estão alinhadas na direção leste-oeste verdadeira, formando uma plataforma de observação peculiar. Fotografia de William F. Mann.

Colunas Memoriais

Desde os primórdios, os homens desenvolveram o costume de registrar acontecimentos históricos ou de demonstrar gratidão pela intervenção divina erigindo colunas. O antigo escritor fenício Sanchuniathon, contemporâneo de Salomão, conta que Hypsourianos e Ousous, que viveram antes do Dilúvio, dedicaram duas colunas aos elementos fogo e ar. Além disso, Josefo registrou que na era antediluviana, Set, o terceiro filho de Adão e Eva, ergueu colunas:

> Para que seus inventos não se perdessem antes de ser bem conhecidos, com base nas previsões de Adão, segundo as quais o mundo seria destruído em algum momento pela força do fogo e em outro momento pela violência da água, eles construíram duas colunas, uma de tijolo e outra de pedra; eles gravaram suas descobertas nas duas, de modo que se as águas destruíssem a coluna de tijolo, a coluna de pedra resistiria e revelaria essas descobertas à humanidade, além de informar que havia outra coluna de tijolo erigida por eles.[6]

Assim, duas colunas, Jaquin e Booz (ver fig. 7.7), que Hiram fundiu em bronze seguindo instruções de Salomão, foram erguidas na entrada oriental do Templo de Salomão como um memorial para os filhos de Israel. Jaquin representava a força masculina e Booz representava a beleza feminina. Juntas, as colunas relembram as Colunas de Hércules, que serviam como elemento central dos templos fenícios de Baal Melkart, senhor supremo dos fenícios e seu patrono de antigos marinheiros e navegadores. Essas colunas celebravam o estreito que dava passagem para o Atlântico, que era visto como o Paraíso ou o Outro Mundo.

Com essa tradição memorial em mente, é compreensível que o navegante príncipe Henry procurasse construir seu novo templo numa Nova Jerusalém dessa mesma forma simbólica para homenagear tanto o Ser Supremo como o antigo navegador. Supondo que ele e seu séquito tenham se deslocado para o interior para não ser descobertos, as duas colunas naturais — Rattlesnake

Fig. 7.7. Jaquin e Booz, as duas colunas do Templo de Salomão.

Fig. 7.8. Rattlesnake Point, em Ontário. Fotografia de William F. Mann.

Point, o pico sudeste do Milton Outlier (fig. 7.8) e o monte Nemo — que fazem parte do Niagara Escarpment, ambas posicionadas no antigo meridiano de 79º57' de longitude oeste na pequena cidade de Milton, Ontário, assumem uma importância considerável. Singularmente, uma dessas colunas é de argila e a outra de pedra, reflexo das duas colunas que sobreviveram ao Dilúvio, de acordo com a tradição maçônica.

    Na topografia dessa área, Rattlesnake Point é a fronte brilhante que recebe os raios do sol da manhã. Aqui está Taliesin, um símbolo da divindade celta. Na língua celta, "pináculo" é *nosshead*, *noss* significando a cabeça do cavalo, a "divindade". Curiosamente, Nosshead, Escócia, no distante norte, em Caithness, é a antiga sede do clã Sinclair. É onde os castelos de Sinclair e Girnigoe estão construídos, perto de Nosshead. Desde os tempos antigos, acendiam-se fogueiras no alto do promontório (a "fronte brilhante") para orientar os marinheiros, e um farol foi construído no mesmo local mais de cem anos atrás. Em 1998, o arquivista do clã Sinclair, Ian Sinclair, fundou um centro de estudos no lugar do antigo farol de Nosshead com o objetivo de pôr um recurso à disposição de historiadores e genealogistas. A localização da biblioteca de Niven Sinclair nas dependências do centro inclui centenas de textos históricos raros e de valor incalculável, abrangendo desde registros genealógicos dos Sinclairs até um exemplar do Domesday Book (cadastro das propriedades inglesas, organizado em 1086 por ordem de Guilherme, o Conquistador).

Outro aspecto interessante da localização dessas colunas, o Milton Outlier, é resultado dos estudos realizados na vizinha Universidade de Guelph: Aparentemente, alguns cedros plantados na "fronte" do Outlier têm mais de dois mil anos de idade. Esses antigos cedros-brancos orientais, atrofiados e retorcidos por causa do clima implacável na face do penhasco, são sustentados por diminutos *criptoendolitos* — organismos que crescem no interior da rocha calcária. Esses cedros deformados lembram a lenda de Glooscap do sétimo homem que queria viver para sempre: Glooscap o agarrou pelos lombos, levantou-o e o recolocou no chão com um giro, transformando-o num velho cedro retorcido.

Os cedros em Rattlesnake Point também têm relação com a famosa Coluna do Aprendiz da Capela de Rosslyn, magnificamente esculpida com simbolismos pagãos e maçônicos que refletem ensinamentos e crenças antigos. Diz a lenda que o escultor da coluna, um aprendiz de pedreiro, foi assassinado por seu mestre. Ao voltar de uma peregrinação à Terra Santa, e vendo a beleza da escultura acabada, o mestre ficou tomado de inveja e num acesso de raiva atacou seu discípulo e o golpeou até a morte. Curiosamente, na tradição maçônica, acredita-se que o mártir Hiram, arquiteto do Templo de Salomão e criador das colunas Jaquin e Booz, recusou-se a revelar o segredo do *shamir*, um verme ou serpente de sabedoria cujo toque partia e moldava a pedra. Assim, oito vermes ou shamirs estão interligados num octógono irregular em torno da base da Coluna do Aprendiz (ver fig. 7.9). Segundo Andrew Sinclair, autor de *The Sword and the Grail*, essas serpentes também representam o número de pontos na cruz de Malta dos Cavaleiros da Ordem do Templo de Salomão.*

Quanto às videiras em espiral representadas na Coluna do Aprendiz (fig. 1.5, página 31), para nós elas poderiam representar a dupla hélice de uma seqüência de DNA; para os que viviam no tempo da construção da capela, talvez simbolizassem o entrelaçamento de antigas linhagens reais dos tempos antigos. Elas também lembram as serpentes enlaçadas do caduceu, o antigo símbolo grego do praticante de cura.

Para completar essa simbologia, Jesus, conhecido como curador, era simbolizado pelo unicórnio e também pelo cedro. Em Ezequiel 17:22–25, uma

---

* Sinclair, *The Sword and the Grail*, 2-3. Em *The Sword and the Grail*, Andrew Sinclair oferece uma das melhores descrições da capela e de outras obras em Rosslyn, e mostra como a geometria sagrada e o simbolismo foram aplicados durante sua construção no período medieval tardio.

ELEMENTOS PERENES 265

Fig. 7.9. As serpentes na base da Coluna do Aprendiz da Capela de Rosslyn. Fotografia de William F. Mann.

profecia relacionada com a morte e ressurreição de Jesus está associada diretamente a essa árvore sempre-verde:

> Eis o que diz o Senhor: Tomarei eu mesmo do cimo do grande cedro, da extremidade dos seus galhos cortarei um ramo. Eu próprio o plantarei no alto da montanha, eu o plantarei sobre a alta montanha de Israel. Ele estenderá seus galhos e dará fruto; tornar-se-á um cedro magnífico, onde habitarão pássaros de todo gênero, instalados à sombra de sua ramagem. Então todas as árvores dos campos saberão que sou eu, o Senhor, que abate a árvore soberba e exalta o humilde arbusto, que seca a árvore verde e faz florescer a árvore seca. Eu, o Senhor, tenho-o dito e o farei.

O cedro e o unicórnio são claramente símbolos correlatos. Com efeito, os cedros-brancos retorcidos em Rattlesnake Point (fig. 7.10) de fato se parecem com o chifre único do unicórnio. Além disso, os nativos americanos acreditavam que o cedro possuía poderes de cura e também sabedoria, enquanto a Igreja medieval reconhecia o unicórnio como um símbolo de Cristo em parte porque se acreditava que o unicórnio tinha poderes especiais de cura: Por exemplo, dizia-se que o toque do chifre mágico de um unicórnio purificava

Fig. 7.10. Cedro antigo em Milton Outlier. Fotografia de William F. Mann.

ELEMENTOS PERENES 267

Fig. 7.11. Imagem de um unicórnio. Reprodução de uma das famosas Tapeçarias do Unicórnio expostas nos Claustros, na cidade de Nova York.

águas venenosas, e a cura de uma picada de cobra era feita por um pó que se dizia ser feito do chifre do animal mítico. Na arte medieval, o unicórnio é representado imergindo seu chifre num córrego ou numa fonte, como que oferecendo purificação ou sendo ungido.

Aprofundando um pouco mais essas associações, na Idade Média a unção do "chifre" ou "cabeça" do noivo/rei de Israel fazia parte do ritual conhecido como *hieros gamos*.[7] Essa imagética um tanto erótica incluía o noivo/rei na forma do unicórnio, com a cabeça ou "chifre" erguido, procurando o colo da noiva/deusa (o cervo debaixo da macieira no jardim) para a consumação do matrimônio sagrado. Essas imagens podem ser vistas nas famosas Tapeçarias do Unicórnio expostas nos Claustros do Museu Metropolitano de Arte na Cidade de Nova York[8] (ver fig. 7.11) — e também no mapa de Desceliers de 1550, no qual o unicórnio está debaixo da macieira esperando sua noiva cerva.

Transferindo esse simbolismo para o Novo Mundo, há na Acádia uma antiga canção chamada "Vole, mon Coeur, vole!" ("Voa, coração meu, voa!") que alude a três filhas do príncipe que esperam seus amores debaixo de uma macieira. Pesquisada por Marius Barbeau, ela foi traduzida para o inglês por R. Keith Hicks:

Nosso velho pomar tem uma árvore,
Alegria em meu coração, oh alegria!
Um velho pomar tem uma árvore,
E ela dá maçãs vermelhas. E ela dá maçãs vermelhas,
vermelhas, vermelhas, vermelhas,
E ela dá maçãs vermelhas.

Verdes e novas, as folhas são verdes,
Alegria em meu coração, oh alegria!
Verdes e novas, as folhas são verdes,
E seu fruto vermelho é doce,
E seu fruto vermelho é doce, doce, doce,
E seu fruto vermelho é doce.

As filhas do príncipe são três,
Alegria em meu coração, oh alegria!
As filhas do príncipe são três,
E dormem debaixo dos galhos,
Dormem debaixo dos galhos, galhos, galhos,
Dormem debaixo dos galhos.

A mais jovem acorda,
Alegria em meu coração, oh alegria!
A mais jovem acorda,
"Irmã, acorda! É o amanhecer!
"Irmã, acorda! É o amanhecer, o amanhecer, o amanhecer!
"Irmã, acorda! É o amanhecer!"

Vejo apenas os raios da lua
Alegria em meu coração, oh alegria!
Que brilham sobre nossos verdadeiros amores,
Que brilham sobre nossos verdadeiros amores, amores, amores,
Que brilham sobre nossos verdadeiros amores.

Nossos três cavaleiros em batalha
Alegria em meu coração, oh alegria!
Nossos três cavaleiros em batalha,
Lutam por nós os três,
Lutam por nós os três, os três, os três,
Lutam por nós os três.

E quando tiverem vencido,
Alegria em meu coração, oh alegria!
E quando tiverem vencido,
Seremos suas felizes noivas,
Seremos suas felizes noivas, noivas, noivas,
Seremos suas felizes noivas.

Mas se forem derrotados
Triste ficará meu coração, oh triste!
Todas ainda seremos fiéis,
Todas ainda seremos fiéis, fiéis, fiéis,
Todas ainda seremos fiéis.

Essa canção nos remete novamente para o mapa de Desceliers de 1545, que representa três irmãs e um grupo de europeus reunidos em torno de Jacques Cartier, ou saudando-o, sugerindo um casamento régio celebrado nas selvas do Canadá. Curiosamente, na borda direita do mapa há uma área que corresponde aproximadamente a Milton Outlier, e ali está um grupo de nativos vestindo roupas não européias. Esses nativos usam barba, portam lanças e estão no meio de uma plantação de macieiras.

Consagração de um Novo Templo

Se fôssemos construir um novo Templo de Jerusalém no topo do Novo Mundo, qual seria o símbolo mais puro da essência de Deus que poderíamos usar para consagrar o local? Imaginando por um momento que os Cavaleiros Templários haviam descoberto as relíquias que talvez decretassem o fim irreversível da Igreja — os ossos de Jesus — não seria apropriado consagrar o local escolhido com essas relíquias? Sem dúvida, isso teria abalado os alicerces da Igreja estabelecida, pois a fé cristã se baseia no pressuposto de que Cristo morreu na cruz e no terceiro dia subiu ao céu — de que não havia corpo no sepulcro depois da ressurreição. Se os Cavaleiros Templários realmente descobriram a sepultura de Jesus em Jerusalém e levaram os seus restos mortais para o sul da França quando voltaram da Terra Santa, esse fato explicaria a determinação férrea com que a Igreja e seus agentes, os jesuítas, seguiram os templários até os confins da terra.

Existem posições correlatas segundo as quais Jesus teria sobrevivido à crucificação e viajado pessoalmente para o Languedoc ou que a família e amigos, entre eles a própria Maria Madalena, teriam levado seu corpo embalsamado para essa região do sul da França. Se isso for verdade, o fato não diminui em absolutamente nada o modo como Jesus deve ser compreendido e glorificado. O próprio Charles Towne, que se descreve como cristão protestante, diz que não há motivo para esperar que a Bíblia esteja certa em tudo. Quando alguém lhe perguntou sobre suas crenças, ele respondeu, "Tenho um enorme respeito e adoração por Cristo e pelo que ele fez", mas acrescentou que não sabia se Cristo era realmente filho de Deus.[9] E, sem dúvida, afirmações semelhantes a respeito de Cristo depois da crucificação não devem diminuir o bem que ele representa ou os mistérios que o envolvem.

Muitos, naturalmente, rejeitarão essas possibilidades, classificando-as como absurdas ou como rematadas heresias, mas o fato é que nos tempos medievais, muitos fiéis da própria Igreja Católica acreditavam que a Linhagem Sagrada era genuína. Se a verdadeira natureza do tesouro templário fosse um misterioso quinto evangelho ou genealogias de reis, essas possibilidades poderiam ser sempre refutadas como invenções, mesmo que a datação por carbono provasse sua correspondência com o tempo de Cristo. Mas com os avanços atuais dos testes de DNA, qualquer DNA de Cristo obtido por meio de suas relíquias — seus ossos, por exemplo — poderia ser comparado com o DNA de membros vivos conhecidos da linhagem de Davi. Isso explica o recente entusiasmo em torno da descoberta dos ossos de Tiago, irmão de Jesus, embora os pesquisadores tenham chegado à conclusão de que se trata de uma fraude. Se a pretensão merovíngia a uma relação direta com a Casa de Davi é verdadeira, isso explicaria o motivo subjacente para um grande número de manipulações geopolíticas que ocorreram ao longo dos últimos dois mil anos.

Uma conclusão de tudo isso é que, de acordo com a lenda, os templários estavam realmente na posse dos ossos de uma pessoa antiga importante e usaram o conhecimento que tinham dos antigos meridianos para ocultar essas relíquias no Novo Mundo — uma Nova Jerusalém. Lá, eles as esconderam dentro da coluna oca do novo Templo — Rattlesnake Point — logo ao norte de Oakville, Ontário, Canadá. A partir disso podemos supor que os ossos de Maria Madalena estejam enterrados na segunda coluna adjacente do Templo, o monte Nebo. E sob a sombra dessas duas sentinelas de pedra, descendentes dos Cavaleiros Templários e da Linhagem Sagrada abriram caminho para um novo Paraíso e Jardim do Éden.

Outras associações podem ser feitas com relação a essa região de Ontário: o monte Nebo é uma elevação na atual Jordânia ocidental que oferece uma vista panorâmica sobre a antiga Palestina e o vale do rio Jordão. Num dia claro, a cidade de Jericó, na margem ocidental, também pode ser avistada do alto. De acordo com o último capítulo do Deuteronômio, o monte Nebo é o lugar de onde Moisés pôde ver a Terra Prometida antes de morrer com a idade de 120 anos.

Visto do alto, Milton Outlier tem a forma de um navio ou de uma espécie de arca. Elevando-se acima do vale que o envolve, o pináculo é um lugar perfeito tanto para um templo ao ar livre que se eleva aos céus como para um observatório astronômico. Sobranceando o lago Ontário, a aproximadamente vinte quilômetros para o sul, um vigia solitário posicionado no promontório teria uma visão dominante da área e teria sido o primeiro a perceber qualquer navio no horizonte meridional e assim sinalizaria para a aldeia ojibwa/huron na próxima Crawford Lake (ver fig. 7.12). Curiosamente, o vale que deve ser atravessado para chegar à aldeia é chamado Nassagaweya Canyon. Na língua algonquina, a palavra *nassagaweya* significa "varas cruzadas". Seria esta uma referência àqueles que tinham uma cruz vermelha sobre a túnica branca e habitavam no Outlier e no vale adjacente? A tradição maçônica sustenta que as primeiras lojas podiam ser encontradas nos vales mais profundos ou nas colinas mais elevadas.

Uma outra associação importante com essa parte de Ontário encontra-se, novamente, na obra de Nicolas Poussin. A última pintura de Poussin é *Inverno* (ver fig. 7.13), que conclui uma série conhecida como *Estações*, criada entre

Fig. 7.12. Aldeia ojibwa/huron reconstruída em Crawford Lake. Fotografia de William F. Mann.

Fig. 7.13. *Inverno*, de Nicolas Poussin. Reproduzido por cortesia do Museu do Louvre, Paris.

1660 e 1664 para o duque de Richelieu. Segundo Alain Merot, especialista em Poussin, as quatro *Estações* são cenas "históricas" em que quatro paisagens se fundem numa única imagem envolvendo a humanidade, a natureza e a marcha da vida.[10] *Inverno* representaria o Dilúvio, que simboliza o Juízo Final, e a Arca de Noé, a salvação dos que crêem.

O quadro mostra um imenso transbordamento além de uma grande cachoeira, cujo acesso é demarcado por duas colunas naturais de calcário. Numa das colunas vemos uma serpente de bronze rastejando em direção ao pináculo, e perto da outra, na pequena elevação que a contorna, está uma família numa espécie de canoa, procurando sair da água. No alto dessa coluna há um cedro e um pouco além podemos distinguir o que parece ser uma aldeia indígena. Ao longe está a Arca de Noé, que parece seguir na direção do sol poente, o qual começa a se esconder atrás de uma colina majestosa. Na frente, um sobrevivente se agarra à cabeça de um cavalo; outro parece flutuar sobre uma prancha de madeira.

Quando comparamos a paisagem desse quadro com locais e formações específicos identificadas em torno de Milton, Ontário, as semelhanças são inquestionáveis. Como Poussin teria condições de conhecer esse lugar no Novo Mundo? Poderia o próprio Richelieu ter descrito a Poussin outros detalhes da extensão do mundo ocidental conforme revelado pelo explorador Champlain? No quadro de Poussin, as colunas naturais, de rocha calcária, de Rattlesnake Point são simbolizadas, uma pela serpente, e a outra pela Sagrada Família. Nessa comparação, a grande cachoeira simboliza as cataratas de Niágara, com o sobrevivente e o cavalo representando a área de "Golden Horseshoe", na extremidade ocidental do lago Ontário, e a aldeia nativa sendo Crawford Lake. O vasto transbordamento é uma representação do antigo mar de Michigan, que se formou durante o Período Ordoviciano. Podemos ver em todo esse simbolismo uma relação com uma compreensão e conhecimento desenvolvidos antes do Dilúvio, aqui simbolizado pela Arca de Noé. A conclusão que podemos tirar desse quadro é que essa antiga sabedoria e a Linhagem Sagrada sobreviveram ao Dilúvio, e que alguma coisa relacionada com a sabedoria ou com a Linhagem pode ser encontrada nas duas colunas do novo templo.

A Sabedoria de Salomão em um Novo Elísio

Quando os antigos egípcios cultuavam Thot e suas obras misteriosas como "a personificação da mente de Deus", eles estavam de fato reconhecendo a sabedoria. Na realidade, o patrono dos primeiros franco-maçons era Thot, não Sto. Antônio. Segundo a antiga tradição maçônica, Thot teve um papel fundamental na preservação do antigo conhecimento da franco-maçonaria e na sua transmissão depois do Dilúvio. Essa assim chamada conexão Thot situa esse conhecimento no antigo e permanente contexto de uma tradição de sabedoria régia que retrocede aos tempos no antigo Egito em que os faraós eram considerados deuses e homens ao mesmo tempo — tanto a encarnação quanto a personificação viva dos deuses.

Na mitologia grega, um cavalo alado transportava as almas dos justos para os Campos Elísios, descritos como prados ou campos encantadores, ou como a ilha dos bem-aventurados que se localizava no distante oeste, perto das praias de um imenso oceano. Os Campos Elísios eram um lugar onde alguns heróis da quarta raça, presididos por Radamanto, não morriam, mas viviam em felicidade perfeita. Na mitologia mais recente, os Titãs Olímpicos também passaram a viver nesse paraíso, depois de se reconciliarem com Zeus sob a liderança de Cronos. Píndaro dizia que todos os que haviam passado três vezes pela vida sem se deixar corromper viviam ali em estado de permanente bem-aventurança. Mais tarde, o Elísio passaria a localizar-se no Mundo Subterrâneo, ou Inferno, servindo de morada para aqueles que os juízes dos mortos julgavam dignos.* Ele passou assim a ser visto como um paraíso dos heróis localizado nos Infernos ou no longínquo oeste. Era ali, diziam, que viviam os que se assemelhavam a Aquiles e Hércules, num ambiente prazeroso e na companhia de outros homens-deuses, praticando incessantemente seus atos heróicos, participando de caçadas ou saboreando banquetes.

Com seus próprios feitos heróicos, o príncipe Henry Sinclair conquistou algo do mesmo nível dos faraós egípcios ou dos homens-deuses gregos, pois foi ele que cumpriu as profecias da Bíblia e estabeleceu um novo templo numa Nova Jerusalém. Foi o ocultamento do tesouro sagrado ao longo dos antigos meridianos por ele realizado no século XIV, que de algum modo se manifestou em grande parte nos acontecimentos do Novo Mundo dos seiscentos anos seguintes. Além disso, como guardião designado do Santo Graal, ele estava perpetuando uma busca espiritual que mais tarde inspirou homens como Benjamin Franklin, George Washington, Thomas Jefferson, Lewis e Clark, e mesmo Frank Lloyd Wright em seus empreendimentos heróicos e feitos notáveis do esforço humano.

---

* Na *Eneida* de Virgílio, Sibila conduz Enéias aos Campos Elísios, onde ele encontra o espírito de Anquises, seu pai, que lhe revela o funcionamento do universo e as purificações necessárias para que os homens sejam admitidos no Elísio.

Assim, de acordo com a tradição maçônica, podemos concluir que num local da "rosa" secreto entre Great Falls e Helena, Montana, na base dos contrafortes das grandes Rochosas ocidentais, está o herói dessa história — o príncipe Henry Sinclair — e com ele um livro cujo valor excede em muito até mesmo o representado pelas relíquias da Sagrada Família ou da Arca da Aliança. Esse livro, *A Chave de Salomão*, confere a quem o possui toda a sabedoria antiga que pode ser deduzida por meio da parábola da Arca de Noé, inclusive total conhecimento das sete artes liberais e das ciências, desde a própria essência de Deus até a química, física, biologia e matemática. Ele também propicia o conhecimento dos antigos meridianos e uma compreensão de todas as coisas mágicas, inclusive a alquimia, a adivinhação e o segredo do shamir. Onde mais poderiam as chaves para essa sabedoria ser enterradas senão na base do símbolo da iluminação, a deusa Helena?

Pistas para esse conhecimento supremo podem ser encontradas em inúmeras fontes, desde os mitos dos antigos egípcios, gregos e romanos até as escrituras. A antiga tradição judaica ensina que Deus ditou a Moisés os primeiros cinco livros da Bíblia — a Torá — palavra por palavra, e que os acontecimentos humanos, passados, presentes e futuros, estão codificados nas escrituras hebraicas seguindo um sistema de codificação que pode ser descrito e decodificado com a chave apropriada. Teorias sobre o código bíblico certamente existem há milhares de anos, mas em 1990 o dr. Robert Aumann, professor de matemática na Universidade Hebraica de Jerusalém, foi o primeiro a analisar a questão digitalmente. Os resultados do seu estudo de quatro anos sobre a análise computacional de códigos ocultos encontrados nos primeiros cinco livros das escrituras hebraicas foram publicados em 1994 na revista *Statistical Science*. No artigo, dr. Aumann escreve que "existem evidências estatísticas muito fortes de que sob experimentação científica intensa o fenômeno da codificação bíblica de fato existe e pode ser provado como um verdadeiro fenômeno".[11] Desde então, foram publicados inúmeros livros relacionados com os códigos secretos das escrituras, desde *Jesus and the Riddle of the Dead Sea Scrolls*, de Barbara Thiering, até *The Bible Code*, de Michael Drosnin.

Tudo indica que Isaac Newton era obcecado pela idéia de que as páginas da Bíblia ocultavam uma sabedoria secreta. Ele acreditava que um método de interpretação radicalmente diferente poderia levar ao verdadeiro significado do Santo Graal. Newton, um grão-mestre do Priorado de Sião, também acreditava que os egípcios ocultaram sob o véu de ritos religiosos e símbolos hieroglíficos mistérios que estavam além da capacidade do homem comum compreender. Entre esses estava o conhecimento de que a terra girava ao redor do sol e que o sol permanecia parado.

De toda atividade relacionada com a busca espiritual e a compreensão dessa antiga sabedoria, as teorias de C. G. Jung são as que se destacam. O trabalho de Jung no campo dos estudos psicanalíticos era muito diferente daquele dos seus contemporâneos, pois para ele a verdade espiritual interior estava presente na psique de cada indivíduo.[12]

De um ponto de vista histórico, é a busca pessoal de Jung da experiência original do espírito criativo na psique inconsciente que o aproxima tanto dos movimentos espirituais que começaram a aparecer no Ocidente nos séculos XII e XIII. Esses movimentos incluíam a alquimia, que procurava seguir o estímulo da alma interior e descobrir uma experiência mais direta, interior, do divino sem a ajuda de um intermediário, como um sacerdote.

Os romances do Graal também têm uma afinidade espiritual com esses movimentos. Por exemplo, um dos romances conta que sempre que José de Arimatéia dá atenção ao conselho do Graal, ele ouve a voz do Espírito Santo falando em seu coração. O Graal é visto como um canal direto e distinto da voz de Deus e portanto do próprio Deus. Conseqüentemente, a busca do Graal por parte de Perceval pode ser interpretada como a busca do conhecimento que só pode ser alcançado por meio de uma experiência interior, individual, do Espírito Santo. Se associarmos o Espírito Santo à sua forma mais antiga, a Mãe Terra, logo compreenderemos que em essência Perceval está procurando tornar-se um com a natureza. Para o adepto místico da Idade Média, o Graal era um símbolo da nossa alma ou espírito interior. Coerentemente, o grande segredo que Jung acreditava estar escondido nas histórias do Graal é o mistério da transformação de Deus na alma do homem.

Ao mesmo tempo, com o desenvolvimento da alquimia e sua compreensão da transformação veio o surgimento do conceito de *lumen naturae,* "a luz da natureza", que era considerada uma espécie de conhecimento intuitivo de tudo o que é bom e precioso inflamado pelo Espírito Santo no coração do ser humano. Para o alquimista, a *lumen naturae* era uma fonte de conhecimento ou conquista da sabedoria igual à revelação espiritual mais elevada. Assim, ela correspondia à busca constante da alquimia de uma experiência do divino. O símbolo mais importante dessa divindade era a pedra filosofal, a *lapis,* que também se tornou um símbolo da eternidade e da sabedoria interior do homem. Por isso, para o alquimista a pedra filosofal tinha todos os atributos da Trindade, e assim não era nada menos do que a perfeita imagem de Deus.

A franco-maçonaria e a psicologia espiritual que resultou de sua estrutura simbólica também foram comparadas com essa busca para identificar a Divindade que está em todos os homens. A tradição maçônica vê o ser humano integral constituído de quatro níveis: carne, uma psique ou alma, um espírito e um contato direto com a Fonte Divina. Para essa tradição, a psique humana em si contém quatro níveis que refletem essa estrutura de quatro níveis mais ampla. Especificamente, ela é representada pelo Templo de Salomão, que é descrito como um templo de três andares dentro do qual podemos ter consciência de um quarto nível, o nível da "rosa" superior — a onipresença da Divindade.

Encontrando o Tesouro Escondido

Há séculos a humanidade vem indagando sobre a existência de uma antiga sabedoria e imaginando sua fraternidade de cavaleiros guardiães. Considerado mais precioso do que as relíquias físicas da Sagrada Família ou do que um tesouro templário é o tesouro da Palavra Divina, a verdadeira chave de Salomão.

Diz a lenda que Salomão só conseguiu construir o Templo conjurando Asmodeu, um anjo decaído que se tornou chefe dos demônios, e controlando-o com seu anel mágico. Asmodeu, como guardião dos Infernos, possuía o conhecimento do shamir, que dava ao verdadeiro iniciado a capacidade de quebrar e modelar a pedra sem ferramentas e que, segundo Asmodeu, foi transmitido por Deus ao Anjo do Mar. Mas o anjo não confiou o shamir a ninguém, a não ser à galinha d'água, que havia feito o juramento de guardá-lo com todo o cuidado.

Diz a história que a galinha d'água levou o shamir para as montanhas desabitadas por homens, e lá, com o shamir, partiu as montanhas e encheu as fendas com sementes, que cresceram e cobriram as rochas. Ironicamente, foi esse ato que deu aos homens condições de viver nas montanhas.

Então Salomão, que cobiçava o shamir, ordenou a Asmodeu que encontrasse o ninho da galinha d'água e o cobrisse com um pedaço de vidro. Quando a galinha d'água voltou para o ninho e descobriu que não conseguia alcançar o seu filhote, ela pegou o shamir e o colocou sobre o vidro. Asmodeu então soltou um berro forte e assustou a ave, que deixou cair o shamir e voou para longe. Novamente com o desejado shamir nas mãos, Asmodeu o levou para Salomão. Nesse meio tempo, a galinha d'água ficou tão desesperada por ter quebrado a promessa feita ao Anjo do Mar que se suicidou.

Com o passar do tempo, embora o templo fosse concluído, Salomão não permitiu que Asmodeu voltasse para os Infernos. Ele disse a Asmodeu que não compreendia onde estava a grandeza dos demônios se um simples mortal podia manter um demônio agrilhoado. O astuto Asmodeu respondeu que se Salomão retirasse as correntes e lhe emprestasse o anel mágico, ele poderia provar sua própria grandeza, proposta que Salomão aceitou. Assim, o demônio se pôs diante do rei, e então, com uma asa tocando o céu e a outra a terra, ele arrebatou Salomão e o arremessou para longe de Jerusalém. Em seguida Asmodeu se disfarçou de Salomão e assumiu o trono.

Durante três longos anos Salomão andou por terras distantes, mendigando seu pão de cada dia entre estrangeiros e expiando seus pecados. No fim do terceiro ano, Deus compadeceu-se dele e fez com que Naama, filha do rei amonita, se apaixonasse por ele. Irritado com a escolha da filha, o rei amonita desterrou os amantes para um deserto inóspito na esperança de que morreriam de fome. Salomão e Naama vagaram sem destino até finalmente chegar a uma cidade perto do mar. Quando Naama começou a preparar um peixe que haviam comprado no mercado para matar a fome, ela encontrou na barriga do peixe o anel mágico que pertencia ao seu marido — o mesmo anel que Salomão havia dado a Asmodeu e que, depois de jogado no mar pelo demônio, fora engolido por um peixe. Salomão pôs o anel no dedo e foi transportado de volta a Jerusalém. Lá, ele desmascarou Asmodeu e o mandou de volta para o Mundo Subterrâneo. Ele então reassumiu o trono e foi agraciado com o dom de julgar.

Naturalmente, essa lenda contém muitas mensagens veladas, mas a moral implícita para os nossos propósitos é que os guardiães dos Infernos, ou do Outro Mundo, sejam eles anjos ou demônios, jamais devem ser perturbados, e a "magia" que eles protegem jamais deve ser possuída. Quais são as coordenadas exatas dos esconderijos templários no Novo Mundo? De posse do antigo conhecimento dos meridianos que o príncipe Henry Sinclair e seus companheiros templários aplicaram para esconder seu tesouro, qualquer que ele fosse, poderíamos descobrir esses lugares exatos — mas deveríamos pensar duas vezes antes de fazer isso. Por outro lado, talvez a busca da antiga sabedoria dos templários seja infinda, desafiando o buscador a elevar-se a níveis cada vez mais altos de conhecimento pessoal.

Permanece o fato de que o príncipe Henry Sinclair e seus companheiros de viagem dedicaram sua vida à proteção dos seus segredos, e muitos, ao longo da história do Novo Mundo, de algum modo, devotaram a sua à tentativa de descobrir esses segredos. Como Provérbios 9:1 nos diz, "A Sabedoria, e somente a Sabedoria, construiu uma casa para si"; e de acordo com Provérbios 25:2, "A glória de Deus é ocultar uma coisa, e a glória dos reis é sondá-la". No fim, o buscador da sabedoria é imensuravelmente mais rico, pois ele segue os passos dos antigos reis. Mas para aqueles que se empenham em encontrar o tesouro do príncipe Henry e dos Templários, a lição de Salomão deve prevalecer: os que têm inteligência devem usá-la com sabedoria.[13]

Epílogo

Tudo o que se Perdeu

Neste livro, dados e fatos históricos envolvendo inúmeros personagens, acontecimentos e lugares aparentemente desconexos do Velho e do Novo Mundo foram entremeados para revelar não somente pistas numa caça ao tesouro com séculos de duração, mas também uma provável resposta à questão do que o Santo Graal verdadeiramente representa.

É por si só intrigante considerar as coincidências e possíveis razões que contribuem para a nossa compreensão dos motivos por que o Canadá e os Estados Unidos se desenvolveram como nações distintas, mas quando essas circunstâncias são combinadas com os antigos mistérios do Egito e com os segredos da franco-maçonaria, começamos a ver a profundidade de forças em ação na criação dessas nações do Novo Mundo.

Parece que, ao longo dos séculos, todo grande evento que moldou o caráter do Novo Mundo foi influenciado pela busca do que veio a ser conhecido como o tesouro templário. A fundação da Nova França e das colônias americanas, a Guerra Franco-Indígena, a Guerra da Independência Americana, a Guerra Civil Americana, a Compra da Louisiana e a expedição de Lewis e Clark, todos esses fatos têm em comum o véu do segredo que inicialmente desceu quando o príncipe Henry Sinclair e seus Cavaleiros Templários chegaram nessas terras séculos atrás com o objetivo principal de proteger a Linhagem Sagrada.

Desde o tempo dos primeiros exploradores e colonizadores no Novo Mundo, princípios maçônicos/templários básicos — inclusive a geometria sagrada, a alegoria moral e a veneração do Graal/Deusa — tiveram um papel complexo na vida quotidiana das pessoas que vinham para cá e também dos reis e políticos que aplicavam suas estratégias, militares ou não, nessas terras.

Como vimos nestas páginas, o Santo Graal pode ser um registro genealógico da Família do Graal, um relato em primeira mão escrito ou por Jesus ou pela própria Maria Madalena, ou relíquias a eles relacionadas — talvez inclusive os ossos de Jesus. Ou ele pode ser algo tão abrangente como a sabedoria dos antigos, inclusive conhecimento dos meridianos que foram usados durante séculos para determinar a longitude e a latitude, e o conhecimento "alquímico" da técnica de fabricação do aço. O importante não é a natureza do Santo Graal — isto é, descobrir o que ele é realmente; o importante é o leitor extrair deste livro o desejo de continuar sua própria busca, que inclui tanto um assombrar-se quanto um questionar-se continuamente sobre os mistérios da vida e sobre a história registrada oficial do Novo Mundo.

Como vimos, para cada questão respondida, permanecem centenas de outras: O que realmente aconteceu com o príncipe Henry Sinclair e seus seguidores templários imediatamente depois que eles estabeleceram seu primeiro povoado da "rosa" em uma Nova Arcádia? Os templários se dispersaram e misturaram com nativos de toda a nação algonquina para formar alianças comerciais estratégicas que continuaram influenciando o Velho Mundo? O que aconteceu com essas primeiras famílias, e com sua descendência, composta de diferentes culturas? A história dessas famílias culturalmente mescladas confere aos métis um direito inédito sobre a América do Norte? Poderia esse direito — que pode envolver uma pretensão à linhagem merovíngia — ser eventualmente apresentado nas cortes internacionais e nos átrios da realeza européia?

Possuíam os templários um conhecimento alquímico da metalurgia que só hoje está sendo redescoberto? Alguns estudiosos sugerem que os templários sabiam transformar chumbo em ouro e manipular as propriedades básicas dos elementos, o que lhes permitia desafiar a gravidade e fazer com que seres humanos voassem. Ou será que os templários medievais não descobriram nada além de um tratado sobre as artes e ciências básicas normalmente praticadas atualmente por engenheiros, cirurgiões, bioquímicos, topógrafos e outros profissionais?

E o que dizer do papel da franco-maçonaria no nascimento e desenvolvimento de nações do Novo Mundo? A Franco-maçonaria Francesa/Escocesa originalmente introduzida no Novo Mundo mais de seiscentos anos atrás é a mesma franco-maçonaria que existe hoje? Podemos concluir que não, visto que durante os séculos XVII e XVIII, a Igreja conseguiu influenciar os rituais da franco-maçonaria e depurá-los de todas as idéias e mistérios pré-cristãos. Infelizmente, o que se perdeu com a ação da Igreja de eliminar o antigo é o vínculo entre os mistérios cristãos e os mistérios primordiais ligados às forças da terra — os mistérios praticados pelos nativos aborígines antes que eles fossem influenciados pelos europeus. Parte desses mistérios é o conhecimento dos antigos meridianos, linhas de energia da terra, que possibilitava a iniciados como o príncipe Henry Sinclair cumprirem suas próprias alianças.

Como vimos, um dos senhores mais eminentes envolvidos no mistério do tesouro de Oak Island foi Reginald Vanderbilt Harris, um respeitado advogado que escreveu o primeiro livro abrangente sobre a ilha e sobre Money Pit. Além de grão-mestre supremo dos Cavaleiros Templários do Canadá em 1938 e 1939, Harris foi grão-mestre provincial da Grande Loja da Nova Escócia de 1932 a 1935. Ele também acumulava vários títulos na Maçonaria Capitular, na Ordem do Sumo Sacerdócio, entre os Nautas da Arca Real, na Maçonaria Constantiniana e no Colégio do Rito de York, e foi Maçom do 33º Grau do Rito Escocês.

Vale repetir que entre os extensos escritos de Harris estavam volumes de notas sobre Oak Island, inclusive o esboço de um ritual alegórico para uma cerimônia aparentemente destinada a acompanhar o rito de iniciação ao 32º grau. A alegoria situa-se em 1535 na Abadia de Glastonbury, onde a Coroa Inglesa está evidentemente tentando confiscar os fabulosos tesouros da Ordem, inclusive o Santo Graal. Mas membros de uma ordem secreta desaparecem no mar com o Graal para preservá-lo. A alegoria termina com um número de membros suspeitos da Ordem sendo arrastados para a Torre de Londres para ser torturados e executados.

Além do nexo evidente entre essa alegoria e um dos temas deste livro — a localização de colônias do Graal no Novo Mundo — é interessante observar que 1535 é o mesmo ano em que Jacques Cartier explorou o Novo Mundo sob a bandeira do rei Francisco I da França. Foi também o ano em que Henrique VIII da Inglaterra decidiu declarar-se chefe da Igreja da Inglaterra e dissolveu os mosteiros ingleses porque cobiçava o dinheiro deles. 1535 foi também o ano em que o rei ordenou a decapitação de Tomás More por este recusar-se a aceitar a decisão real. Com todas essas confluências, parece que R. V. Harris estava tentando sugerir que a coroa não tinha direito divino de controlar nem a Igreja nem o Estado — e que alguma coisa de suma importância que o rei da Inglaterra cobiçava havia secretamente tomado o caminho do Novo Mundo sob o pavilhão da Maçonaria de Rito Escocês.

Alegorias à parte, o príncipe Henry Sinclair, vimos, foi fundamental na transmissão para o Novo Mundo de alguma coisa inegavelmente significativa para a Igreja e para os monarcas europeus. Ele foi um homem da Europa medieval, um homem de razão e fidalguia nascido num mundo da Morte Negra, das Cruzadas e de uma ascensão da Igreja. O verdadeiro objetivo desse homem e dos seus companheiros Cavaleiros Templários, que protegiam a Linhagem Sagrada, era nada menos do que fundar uma Nova Jerusalém, reconstruir a cidade e seu Templo, preparar um lugar onde todas as pessoas pudessem viver em harmonia e ter liberdade para reconhecer Deus em qualquer forma que escolhessem. Isso também explicaria por que os templários agiam como guardiães dos refugiados do Graal, os descendentes da Linhagem Sagrada: Que símbolo mais profundo de uma ligação direta com Deus poderia existir do que uma linhagem ininterrupta com o Reino do Céu?

Isto, naturalmente, leva talvez à maior questão de todas: Como reagirá a Igreja Romana quando um presumido descendente da Linhagem Sagrada se apresentar para reivindicar sua posição de direito na Casa de Davi e de Pedro? Parte da história narrada nestas páginas mostra há quanto tempo a Igreja deseja eliminar essa possibilidade. Ela aceitará francamente o inevitável ou repelirá essas pretensões com a tenacidade que veio demonstrando durante os últimos dois mil anos? Somente o tempo responderá a essas perguntas.

Muitos poderão dizer que o Santo Graal representa basicamente a Verdade. Mas foi demonstrado ao longo da história que a humanidade só consegue reconhecer a Verdade através da parábola ou da alegoria, pois em qualquer outra roupagem, ela nos destruirá. De muitas formas, é isso que a Bíblia, o mito indígena nativo, a lenda arturiana e mesmo o ritual e as práticas maçônicas nos dizem. Naturalmente, qualquer indivíduo tem a capacidade de deduzir o que a Verdade pode ser. No entanto, por causa do seu poder, a Verdade do segredo maior da terra pode ser apresentado somente através dos arquétipos e símbolos tão freqüentemente encontrados na arte e na literatura, na linguagem de luminares como René de Anjou, Leonardo da Vinci e Nicolas Poussin.

Esses foram homens que reconheceram a Verdade. Eles foram homens de razão e substância que descobriram os meios para produzir luz onde antes só havia trevas. A Verdade que eles apresentaram seria revelada somente ao adepto, ao iniciado que sabia ver. O verdadeiro mistério pode ser revelado somente àqueles que foram iniciados por meio de uma série de rituais ou que estiveram numa busca através do deserto — aqueles que seguiram ritos que foram praticados desde os primórdios dos tempos.

Contemplando a história com novos olhos — seus acontecimentos e personagens, grandes e aparentemente inconseqüentes — fica evidente que o que hoje pode ser aceito como a verdade do evangelho pode de fato basear-se no mito ou lenda do passado, que, por sua vez, se investigado suficientemente até seus primórdios, tem uma origem verdadeira.

Uma das chaves, portanto, para determinar a verdade é aceitar que os princípios do Cristianismo precedem de milênios o nascimento de Cristo. Eles se estendem a um tempo anterior ao Dilúvio. Como vimos aqui, não podemos esperar que a nossa história nos dê a Verdade, pois a maioria dos acontecimentos históricos resultou não da intervenção divina, mas de manipulações daqueles que querem controlar.

A Verdade está atrás e além da nossa história, desde que tenhamos olhos para ver.

Πotas

Capítulo 1: Segredos Preciosos

1. William Jefferson Clinton, *My Life* (Nova York: Knopf, 2004), 44-5.
2. Michael Baigent, Richard Leigh e Henry Lincoln, *Holy Blood, Holy Grail* (Nova York: Delacorte, 2004), 77.
3. Ibid., 69.
4. Ibid., 76.
5. Norman Cantor e Harold Rabinowitz, orgs., *The Encyclopedia of the Middle Ages* (Nova York: Viking, 1999), 436.
6. Ibid., 437.
7. Dan Burstein, org., *Secrets of the Code* (Nova York, Perseus, 2004), 360.
8. Ibid., 357.
9. Ibid.
10. Cantor, *The Encyclopedia of the Middle Ages,* 87.
11. Ibid., 82.
12. Bernard of Clairvaux, *On the Song of Songs,* Kilian Walsh, trad. (Spencer, Mass.: Cistercian Publications, 1976), 24.
13. Ibid., 12.
14. Louis Charpentier, *The Mysteries of Chartres Cathedral* (Nova York: Avon, 1980), 147.
15. Michael Walsh, *Butler's Lives of the Saints: Concise Edition,* ed. rev. (San Francisco: HarperSanFrancisco, 1991), 56.
16. Baigent, Leigh e Lincoln. *Holy Blood, Holy Grail,* 209-44.
17. Frederick J. Pohl, *Prince Henry Sinclair: His Expedition to the New World in 1398* (Londres: Davis-Poynter, 1974), 10.
18. Ibid., 54.
19. Michael Baigent e Richard Leigh, *The Temple and the Lodge* (Nova York: Arcade, 1991), 160-67.
20. Pohl, *Prince Henry Sinclair,* 16-25.
21. Ibid., 47-57.
22. Ibid., 178-79.
23. Ibid., 129.
24. Robert Charroux, *Treasures of the World* (Middlebury, Vt.: P. S. Eriksson, 1962), 60-70.
25. Barry Fell, *America B.C.,* ed. rev. (Nova York: Pocket Books, 1989), 93-111.
26. Tim Wallace-Murphy e Marilyn Hopkins, *Templars in America* (York Beach, Maine: Weiser, 2004), 64.
27. Michael Anderson Bradley, *Holy Grail Across the Atlantic* (Toronto: Hounslow Press, 1998), 246-47.
28. William F. Mann, *The Knights Templar in the New World* (Rochester, Vt.: Destiny Books, 2004), 108-17.
29. William Hutchinson, *The Spirit of Masonry* (Nova York: Whitefish, Mont.: Kessinger, 2004), 79-80.
30. Christopher Knight e Robert Lomas, *Uriel's Machine* (Rockport, Mass.: Fair Winds Press, 2001), 207-12.
31. E. C. Krupp, orgs., *In Search of Ancient Astronomies* (Columbus, Ohio: McGraw-Hill, 1979), 67-8.
32. Charles H. Hapgood, *Maps of the Ancient Sea Kings: Evidence of Advanced Civilization in the Ice Age* (Kempton, Ill.: Adventures Unlimited Press, 1997),1-2.
33. Ibid., 49.
34. Ibid.
35. Ibid., 16-7.
36. Ibid., 32-3.
37. Ibid., 50-4.
38. Crichton E. M. Miller, *The Golden Thread of Time* (Rugby, Warwickshire, Inglaterra: Pendulum, 2001), 76-86.
39. Pohl, *Prince Henry Sinclair,* 155-67.
40. Bradley, *Holy Grail across the Atlantic,* 144-46.
41. Silas Tertius Rand, *Legends of the Micmacs* (Nova York: Johnson Reprint Corp., 1971), citado em Pohl, *Prince Henry Sinclair,* 165-66.
42. Fell, *America B.C.,* 93-111.
43. Colin Platt, *The Atlas of Medieval Man* (Nova York: St. Martin's, 1994), 164.
44. Baigent, Leigh e Lincoln, *Holy Blood, Holy Grail,* 138-44.

45. Christopher Allmand, *The Hundred Years' War: England and France at War c. 1300-c. 1450* (Cambridge: Cambridge University Press, 1988), 75-83.
46. Baigent, Leigh e Lincoln, *Holy Blood, Holy Grail,* 139.
47. Ibid., 446-47.
48. Ibid., 168, 173-75.
49. Richard Andrews e Paul Schellenberger, *The Tomb of God: The Body of Jesus and the Solution to a 2,000-Year-Old Mystery* (Boston: Little, Brown and Co., 1996), 140.
50. Ibid., 336.

Capítulo 2: As Colônias Templárias Perdidas

1. Mann, *The Knights Templar in the New World,* 4.
2. Gavin Menzies, *1421: The Year China Discovered America* (Nova York: HarperPerennial, 2004), 4-6.
3. Michael Anderson Bradley, *Grail Knights of North America: On the Trail of the Grail* (Toronto: Hounslow Press, 1998), 262-63.
4. Ibid., 349-53.
5. Joseph Muzzy Trefethen, *Geology for Engineers* (Princeton, N.J.: Van Nostrand Co., 1959), 28.
6. Ian Wilson, *The Columbus Myth* (Toronto: Simon and Schuster, 1991), 141-50.
7. Raymond H. Ramsay, *No Longer on the Map* (New York: Ballantine, 1973).
8. Ibid., 175-76.
9. Ibid., 121-32.
10. Mann, *The Knights Templar in the New World,* 49-59.
11. Wallace-Murphy e Hopkins, *Templars in America,* 157-67.
12. Suzanne Carlson, "Loose Threads in a Tapestry of Stone: The Architecture of the Newport Tower", in *NEARA Journal* 35, nº 1 (verão de 2001).
13. Stephen C. McCluskey, *Astronomies and Cultures in Early Medieval Europe* (Cambridge: Cambridge University Press, 2000), 26-8.
14. William S. Penhallow, "Astronomical Alignments in the Newport Tower", in *NEARA Journal* (21 de março de 2004).
15. Steven Sora, *The Lost Colony of the Templars* (Rochester, Vt.: Destiny Books, 2004), 214-23.
16. Ibid., 163-64.
17. Samuel Eliot Morison, *The Great Explorers* (Nova York: Oxford University Press, 1978), 62-4.
18. Sora, *The Lost Colony of the Templars,* 164.
19. Exraído de "The Written Record of the Voyage of 1524 of Giovanni da Verrazano" como registrado na carta de Verrazano para o Rei Francisco I da França, 8 de julho de 1524, in Lawrence C. Wroth, trad e org., *The Voyages of Giovanni Verrazano, 1524-1528* (New Haven, Conn.: Yale University Press, 1970), 133-43.
20. Thomas Bertram Costain, *The White and the Gold* (Garden City, N.Y.: Doubleday, 1954*),* 16-8.
21. Ibid., 21-2.
22. Ibid., 32-3.
23. Rasmus B. Anderson, org., *The Norse Discovery of America* (University Press of the Pacific, 2002), 142.
24. Costain, *The White and the Gold,* 32.
25. Ibid., 38-41.
26. Geoffrey Ashe, *Avalonian Quest* (Londres: Methuen, 1982), 13-20.
27. Bradley, *Grail Knights of North America,* 293-306.
28. Peter Willis, *Dom Paul Bellot: Architect and Monk* (Newcastle-upon-Tyne, Inglaterra: Elysium Press, 1996), 134.
29. Hans Wolff, org., *America: Early Maps of the World* (Munique: Prestel, 1992), 58-9.
30. Ibid., 60.
31. Bradley, *Grail Knights of North America,* 383-87.
32. Tim Wallace-Murphy, Marilyn Hopkins e Graham Simmans, *Rex Deus: La Véritable Secret de la dynastie de Jésus* (Paris: Éditions du Rocher, 2001), 235.

Capítulo 3: Inícios Registrados

1. Costain, *The White and the Gold,* 51.
2. Ibid., 157-58.
3. Ibid., 62-66.
4. Samuel de Champlain, *The Works of Samuel de Champlain*, vol. 1, organizado por Henry P. Biggar (Toronto: University of Toronto Press, 1971.), xv.
5. Bradley, *Holy Grail Across the Atlantic,* 251-53.
6. Costain, *The White and the Gold,* 31-2.
7. Ibid., 50-60.
8. Champlain, *Works,* vol. 1, 232-54.
9. Bradley, *Holy Grail Across the Atlantic,* 224-25.
10. Ibid., 199-258.
11. John J. Robinson, *Born in Blood* (Nova York: M. Evans and Co., 1989), 13-5.
12. Costain, *The White and the Gold,* 60-1.
13. John Smith, A *Map of Virginia* (Oxford: Joseph Barnes, 1612), 3.
14. Costain, *The White and the Gold,* 105-10.
15. Mark Finnan, *The First Nova Scotian* (Halifax: Formac, 1997), 107-16.
16. Francine Bernier, *The Templars' Legacy in Montreal* (Kempton, Ill.: Adventures Unlimited Press, 2003), 108-10.
17. Finnan, *The First Nova Scotian,* 95-6.

18. Alphonse Deveau e Sally Ross, *Acadians of Nova Scotia: Past and Present* (Halifax: Nimbus, 1992), 18.
19. Bernier, *The Templars' Legacy in Montreal,* 74-78.
20. Ibid., 150.
21. Ibid., 243.
22. Ibid., 118-21.
23. Costain, *The White and the Gold,* 114-15.
24. Ibid., 124-30.
25. Bernier, *The Templars' Legacy in Montreal,* 149-52.
26. Bradley, *Holy Grail Across the Atlantic,* 275-78.
27. Baigent, Leigh, e Lincoln, *Holy Blood, Holy Grail,* 39.
28. Mann, *The Knights Templar in the New World,* 24-26.
29. Baigent, Leigh e Lincoln, *Holy Blood, Holy Grail,* 185-86.
30. Henry Lincoln, *The Holy Place* (Nova York: Arcade, 2004), 62-3.
31. Mann, *The Knights Templar in the New World,* 93-96.
32. Wallace-Murphy e Hopkins, *Templars in America,* 200.
33. Bernier, *The Templars' Legacy in Montreal,* 56-65.
34. Ibid., 74-5.
35. Ibid., 39-40.
36. Costain, *The White and the Gold,* 106-08.
37. Bernier, *The Templars' Legacy in Montreal,* 23-4.
38. Costain, *The White and the Gold,* 98-101.
39. Deveau e Ross, *Acadians of Nova Scotia,* 25-27.
40. Costain, *The White and the Gold,* 169-72.
41. Ibid., 435.
42. Ibid., 356-59.
43. Richard E. Bohlander, org., *World Explorers and Discoverers* (Nova York: Macmillan, 1992), 135-42.
44. Ibid., 143-44.
45. Costain, *The White and the Gold,* 360.

Capítulo 4: Fundamentos do Novo Mundo

1. Baigent e Leigh, *The Temple and the Lodge,* 227-28.
2. Ibid., 211-13.
3. Robert Lomas, *The Invisible College: The Royal Society, Freemasonry, and the Birth of Modern Science* (Londres: Headline, 2002), 6-7.
4. Baigent e Leigh, *The Temple and the Lodge,* 224-25.
5. Ibid., 229-35.
6. Ibid., 236-39.
7. Laurence Gardner, *Bloodline of the Holy Grail* (Rockport, Mass.: Fair Winds Press, 2002), 329-34.
8. Baigent e Leigh, *The Temple and the Lodge,* 266-67.
9. Gardner, *Bloodline of the Holy Grail,* 339.
10. Baigent e Leigh, *The Temple and the Lodge,* 148-49.
11. Ibid., 150-51.
12. Ibid., 192.
13. Albert Mackey, *Encyclopedia of Freemasonry* (Whitefish, Mont.: Kessinger Publishing, 1991), 235.
14. Baigent e Leigh, *The Temple and the Lodge,* 264-68.
15. Ibid., 269.
16. Sinclair, *The Sword and the Grail,* 49, 166.
17. Mackey, *Encyclopedia of Freemasonry,* 251.
18. Lomas, *The Invisible College,* 125.
19. David Wood, *Genesis* (Kent, UK: Baton Press, 1985), 243.
20. Lomas, *The Invisible College,* 155-64.
21. Ibid., 78.
22. Baigent e Leigh, *The Temple and the Lodge,* 277-78.
23. Lesley Choyce, *Nova Scotia: Shaped by the Sea* (Toronto: Penguin Books Canada, 1997), 69.
24. Baigent e Leigh, *The Temple and the Lodge,* 250-52.
25. Kenneth MacKenzie, *The Royal Masonic Cyclopedia* (Whitefish, Mont.: Kessinger, 2002), 635-37.
26. Baigent e Leigh, *The Temple and the Lodge,* 279-86.
27. Reginald Vanderbilt Harris, "Templarism in Canada", folheto nº 17, Canadian Masonic Research Association, 1964.
28. Baigent e Leigh, *The Temple and the Lodge,* 281.
29. Choyce, *Nova Scotia: Shaped by the Sea,* 107-11.
30. Dean W. Jobb, *The Acadians: A People's Story of Exile and Triumph* (Mississauga, Ontário: Wiley and Sons, 2005), 47-53.
31. Deveau e Ross, *Acadians of New Scotia,* 26.
32. Baigent e Leigh, *The Temple and the Lodge,* 307-08.
33. Ibid., 284.
34. Ibid., 337.
35. Ibid., 313.
36. Ibid., 338.

37. Ibid., 324-25.
38. Sora, *Secret Societies of America's Elite*, 139-40.
39. Ibid., 160-67.
40. Baigent e Leigh, *The Temple and the Lodge*, 325-33.
41. Mackey, *Encyclopedia of Freemasonry*, 325.
42. Ibid., 326.
43. Sora, *Secret Societies of America's Elite*, 170-71.
44. Baigent e Leigh, *The Temple and the Lodge*, 350.
45. Ibid., figure 36.
46. Spiro Kostof e Greg Castillo, *A History of Architecture* (Nova York: Oxford University Press, 1995), 625.
47. Ibid., 626.
48. Mann, *The Knights Templar in the New World*, 72.
49. MacKenzie, *The Royal Masonic Cyclopedia*, 1-7.
50. Ibid., 45.
51. Baigent, Leigh e Lincoln, *Holy Blood, Holy Grail*, 362-66.
52. William S. Crooker, *Oak Island Gold* (Halifax: Nimbus, 1993), 84-5.

Capítulo 5: História Oculta de uma Nova Nação
1. Baigent e Leigh, *The Temple and the Lodge*, 286, 313.
2. Ibid., 133.
3. David G. Chandler, *The Campaigns of Napoleon* (Nova York: Scribner, 1973), 286-332.
4. Ibid., 42-7.
5. Bradley, *Holy Grail Across the Atlantic*, 306.
6. Ibid., 310-11.
7. Jon Kukla, *A Wilderness So Immense: The Louisiana Purchase and the Destiny of America* (Nova York: Knopf, 2003), 44-50.
8. Ibid., 78-90.
9. O. I. A. Roche, org., *The Jeffersonian Bible* (Nova York: Clarkson Potter, 1964), 14, 348.
10. Chandler, *The Campaigns of Napoleon*, 621-33.
11. Thomas Fleming, *The Louisiana Purchase* (Hoboken, N.J.: Wiley, 2003), 5-9.
12. Ibid., 11-2.
13. Ibid., 12-21.
14. Donald Jackson, org., *Letters of the Lewis and Clark Expedition with Related Documents* (Champaign: University of Illinois Press, 1979), 89.
15. John Logan Allen, *Passage Through the Garden: Lewis and Clark and the Image of the American Northwest* (Champaign: University of Illinois Press, 1974), 16-8.
16. George Catlin, *Letters and Notes on the Manners, Customs, and Condition of North American Indians,* cartas 10-6 (Nova York, Dover, 1973).
17. Pierre Gaultier de Varennes de la Verendrye, *Journals and Letters of Pierre Gaultier de Varennes de la Verendrye and His Sons* (Nova York: Greenwood Press, 1968).
18. Reginald Horsman, *The Causes of the War of 1812* (Nova York: Octagon Books, 1972), 13-7.
19. Ibid., 33-4.
20. John Sugden, *Tecumseh: A Life* (Nova York: Henry Holt, 1998), 17.
21. Ibid., 124-48.
22. Ibid., 233-35.
23. Patricia L. Faust, org., *Historical Times Illustrated Encyclopedia of the Civil War* (Nova York: HarperCollins, 1991), 37.
24. Ibid., 40.
25. Ibid., 57.
26. Baigent, Leigh e Lincoln, *Holy Blood, Holy Grail*, 2.
27. Michael Walsh, *Butler's Lives of the Saints*, 15-6.

Capítulo 6: Uma Nova Jerusalém
1. James C. Boyajian, *Portuguese Trade in Asia under the Habsburgs, 1580–1640* (Baltimore: Johns Hopkins University Press, 1992), 436.
2. J. Ross Robertson, *History of Freemasonry in Canada* (Whitefish, Mont.: Kessinger, 2003), 95.
3. Baigent, Leigh e Lincoln, *Holy Blood, Holy Grail*, 434.
4. William Sinclair Charter, 1574, University of Guelph Scottish Collection, Guelph, Ontário.
5. Deveau e Ross, *Acadians of Nova Scotia, Past and Present,* 62-3.
6. Thomas Chandler Haliburton, *History of Nova Scotia* (Belleville, Ontário: Mika, 1973), 46, 88.
7. Ibid., 36-8.
8. Deveau e Ross, *Acadians of Nova Scotia, Past and Present*, 64.
9. Margaret C. Melanson, *The Melanson Story* (publicação independente, 2003) 1-5.
10. Ibid., 6-7.
11. Ibid., 7-8.
12. Ibid., 9-10.

NOTAS   289

13. Robert Graves, *The White Goddess: A Historical Grammar of Poetic Myth* (Nova York: Farrar, Straus, and Giroux, 1966), 214, 230, 284.
14. John Rhys, *Celtic Folklore* (Nova York: Gordon, 1974), 14.
15. Ibid., 15.
16. William S. Crooker, *Oak Island Gold,* 187-92.
17. Carl Waldman, *Encyclopedia of Native American Tribes,* ed. rev. (Nova York: Facts on File, 1999), 57.
18. Ibid., 58.
19. Ibid., 99-101.
20. Ibid., 163.
21. Olive Patricia Dickason, *Canada's First Nations: A History of Founding Peoples from Earliest Times* (Oxford: Oxford University Press, 2001), 20-1.
22. Ibid., 90-8.
23. Peter McFarlane e Wayne Haimila, *Ancient Land, Ancient Sky* (Toronto: Alfred A. Knopf, 1999), 152-59.
24. Ibid., 163.
25. Peter Champoux e William Stuart Buehler, *Gaia Matrix* (Franklin Media, 1999), 117.
26. Fell, *America B.C.,* 239-40.
27. Ibid., 1-22.
28. Ibid., 256-57.
29. Ibid., 260-68.
30. Joseph Bernard, Marquis de Chabert, *Voyage Roi,* 1ª ed. (Paris: De L'Imprimerie Royale, 1753), introduction.
31. Ibid., 1.
32. Ibid., 2.
33. Ibid., 3.

Capítulo 7: Elementos Perenes

1. Margaret Starbird, *The Woman with the Alabaster Jar* (Rochester, Vt.: Bear and Company, 1993), 101.
2. Ibid., 102.
3. Francis Bacon, *The New Atlantis,* in Sidney Warhaft, org., *Francis Bacon: A Selection of His Works* (Toronto: Macmillan, 1965), 448.
4. Francis Bacon, *The Wisdom of the Ancients,* in Sidney Warhaft, org., *Francis Bacon: A Selection of His Works,* 274-77.
5. Laurence Gardner, *Lost Secrets of the Sacred Ark* (Londres: Thorsens, 2003), 108-23.
6. Josephus Flavius, *Antiquities of the Jews* (Nova York: Thomas Nelson, 1999), 1.2.3.
7. Starbird, *The Woman with the Alabaster Jar,* 36-38, 137.
8. Ibid., 138-39.
9. Dennis Overbye, "Laser Co-Inventor Wins Religion Prize", *Toronto Star,* quinta-feira, 10 de março de 2005.
10. Alain Merot, *Nicolas Poussin* (Nova York: Abbeville Press, 1990), 248-49.
11. Witztum, Rips e Rosenberg, "Equidistant Letter Sequences in the Book of Genesis", *Statistical Science,* agosto de 1994.
12. Pedro Kujawski e P. de Salles, "In Service to the Psyche: The Grail Legend in C. G. Jung's Individuation Process", in John Matthews, org., *The Household of the Grail* (Londres: Aquarian Press, 1990), 185-97.
13. From Pierre Saint-Maxment Feugere e Gaston de Koker, *Le Serpent Rouge* (SRES Vérités Anciennes, 1981).

Bibliografia

Adams, Dickinson, org. *The Papers of Thomas Jefferson: Jefferson's Extracts from the Gospels.* Princeton, N.J.: Princeton University Press, 1983.
Addison, Charles G. *The History of the Knights Templar.* Kempton, Ill.: Adventures Unlimited Press, 1997. Publicado pela primeira vez em Londres, 1842.
Aitchison, Leslie. *A History of Metals.* 2 vols. Nova York: John Wiley and Sons, 1960.
Allen, John Logan. *Passage Through the Garden: Lewis and Clark and the Image of the American Northwest.* Champaign: University of Illinois Press, 1974.
Allmand, Christopher. *The Hundred Years' War: England and France at War c. 1300-1450.* Cambridge: Cambridge University Press, 1988.
Alofsin, Anthony. *Frank Lloyd Wright — The Lost Years, 1910-1922: A Study of Influence.* Chicago: University of Chicago Press, 1993.
Ambrose, Stephen E. *Lewis and Clark: Voyage of Discovery.* Washington, D.C.: National Geographic Society, 1998.
Andersen, Hans Christian. *The Complete Fairy Tales and Stories.* Traduzido por E. C. Haugaard. Nova York: Anchor Press/Doubleday, 1974.
Anderson, Rasmus B., org. *The Norse Discovery of America.* University Press of the Pacific, 2002.
Andrews, Richard e Paul Schellenberger. *The Tomb of God: The Body of Jesus and the Solution to a 2,000-Year-Old Mystery.* Boston: Little, Brown and Co., 1996.
Ashe, Geoffrey. *Avalonian Quest.* Londres: Methuen, 1982.
_____. *King Arthur's Avalon.* Londres: Collins, 1966.
_____. *Kings and Queens of Early Britain.* Londres: Methuen, 1982.
_____. *Land to the West.* Londres: Methuen, 1986.
_____. *Mythology of the British Isles.* Londres: Methuen, 1990.
Ashe, Geoffrey, org. *The Quest for America.* Nova York: Praeger Publishers, 1971.
_____. *The Quest for Arthur's Britain.* Londres: Granada Publishing Limited, 1968.
Authwaite, Leonard. *Unrolling the Map.* Nova York: Reynal and Hitchcock, 1935.
Baigent, Michael, e Richard Leigh. *The Dead Sea Scrolls Deception.* Londres: Corgi Books, 1991.
_____. *The Elixir and the Stone.* Londres: Viking, 1997.
_____. *The Temple and the Lodge.* Nova York: Arcade, 1991.
Baigent, Michael, Richard Leigh e Henry Lincoln. *Holy Blood, Holy Grail.* Nova York: Delacorte, 2004.
_____. *The Messianic Legacy.* Londres: Jonathan Cape, 1986.
Baker, Daniel B., org. *Explorers and Discoverers of the World.* Washington, D.C.: Gale Research, Inc., 1993.
Ball, Martin J. e James Fife, orgs. *The Celtic Languages.* Londres: Routledge, 2002.
Barbour, Philip. *The Three Worlds of Captain John Smith.* Boston: Houghton Mifflin Company, 1964.
Bayley, Harold. *The Lost Language of Symbolism.* Nova York: Barnes and Noble, 1968.
Begg, Ean C. M. *The Cult of the Black Virgin.* Londres: Arkana, 1985.
Bennett, John G. *Gurdjieff. The Making of a New World.* Londres: Turnstone Books, 1973.
Bergin, Joseph. *Cardinal Richelieu: Power and the Pursuit of Wealth.* New Haven, Conn.: Yale University Press, 1985.
Bernard of Clairvaux. *On the Song of Songs.* Tranduzido por Kilian Walsh. Spencer, Mass.: Cistercian Publications, 1983.
Bernier, Francine. *The Templars' Legacy in Montreal: The New Jerusalem.* Kempton, Ill.: Adventures Unlimited Press, 2003.
Billon, Frederick L. *Annals of St. Louis — The French and Spanish Period.* St. Louis: Nixon-Jones Printing Co., 1886.
Bird, Will R. *Off-Trail in Nova Scotia.* Toronto: The Ryerson Press, 1956.
Birks, Walter e R. A. Gilbert. *The Treasure of Montségur.* Londres: Thorsons Publishing Group, 1987.
Blake, Peter. *The Master Builders: Le Corbusier, Mies van der Rohe, Frank Lloyd Wright.* Nova York: Alfred A. Knopf, 1960.
Bohlander, Richard E., org. *World Explorers and Discoverers.* Nova York: Mac-millan Publishing Company, 1992.
Bolon, Carol R., Robert S. Nelson e Linda Seidel. *The Nature of Frank Lloyd Wright.* Chicago: University of Chicago Press, 1988.
Bord, Janet e Colin Bord. *Mysterious Britain.* Londres: Granada Publishing Limited, 1974.
Boudet, H. *La Vraie Langue celtique et le cromleck de Rennes-les-Bains.* Nice: Belisane, 1984. Facsimile of 1886 original.
Bowen, Catherine Drinker. *Francis Bacon: The Temper of a Man.* Boston: Little, Brown and Company, 1963.
Bowra, C. M. *From Virgil to Milton.* Nova York: St. Martin's Press, 1962.
Boyajian, James C. *Portuguese Trade in Asia under the Habsburgs, 1580-1640.* Baltimore: John Hopkins University Press, 1992.

BIBLIOGRAFIA 291

Bradley, Michael. *Holy Grail Across the Atlantic.* Toronto: Hounslow Press, 1998.
_____. *The Columbus Conspiracy.* Toronto: Hounslow Press, 1991.
_____. *Grail Knights of North America: On the Trail of the Grail.* Toronto: Hounslow Press, 1998.
Brooks, H. Allen. *The Prairie School — Frank Lloyd Wright and His Midwest   Contemporaries.* Toronto: University of Toronto Press, 1972.
Brown, Dan. *Angels and Demons.* Nova York: Atria, 2000.
_____. *The Da Vinci Code.* Nova York: Doubleday, 2003.
Brydon, R. *A History of the Guilds, the Masons, and the Rosy Cross.* Roslin, Midlothian: Rosslyn Chapel Trust, Rosslyn Chapel, 1994.
Budge, E. A. Wallis. *The Egyptian Book of the Dead.* Nova York: Dover Publications, 1967. [*O Livro Egípcio dos Mortos*, publicado pela Editora Pensamento, São Paulo, 1985.]
_____. *An Egyptian Hieroglyphic Dictionary*, vols. 1 e 2. Nova York: Dover Publications, 1978.
_____. *The Gods of the Egyptians*, vols. 1 e 2. Nova York: Dover Publications, 1969.
_____. *Osiris and the Egyptian Resurrection*, vols. 1 e 2. Nova York: Dover Publications, 1973.
Burstein, Dan, org. *Secrets of the Code: The Unauthorized Guide to the Mysteries behind* The Da Vinci Code. Nova York: CDS Books, 2004.
Butler, Alan. *The Goddess, the Grail and the Lodge.* Winchester, Reino Unido: 0 Books, 2004.
Butler, Alan e Stephen Dafoe. *The Templar Continuum.* Belleville, Ontário: Templar Books, 1999.
Camille, Michael. *Gothic Art: Glorious Visions.* Nova York: Harry N. Abrams, 1996.
Campbell, Joseph. *Myths to Live By.* Nova York: Arkana, 1971.
Canada Department of Mines and Resources. *Geology and Economic Minerals of Canada.* Ottawa: 1947.
Canada Department of Tourism and Culture. *Nova Scotia Travel Guide.* Halifax: 1993.
Carlson, Suzanne. "Loose Threads in a Tapestry of Stone: The Architecture of the Newport Tower." *NEARA Journal* 35, nº 1 (verão de 2001).
Cary, Max e E. H. Warmington. *The Ancient Explorers.* Londres: Methuen and Company, 1929.
Catlin, George. *Letters and Notes on the Manners, Customs, and Conditions of North American Indians.* 2 vols. Nova York: Dover Publications, 1973.
Cavendish, Richard, org. *Encyclopedia of the Unexplained.* Londres: Arkana, 1989.
Chabert, Joseph Bernard, Marquis de. *Voyage Roi.* Paris: De L'Imprimerie Royale, 1753.
Chadwick, Nora. *The Celts.* Harmondsworth, Reino Unido: Penguin, 1971.
Champlain, Samuel de. *The Works of Samuel de Champlain.* 6 vols. Organizado por H. P. Biggar. Toronto: University of Toronto Press, 1971.
Chandler, David G. *The Campaigns of Napoleon.* Nova York: Scribner, 1973.
Chaplin, Dorothea. *Mythological Bonds between East and West.* Copenhagen: Einar Munksgaard, 1938.
Charpentier, Louis. *The Mysteries of Chartres Cathedral.* Nova York: Avon, 1980.
Charroux, Robert. *Treasures of the World.* Middlebury, Vt.: P. S. Erikkson, 1962.
Chatelaine, Maurice. *Our Ancestors Came from Outer Space.* Londres: Pan Books, 1980.
Choyce, Leslie. *Nova Scotia: Shaped by the Sea.* Toronto: Penguin Books Canada, 1997.
Churton, Tobias. *The Golden Builders: Alchemists, Rosicrucians and the First Free Masons.* Lichfield, Reino Unido: Signal Publishing, 2002.
Clark, Andrew Hill. *Acadia: The Geography of Early Nova Scotia to 1760.* Madison: University of Wisconsin Press, 1968.
Clark, Kenneth. *Leonardo da Vinci.* Londres: Penguin Books, 1959.
Clarke, George Frederick. *Expulsion of the Acadians: The True Story.* Fredericton, New Brunswick: Brunswick Press, 1980.
Clayton, Peter A. *Chronicle of the Pharaohs.* Londres: Thames and Hudson, 1994.
Clinton, William Jefferson. *My Life.* Nova York: Alfred A. Knopf. 2004.
Coldstream, Nicola. *Medieval Architecture.* Oxford: Oxford University Press, 2002.
Collins, Andrew. *Gateway to Atlantis: The Search for the Source of a Lost Civilization.* Londres: Headline Book Publishing, 2000.
Coppens, Philip. *The Stone Puzzle of Rosslyn Chapel.* Holanda: Frontiers Publishing and Adventures Unlimited Press, 2004.
Costain, Thomas B. *The White and the Gold: The French Regime in Canada.* Nova York: Doubleday, 1954.
Creighton, Helen. *Bluenose Ghosts.* Toronto: McGraw-Hill Ryerson, 1957.
_____. *Bluenose Magic.* Toronto: McGraw-Hill Ryerson, 1968.
_____. *Folklore of Lunenburg County, Nova Scotia.* Toronto: McGraw-Hill Ryerson, 1976.
Crooker, William S. *Oak Island Gold.* Halifax: Nimbus Publishing, 1993.
_____. *The Oak Island Quest.* Windsor, Nova Scotia: Lancelot Press, 1978.
Dabney, Virginius. *Virginia: The New Dominion.* Garden City, N.Y.: Doubleday, 1971.
Daraul, Arkon. *Secret Societies, Yesterday and Today.* Londres: Frederick Muller Limited, 1961.
Davidson, Robert F. *The Old Testament.* Londres: Hodder and Stoughton, 1964.
Delaney, F. *The Celts.* Londres: Grafton Books, 1989.
Delpar, Helen, org. *The Discoverers: An Encyclopedia of Explorers and Exploration.* Nova York: McGraw-Hill, 1980.
Deveau, Alphonse, e Sally Ross. *The Acadians of Nova Scotia: Past and Present.* Halifax: Nimbus Publishing, 1992.
Devoto, Bernard, org. *The Journals of Lewis and Clark.* Mariner Books, 1997.
Diefendorf, Barbara B. *Beneath the Cross: Catholics and Huguenots in Sixteenth-Century Paris.* Oxford: Oxford University Press, 1991.
Dingledine, Raymond C., Lena Barksdale, e Marion Belt Nesbitt. *Virginia's History.* Nova York: Scribner's, 1956.
Dobbs, Betty J. T. *The Foundations of Newton's Alchemy.* Cambridge: Cambridge University Press, 1975.
Dodge, Stephen C. *Christopher Columbus and the First Voyages to the New World.* Nova York: Chelsea House, 1991.

Dor-Ner, Zvi e William Scheller. *Columbus and the Age of Discovery*. Nova York: William Morrow, 1991.

Doyle, *sir* Arthur Conan. *Sherlock Holmes: The Complete Novels and Stories*, vols. 1 e 2. Nova York: Bantam Books, 1986.

Drosnin, Michael. *The Bible Code*. Nova York: Simon and Schuster, 1997. [*O Código da Bíblia*, publicado pela Editora Cultrix, São Paulo, 1997.]

Duncan, Dayton e Ken Burns. *Lewis and Clark: The Journey of the Corps of Discovery*. Nova York: Alfred A. Knopf, 1997.

Duriez, C. *The C. S. Lewis Handbook*. Essex, Reino Unido: Monarch, 1990.

Eco, Umberto. *Foucault's Pendulum*. Londres: Picador, 1990.

_____. *The Name of the Rose*. Londres: Picador, 1984.

Erdeswick, S. *A Survey of Staffordshire*. Londres: J. B. Nichols, 1984.

Eschenbach, Wolfram von. *Parzival*. Traduzido por Helen M. Mustard e Charles E. Passage. Nova York: Vintage, 1961.

Elting, John R. *Amateurs, to Arms! A Military History of the War of 1812*. Chapel Hill, N.C.: Algonquin, 1991.

Etlin, Richard A. *Frank Lloyd Wright and Le Corbusier: The Romantic Legacy*. Manchester: Manchester University Press, 1994.

Evans, James. *The History and Practice of Ancient Astronomy*. Oxford: Oxford University Press, 1998.

Everett, Felicity e Struan Reed. *The USBORNE Book of Explorers, from Columbus to Armstrong*. Londres: USBORNE Publishing, 1991.

Fabricius, Johannes. *Alchemy*. Northamptonshire, Reino Unido: The Aquarian Press, 1976.

Fairbairn, James. *Crests of the Families of Great Britain and Ireland*. Revisto por Laurence Butters. Rutland, Vt: Charles E. Tuttle, 1968.

Fanthorpe, Patricia e Lionel Fanthorpe. *The Holy Grail Revealed: The Mysterious Treasure of Rennes-le-Château*. North Hollywood, Calif.: Newcastle Press, 1982.

_____. *The Oak Island Mystery: The Secret of the World's Greatest Treasure Hunt*. Toronto: Hounslow Press, 1995.

_____. *Rennes-le-Château*. Middlesex, Reino Unido: Bellevue Books, 1991.

Farmer, D. H. *The Oxford Dictionary of Saints*. Oxford: Oxford University Press, 1982.

Fath, Edward Arthur. *The Elements of Astronomy*. Nova York: McGraw-Hill, 1934.

Faust, Patricia L., org. *Historical Times Illustrated Encyclopedia of the Civil War*. Nova York: HarperCollins, 1991.

Fell, Barry. *America B.C.: Ancient Settlers in the New World*. Nova York: Pocket Books, 1989.

_____. *Bronze Age America*. Toronto: Little, Brown, 1982.

Feugère, Pierre, Louis Saint Maxent e Gaston de Koker. *Le Serpent Rouge*. SRES Vérités Anciennes, 1981.

Finnan, Mark. *The First Nova Scotian*. Halifax: Formac, 1997.

Fleming, Thomas J. *The Louisiana Purchase*. Hoboken, N.J.: John Wiley and Sons, 2003.

Foote, Henry Wilder. *Thomas Jefferson: Champion of Religious Freedom, Advocate of Christian Morals*. Boston: Beacon Press, 1947.

Ford, Paul, org. *The Works of Thomas Jefferson*, vol. 10. Nova York: G. P. Putnam's Sons, 1905.

Franklyn, Julian e John Tanner. *An Encyclopaedic Dictionary of Heraldry*. Oxford: Pergamon, 1969.

Fraser, Mary L. *Folklore of Nova Scotia*. Antigonish, Nova Scotia: Formac, 1928.

Frazer, James G. *The Golden Bough*. Nova York: Macmillan, 1923.

_____. *Magic and Religion*. Londres: Watts, 1944.

Frith, Henry. *The Romance of Navigation: A Brief Record of Maritime Discovery*. Londres: Ward, Lock, and Bowden, 1893.

Furneaux, Rupert. *The Money Pit Mystery*. Nova York: Fontana/Collins, 1976.

Ganong, William Francis. *Crucial Maps*. Toronto: University of Toronto Press, 1964.

Gardner, Laurence. *Bloodline of the Holy Grail*. Rockport, Mass.: Fair Winds Press, 2002.

_____. *Genesis of the Grail Kings*. Londres: Bantam, 1999.

_____. *Lost Secrets of the Sacred Ark*. Londres: Thorsens, 2003.

Gaustad, Edwin. *Sworn on the Altar of God: A Religious Biography of Thomas Jefferson*. Grand Rapids, Mich.: William B. Eerdman, 1996.

Geoffrey of Monmouth. *History of the Kings of Britain*. Organizado e traduzido por Lewis Thorpe. Harmondsworth, UK: Penguin, 1966.

Gilbert, Adrian. *The New Jerusalem*. Nova York: Bantam, 2002.

Gill, Brendan. *Many Masks: A Life of Frank Lloyd Wright*. Nova York: Putnam 1987.

Gimbutas, Maria A. *The Language of the Goddess*. San Francisco: HarperSanFrancisco, 1991.

Giraud, V. *Bibliographie de Taine*. Paris: n.p., 1902.

Goode, J. Paul. *Goode's World Atlas*. Nova York: Rand McNally, 1991.

Goodrich, Norma Lorre. *King Arthur*. Danbury, Conn.: Franklin Watts 1986.

Gordon, Cyrus L. *Before Columbus*. Nova York: Crown Publishers, 1971.

Goss, John. *The Mapping of North America*. Secaucus, N.J.: Wellfleet Press 1990.

Gould. R. F. *Gould's History of Freemasonry*. Londres: Caxton, 1933.

Grant, Michael. *Myths of the Greeks and Romans*. Nova York: New American Library, 1962.

Graves, Robert. *The White Goddess*. Londres: Faber and Faber, 1961.

_____. *The White Goddess: A Historical Grammar of Poetic Myth*. Nova York: Farrar, Straus, and Giroux, 1966.

Graves, Robert e Raphael Patai. *Hebrew Myths: The Book of Genesis*. Garden City, N.Y.: Doubleday, 1964.

Greenberg, Joseph H. *Indo-European and Its Closest Relatives: The Eurasiatic Family*, vol. 2. Stanford, Calif.: Stanford University Press, 2002.

Grigsby, John. *Warriors of the Wasteland*. Londres: Watkins, 2002.

Guirdham, A. *Catharism: The Medieval Resurgence of Primitive Christianity*. Paris: St. Helier, 1969.

_____. *The Cathars and Reincarnation*. Londres: Neville Spearman, 1976. [*Os Cátaros e a Reencarnação*, publicado pela Editora Pensamento, São Paulo, 1992.]

Gurney, Gene. *Kingdoms of Europe*. Nova York: Crown, 1982.

BIBLIOGRAFIA 293

Haagensen, Erling e Henry Lincoln. *The Templars' Secret Island: The Knights, the Priest and the Treasure.* Gloucestershire, UK: Windrush Press, 2000.

Haliburton, Thomas Chandler. *History of Nova Scotia.* Belleville, Ontário: Mika, 1973.

Hall, Manly P. *The Lost Keys of Freemasonry.* Richmond, Va.: Macoy Publishing and Masonic Supply, 1976.

Hancock, Graham. *The Sign and the Seal: The Quest for the Lost Ark of the Covenant.* Toronto: Doubleday Canada, 1992.

Hanna, Leslie F. *The Discoverers.* Nova York: Random House, 1983.

Hannay, James. *The History of Acadia (1605-1763).* St. John, New Brunswick: J. and A. McMillan, 1879.

Hapgood, Charles. *Maps of the Ancient Sea Kings.* Kempton, Ill.: Adventures Unlimited Press, 1997.

Harden, Donald. *The Phoenicians: Ancient People and Places.* Londres: Thames and Hudson, 1963.

Harris, Reginald V. *The Oak Island Mystery.* Toronto: Ryerson Press, 1967.

Hart, Gerald E. *Fall of New France: 1755-1760.* Montreal: W. Drysdale, 1888.

Hawkins, Gerald S. *Stonehenge Decoded.* Nova York: Doubleday, 1965.

Heindenreich, C. E. *Cartographica: Explorations and Mapping of Samuel de Champlain, 1603-1632.* Toronto: University of Toronto Press, 1976.

Heinlein, Robert. *Beyond This Horizon.* Baen, 2001.

Hickey, Donald. *The War of 1812: A Forgotten Conflict.* Champaign: University of Illinois Press, 1989.

Higenbottam, Frank. *Codes and Ciphers.* London: English Universities Press, 1973.

Hill, Kay. *Glooscap and His Magic: Legends of the Wabanaki Indians.* Toronto: McClelland and Stewart, 1963.

_____. *More Glooscap Stories: Legends of the Wabanaki Indians.* Toronto: McClelland and Stewart, 1988.

Hitchcock, Henry Russell. *In the Nature of Materials: The Buildings of Frank Lloyd Wright, 1887-1941.* Nova York: Da Capo Press, 1975.

Hitsman, J. Mackay. *The Incredible War of 1812.* Toronto: University of Toronto Press, 1973.

Hodges, Henry. *Technology in the Ancient World.* Londres: Penguin, 1970.

Holroyd, Stuart e Neil Powell. *Mysteries of Magic.* Londres: Bloomsbury Books, 1991.

Holt, Elizabeth Gilmore, org. *Literary Sources of Art History: An Anthology of Texts from Theophilus to Goethe.* Princeton, N.J.: Princeton University Press, 1947.

Holy Bible Containing the Old and New Testaments, Nova Versão Revista (Edição Católica). Catholic Bible Press: 1993.

Hope, Joan. *A Castle in Nova Scotia.* Kitchener, Ontário: Kitchener Printing, 1997.

Horne, Alex. *King Solomon's Temple in the Masonic Tradition.* Londres: Aquarian Press, 1971.

Horsman, Reginald. *The Causes of the War of 1812.* Nova York: Octagon Books, 1972.

Hutchinson, William. *The Spirit of Masonry.* Whitefish, Mont.: Kessinger, 2004.

Hyde, William. *Encyclopedia of the History of St. Louis.* 4 vols. Nova York: Howard Conard, 1899.

Israel, Gerald e Jacques Lebar. *When Jerusalem Burned.* Nova York: William Morrow, 1973.

Izzo, Alberto e Camillo Gubitosi. *Frank Lloyd Wright: Three Quarters of a Century of Drawings.* Nova York: Horizon Press, 1981.

Jackson, Donald. org. *Letters of the Lewis and Clark Expedition with Related Documents.* 2 vols. Champaign: University of Illinois Press, 1979.

Jackson, Kenneth. *Language and History in Early Britain: A Chronological Survey of the Brittonic Languages, 1st to 12th century A.D.* Edimburgo: University Press, 1971.

Josephus Flavius. *The Complete Works.* Traduzido por William Whiston. Nova York: Thomas Nelson, 1999.

Jung, C. G. *Collected Works.* Londres: Routledge, 1953-69.

_____. *Memories, Dreams, Reflections.* Londres: Fontana, 1972.

_____. *Synchronicity.* Londres: Routledge, 1972.

Kerr, D. G. G. *Historical Atlas of Canada,* 3ª ed. Revista, Don Mills, Ontário: Thomas Nelson and Sons, 1975.

Knight, Christopher e Robert Lomas. *The Book of Hiram: Freemasonry, Venus and the Secret Key to the Life of Jesus.* Londres: Century, 2003.

_____. *Uriel's Machine: The Prehistoric Technology That Survived the Flood.* Londres: Century, 1999.

Knight, G. *The Secret Tradition in Arthurian Legend.* Wellingborough, UK: Aquarian Press, 1983.

Kostof, Spiro e Greg Castillo. *A History of Architecture.* Nova York: Oxford University Press, 1995.

Krupp, E. C., org. *In Search of Ancient Astronomies.* Columbus, Ohio: McGraw-Hill, 1979.

Kukla, Jon. *A Wilderness So Immense: The Louisiana Purchase and the Destiny of America.* Nova York: Alfred A. Knopf, 2003.

Laidler, Keith. *The Head of God: The Lost Treasure of the Templars.* Londres: Weidenfeld and Nicolson, 1998.

Laseau, Paul e James Tice. *Frank Lloyd Wright: Between Principle and Form.* Nova York: Van Nostrand Reinhold, 1992.

Law, Vivien. *The History of Linguistics in Europe: From Plato to 1600.* Cambridge: Cambridge University Press, 2002.

Lescarbot, Marc. *History of New France,* vol. 2. Traduzido por W. L. Grant. Toronto: The Champlain Society, 1911.

Lethbridge, Thomas Charles. *Herdsmen and Hermits: Celtic Seafarers in the Northern Seas.* Cambridge: Bowes and Bowes, 1950.

Levi, Eliphas. *History of Magic.* Londres: Rider, 1968. [*História da Magia*, publicado pela Editora Pensamento, São Paulo, 1974.]

_____. *The Key of the Mysteries.* Londres: Rider, 1968.

_____. *Transcendental Magic: Its Doctrine and Ritual.* Whitefish, Mont: Kessinger, 1942.

Lincoln, Henry. *The Holy Place: Saunière and the Decoding of the Mystery of Rennes-le-Château.* Nova York: Arcade, 2004.

Linklater, Eric. *The Royal House of Scotland.* Londres: Macmillan, 1970.

Lomas, Robert. *The Invisible College.* Londres: Headline Books, 2002.

Longfellow, Henry Wadsworth. *Evangeline.* Nova York: Pelican, 1999.

Loomis, Roger Sherman. *Celtic Myth and Arthurian Romance.* Nova York: Haskell House, 1967.

_____. *The Grail: From Celtic Myth to Christian Symbol.* Princeton, N.J.: Princeton University Press, 1991.

_____. *Studies in Medieval Literature: A Memorial Collection of Essays.* Nova York: B. Franklin, 1970.
MacCulloch, John Arnold. *The Religion of the Ancient Celts.* Edinburgh: T. and T. Clark, 1911.
Mackey, Albert G. *An Encyclopedia of Freemasonry.* Whitefish, Mont.: Kessinger, 1991.
_____. *The Symbolism of Freemasonry.* Chicago: The Masonic History Company, 1926.
Mackey, James P., org. *An Introduction to Celtic Christianity.* Edinburgh: T. and T. Clark, 1989.
MacKenzie, Kenneth. *The Royal Masonic Cyclopedia.* Whitefish, Mont.: Kessinger, 2002.
Mallery, Arlington. *Lost America.* Washington, D.C.: Overlook, 1951.
Mallery, Arlington e Mary Harrison. *The Rediscovery of Lost America.* Nova York: E. P. Dutton, 1979.
Mann, William F. *The Knights Templar in the New World.* Rochester, Vt.: Destiny Books, 2004.
Markale, Jean. *The Church of Mary Magdalene.* Rochester, Vt.: Inner Traditions, 2004.
_____. *The Templar Treasure at Gisors.* Rochester, Vt.: Inner Traditions, 2003.
Mathers, S. Liddell MacGregor. *The Kabbalah Unveiled.* Nova York: Weiser, 1970.
_____. *The Key of Solomon the King.* Londres: George Redway, 1888.
Matthews, John, org. *The Household of the Grail.* Londres: Aquarian Press, 1990.
Matthews, Caitlin. *The Elements of the Celtic Tradition.* Shaftesbury, Dorset, UK: Element Books, 1989.
Maunder, E. W. *The Astronomy of the Bible.* Londres: Hodder and Stoughton, 1909.
McCluskey, Stephen C. *Astronomies and Cultures in Early Medieval Europe.* Cambridge: Cambridge University Press, 1998.
McFarlane, Peter e Wayne Haimila. *Ancient Land, Ancient Sky: Flying Canada's Native Canoe Routes.* Toronto: Alfred A. Knopf, 1999.
McGhee, Robert. *Canada Rediscovered.* Ottawa: Canadian Museum of Civilization, 1991.
Meiss, Millard. *French Painting in the Time of Jean de Berry: The Limbourgs and Their Contemporaries.* Nova York: George Braziller, 1974.
Melanson, Margaret C. *The Melanson Story: Acadian Family, Acadian Times.* Moncton, New Brunswick: publicação independente, 2003.
Menzies, Gavin. *1421: The Year China Discovered America.* Londres: Bantam Press, 2002.
Merot, Alain. *Nicolas Poussin.* Nova York: Abbeville Press, 1990.
Miller, Crichton E. M. *The Golden Thread of Time.* Warwickshire, UK: Pendulum, 2001.
Milton, John. *Paradise Lost.* Organizado por John Leonard. Nova York: Penguin, 2003.
Moncrieffe, Iain. *The Highland Clans.* Nova York: Clarkson N. Potter, 1967.
Morison, Samuel Eliot. *The Great Explorers: The European Discovery of America.* Nova York: Oxford University Press, 1978.
Morrison, N. Brysson. *Mary, Queen of Scots.* Nova York: Vanguard Press, 1960.
Moscati, Sabatino, org. *The Phoenicians.* Nova York: Abbeville Press, 1988.
Moulton, Gary E., org. *The Journals of the Lewis and Clark Expedition.* Lincoln: University of Nebraska Press, 1988.
Mouni, Sadhu. *The Tarot.* Londres: Allen and Unwin, 1962.
Mowat, Farley. *West Viking.* Toronto: McClelland and Stewart, 1965.
Munro, R. W. *Highland Clans and Tartans.* Londres: Peerage Books, 1987.
Murray, Margaret A. *The Divine King in England.* Londres: Faber, 1954.
Nutt, Alfred Trubner. *Studies on the Legend of the Holy Grail.* Nova York: Cooper Square Publishers, 1965.
O'Connor, D'Arcy. *The Big Dig.* Nova York: Ballantine, 1988.
_____. *The Money Pit.* Nova York: Coward, McCann, and Geoghegan, 1976.
Ondaatje, Christopher. *The Prime Ministers of Canada.* Toronto: Pagurian, 1985.
Ovason, David. *The Secret Architecture of Our Nation's Capital: The Masons and the Building of Washington, D.C.* Nova York: HarperCollins, 2000.
Parkman, Francis. *Pioneers of France in the New World.* Nova York: Library of America, 1983.
Parton, James. *Life and Times of Benjamin Franklin.* 2 vols. Boston: Houghton Mifflin, 1897.
Penhallow, William S. "Astronomical Alignments in the Newport Tower." *NEARA Journal* (21 de março de 2004).
Philip, J. A. *Pythagoras and Early Pythagoreanism.* Toronto: University of Toronto Press, 1966.
Phillips, Graham. *The Templars and the Ark of the Covenant.* Rochester, Vt.: Bear and Company, 2004.
Picknett, Lynn. *Mary Magdalene.* Nova York: Carroll and Graf, 2003.
Picknett, Lynn e Clive Prince. *The Templar Revelation.* Nova York: Touchstone, 1997.
Platt, Colin. *The Atlas of Medieval Man.* Nova York: St. Martin's, 1994.
Poe, Edgar Allan. *The Complete Tales and Poems of Edgar Allan Poe.* Toronto: Vintage, 1975.
Pohl, Frederick J. *Americus Vespucci, Pilot Major.* Nova York: Octagon Books, 1996.
_____. *The Lost Discovery.* Nova York: W. W. Norton, 1952.
_____. *Prince Henry Sinclair: His Expedition to the New World.* Londres: Davis-Poynter, 1974.
Pope, Marvin H. *Song of Songs.* Garden City, N.Y.: Doubleday, 1983.
Quarrell, Charles. *Buried Treasure.* Londres: MacDonald and Evans, 1955.
Ralls, Karen e Ian Robertson. *The Quest for the Celtic Key.* Edinburgh: Luath Press, 2002.
Ramsay, Raymond H. *No Longer on the Map.* Nova York: Ballantine, 1973.
Rand, Silas Tertius. *Legends of the Micmacs.* Nova York: Johnson Reprint Corp., 1971.
Regardie, Israel. *The Golden Dawn,* 3ª ed. St. Paul: Llewellyn, 1970.
_____. *Roll Away the Stone.* St. Paul: Llewellyn, 1968.
_____. *The Tree of Life,* 2ª ed. Nova York: Weiser, 1969.
Reuter, Timothy, org. *New Cambridge Medieval History,* vols. 1-3. Cambridge: Cambridge University Press, 1999.
Rhonda, James P. *Lewis and Clark Among the Indians.* Lincoln: University of Nebraska Press, 1988.
Rhys, John. *Celtic Folklore.* Nova York: Gordon, 1974.
Robertson, John Ross. *History of Freemasonry in Canada.* Whitefish, Mont.: Kessinger, 2003.

BIBLIOGRAFIA   295

Robinson, John J. *Born in Blood: The Lost Secrets of Freemasonry.* Nova York: M. Evans and Co., 1989.
Roche, O. I. A., org. *The Jeffersonian Bible.* Nova York: Clarkson N. Potter, 1964.
Ross, Anne. *The Pagan Celts.* Totowa, N.J. : Barnes and Noble, 1986.
Rutherford, Ward. *Celtic Lore.* Londres: Aquarian Press, 1993.
Ryan, Peter. *Time Detectives: Explorers and Mapmakers.* Londres: Belitha Press, 1989.
Sadler, Henry. *Masonic Facts and Fictions.* Wellingborough, UK: Aquarian Press, 1985.
Sanford, Charles B. *The Religious Life of Thomas Jefferson.* Charlottesville: University Press of Virginia, 1984.
Schick, Edwin A. *Revelation, the last Book of the Bible.* Filadélfia: Fortress Press, 1977.
Schwartz, Lilian. "Leonardo's *Mona Lisa.*" *Art and Antiques,* janeiro de 1987.
Scott, Martin. *Medieval Europe.* Londres: Longmans, Green and Co. Ltd., 1967.
Secrest, Meryle. *Frank Lloyd Wright: A Biography.* Chicago: University of Chicago Press, 1998.
Sede, Gérard de. *L'Or de Rennes.* Paris: J'ai Lu, 1967.
Sedgwick, Henry D. *The House of Guise.* Indianapolis: Bobbs-Merrill Co., 1938.
Silberer, Herbert. *Hidden Symbolism of Alchemy and the Occult Arts.* Nova York: Moffat, Yard, and Co., 1917.
Sinclair, Andrew. *The Discovery of the Grail.* Londres: Century, 1998.
_____. *The Secret Scroll.* Londres: Birlinn, 2002.
_____. *The Sword and the Grail.* Nova York: Crown, 1992.
Smith, John. *A Map of Virginia. With a Description of the Countrey, the Commodities, People, Government and Religion.* Oxford: Joseph Barnes, 1612.
_____. *The Complete Works of Captain John Smith.* Organizado por Philip Barbour. Chapel Hill: University of North Carolina Press, 1986.
Smollett, Tobias, org. *The Works of Voltaire: A Contemporary Version.* Traduzido por William F. Fleming. Nova York: E. R. DuMont, 1901.
Smyth, Albert Henry, org. *The Writings of Benjamin Franklin.* 10 vols. Nova York: Macmillan, 1905-06.
Sora, Steven. *The Lost Colony of the Templars.* Rochester, Vt.: Destiny Books, 2004.
_____. *Secret Societies of America's Elite.* Rochester, Vt.: Destiny Books, 2003.
Spicer, Stanley T. *Glooscap Legends.* Hantsport, Nova Scotia: Lancelot, 1991.
Starbird, Margaret. *The Woman with the Alabaster Jar.* Rochester, Vt.: Bear and Company, 1993.
Starkey, Dinah. *Scholastic Atlas of Exploration.* Nova York: HarperCollins, 1993.
Stearns, Peter N., org. *The Encyclopedia of World History: Ancient, Medieval, and Modern, Chronologically Arranged,* 6ª edição. Boston: Houghton Mifflin, 2001.
Steiner, Rudolf J. *Mysticism at the Dawn of the Modern Age.* Nova York: Steinerbooks, 1960.
Stoddard, Whitney S. *Art and Architecture in Medieval France: Medieval Architecture, Sculpture, Stained Glass, Manuscripts, the Art of the Church Treasuries.* Boulder, Colo.: Westview Press, 1966.
Stokstad, Marilyn. *Medieval Art.* Boulder, Colo.: Westview Press, 1986.
Sugden, John. *Tecumseh: A Life.* Nova York: Henry Holt, 1998.
Sumption, Jonathan. *The Albigensian Crusade.* Londres: Faber and Faber, 1978.
Tafel, Edgar. *Years with Frank Lloyd Wright.* Peter Smith, 1985.
Taylor, F. S. *The Alchemists.* Nova York: Schuman, 1949.
Temple, Robert. *The Sirius Mystery.* Rochester, Vt.: Destiny Books, 1998.
Tennyson, Alfred Lord. *The Holy Grail and Other Poems.* Londres: Stanan and Co., 1870.
_____. *Idylls of the King.* Londres: Penguin, 1961.
The Hours of Jeanne d'Evreux: Queen of France at the Cloisters. Nova York: The Metropolitan Museum of Art, 1957.
Thiering, Barbara. *Jesus and the Riddle of the Dead Sea Scrolls.* Toronto: Doubleday, 1992.
Thomas, Charles. *Celtic Britain: Ancient Peoples and Places.* Londres: Thames and Hudson, 1986.
Thomas, Lowell. *The Untold Story of Exploration.* Nova York: Dodd, Mead and Company, 1935.
Thomas, Marcel. *The Golden Age: Manuscript Painting at the Time of Jean, Duke of Berry.* Nova York: George Braziller, 1979.
Thwaites, Reuben Gold, org. *The Jesuit Relations and Allied Documents,* vols. 1-71. Cleveland: Burrows Brothers, s.d.
Tompkins, Peter. *Secrets of the Great Pyramids.* Nova York: Harper and Row, 1971.
Trefethen, Joseph M. *Geology for Engineers.* Princeton, N.J.: Van Nostrand Co., 1959.
Trento, Salvatore Michael. *The Search for Lost America.* Chicago: Contemporary Books, 1978.
Verendrye, Pierre Gaultier de Varennes de la. Burpee, Lawrence J., org. *Journal and Letters of Pierre Gaultier de Varennes de la Verendrye and His Sons.* Nova York: Greenwood Press, 1968.
Vermaseren, M. J. *Mithras, the Secret God.* Londres: Chatto, 1959.
Vermes, Geza. *The Dead Sea Scrolls in English.* Harmondsworth, UK: Pelican, 1962.
Verne, Jules. *Journey to the Centre of the Earth.* Londres: Penguin, 1965.
Voragine, Jacobus de. *The Golden Legend: Readings on the Saints,* vols. 1 e 2. Traduzido por William Granger Ryan. Princeton, N.J.: Princeton University Press, 1993.
Waite, Arthur E. *The Hidden Church of the Holy Grail.* Londres: Rebman Limited, 1909.
_____. *The New Encyclopaedia of Freemasonry.* Nova York: Weathervane Books, 1970.
Waldman, Carl. *Encyclopedia of Native American Tribes.* Nova York: Facts on File, 1999.
Wallace-Murphy, Tim e Marilyn Hopkins. *Rosslyn, Guardian of the Secrets of the Holy Grail.* Shaftesbury, Dorset, UK: Element, 1999.
_____. *Templars in America.* York Beach, Maine: Weiser, 2004.
Wallace-Murphy, Tim, Marilyn Hopkins e Graham Simmons. *Rex Deus.* Shaftesbury, Dorset: Element, 2000.
Walsh, Michael, org. *Butler's Lives of the Saints: Concise Edition,* rev. org. San Francisco: HarperCollins, 1991.

Ward, A. W., e A. R. Waller, orgs. *The Cambridge History of English and American Literature.* 18 volumes. Cambridge, Inglaterra: Cambridge University Press, 1907-21.

Ward, J. S. M. *Freemasonry and the Ancient Gods.* Londres: Baskerville, 1926.

Warhaft, Sidney, org. *Francis Bacon: A Selection of His Works.* Toronto: Macmillan, 1965.

West, John Anthony. *Serpent in the Sky.* Wheaton, Ill.: Theosophical Publishing House, 1983.

Williamson, Hugh Ross. *The Arrow and the Sword.* Londres: Faber, 1947.

Williamson, John. *The Oak King, the Holly King, and the Unicorn.* Nova York: Harper and Row, 1986.

Willis, Peter. *Dom Paul Bellot: Architect and Monk.* Newcastle-upon-Tyne, Reino Unido: Elysium Press, 1996.

Wilson, Colin. *The Occult.* Londres: Hodder, 1971.

Wilson, Ian. *The Columbus Myth.* Toronto: Simon and Schuster, 1991.

Wilson, John A. *The Culture of Ancient Egypt.* Chicago: University of Chicago Press, 1951.

Wind, E. *Pagan Mysteries in the Renaissance.* Londres: Peregrine, 1967.

Wolf, J. B. *Louis XIV.* Nova York: Norton, 1968.

Wolff, Hans, org. *America: Early Maps of the World.* Munique: Prestel, 1992.

Wolkstein, Diane. *Inanna: Queen of Heaven and Earth, Her Stories and Hymn's from Sumer.* Nova York: Harper and Row, 1983.

Wood, David. *Genesis.* Kent, UK: Baton Press, 1985.

Wright, Frank Lloyd. *Frank Lloyd Wright: An Autobiography.* Quartet Books, 1943.

Wroth, Lawrence C., org. *The Voyages of Giovanni da Verrazano, 1524-1528.* New Haven, Conn.: Yale University Press, 1970.

Yates, F. A. *The Art of Memory.* Londres: Routledge, 1966.

_____. *Giordano Bruno and the Hermetic Tradition.* Londres: Routledge, 1964.

_____. *The Rosicrucian Enlightenment.* Londres: Routledge, 1972.

Young, G. *Ancient Peoples and Modern Ghosts.* Queensland, Nova Scotia: publicação independente, 1980.